QAAMUUSKA
MAAHMAAHYADA
SOOMAALIYEED

THE DICTIONARY OF SOMALI PROVERBS

Collected
and compiled by
G. L. Kapchits

Moscow
"Vostochnaya Literatura"
Publishers
1998

QAAMUUSKA MAAHMAAHYADA SOOMAALIYEED

Waxaa ururiyey
oo habeeyey
Georgi Kapchits

Moosko
Shirkadda qoraalka ee
"Suugaanta Bariga"
1998

ББК 82.3(0)(6Сом)
С48

Published with the financial support of Prof. Wolfgang Mieder
of the University of Vermont
and the African Proverbs Project
funded by The Pew Charitable Trusts in Philadelphia

Qaamuuska maahmaahyada soomaaliyeed. Waxaa ururiyey
oo habeeyey Georgi Kapchits. — М.: Издательская фирма
«Восточная литература» РАН, 1998. — 207 с.

С48

ISBN 5-02-018076-9

ББК 82.3(0)(6Сом)

ISBN 5-02-018076-9

In memorium of B.W. Andrzejewski

Introduction[1]

1. On "The Dictionary of Somali Proverbs"

This Dictionary is by far the largest collection of Somali proverbs ever published. It puts into the scientific circulation about 6,000 thoroughly documented paremias, the majority of which have been received directly from Somali informants. In addition to the glossary of the proverbs itself, in the book the researcher will find the information about the frequency of the usage of Somali paremias, the various forms of their existence in different localities and dialects, and many other useful data. The reader interested in traditional wisdom will discover in the Dictionary a great number of *maahmaah* in which the Somali sages of the past have fully demonstrated their creative talents. *Real men are those who lived in the past, real words are those they pronounced.*

The core of the Dictionary has become my collection of 1,001 proverbs and sayings published in *"Maahmaahyo soomaaliyeed"*[2] in 1983. About 3,000 paremias have been received from more than one hundred informants, mainly Somali listeners of Radio Moscow's folklore program, which the author had been broadcasting from 1989 till 1994. The rest have been drawn from different publications, including some collections of Somali proverbs issued lately (see References).

The Dictionary consists of three parts and appendices. The first part, which is the biggest, presents one-phrase clichés, i.e., "usual" paremias of six types (their definitions are presented in the next section of the Introduction). The second part consists of supra-phrase clichés, and the third one — so-called *tiroley* (clichés based on numbers, which the Somali tradition also attributes to proverbs.

---

[1] This introduction is not completely identical to its Somali version.

[2] Kapchits G.L. Maahmaahyo soomaaliyeed — Somali Proverbs and Sayings (in the Somali and the Russian Languages, with Russian Equivalents). Moscow, 1983.

The proverbs have been arranged in alphabetical order. This enables the reader to more easily detect the missing proverb, and then to send it to the author. The stocking of the Dictionary by the efforts of many people represents one of the aims of this "open" issue. As the Somali proverb goes: *United needles become an axe!*

Variants of paremias are given under their basic forms. Attributing of a particular proverb to the basic form or to its variant in many cases needs more clarity. This can be achieved in the course of accumulating statistical data. The cliché that has been found in the largest number of sources is, as a rule, regarded in the Dictionary as the basic form. For example, the proverb *Hadal af dhaafay afaaf dhaaf (A speech, which passes from the mouth shall pass through the door)*, which has been found in five sources can be logically attributed to a basic form, while *Eray af dhaafay afaaf dhaaf (A word, which passes from the mouth shall pass through the door)*, which has been received from only one informant — to its variant.

The Latin letters (from A till Y) and the numbers (from 1 till 101), which follow the paremias are their "addresses". A letter refers to the corresponding publication in the Reference, from which the particular proverb has been obtained, a number — the corresponding informant. Number 101 marks the paremias taken from the unsigned letters or received from the informants whose names have not remained in the author's archives. The author expresses profound gratitude to both categories of his anonymous friends; to the latter — also his sincere apologies.

The indices of the published sources take into account the date of their printing. Thus, the letter A refers to *"Die Somali-Sprache"* by Leo Reinisch, which was published in 1900, while Y belongs to *"Murtidu waa Hodantinnimo"* by Abdurahman Aden, which appeared in 1995. Among other things, the indices elucidate the "history of the publication" of Somali proverbs and allow to evaluate the contribution of the authors to the important work of preserving and popularizing the paremiological part of the Somali folklore heritage.

One other thing about the indices. The more of them following a proverb, the more popular it is. For example, in the Dictionary the proverb *Nin daad qaaday xunbo cuskay (A man caught by a flood clings to the foam)* is accompanied by 14 letter and number indices. Besides, this proverb has variants that have been received from 10 sources. Doubtlessly, this proverb is one of the best known and most frequently used by the Somalis.

Presenting the information about the "popularity" of paremias, the Dictionary provides reliable data for future experiments aimed at determining the paremiological minimum of the Somali language, which consists of 500 of the most frequently used proverbs and sayings. They are known to every Somali, and therefore, should be learnt by any foreigner wishing to speak the Somali language.

2. On Somali paremias

It is taken for granted that there are two types of Somali paremias: *maahmaah* (a proverb) and *oraah* (a saying). Some Somali researchers affirm that they differ as to alliteration (*maahmaah* has it, and *oraah* has not). Some others call *maahmaah* a "classical" proverb "which contains wisdom or instruction", and regard *oraah* as something "akin to a figure of speech"[3].

My study of the Somali proverbial fund, based on six thousand paremias published in this book, has allowed me to ascertain that there are at least twelve types of clichés. According to their syntactic structure the Somali paremias can be divided into two categories: one-phrase clichés and supra-phrase clichés. A one-phrase cliché consists of one sentence, while a supra-phrase cliché has two (or even more) sentences.

One-phrase clichés can be further divided into two groups: clichés in the form of closed sentences in which not a single element can be changed (they are called *proverbs*), and clichés in the form of open sentences in which something can be changed or to which something can be added (they are called *proverbial phrases*).

Supra-phrase clichés are subdivided into *wellerisms*[4] and *scenes*. A wellerism consists of a remark and the cue of a character. A scene consists of a dialogue of characters.

Somali paremias express their meaning in three different ways: indirectly (through image), directly, and through the context from which they were originally taken. In other words, according to the outstanding Russian folklorist G.L.Permyakov (1919—1983), some paremias are clichés with image motivation of the general meaning; some are clichés with direct motivation of the general meaning, and some are clichés without immediate motivation of the general meaning[5]. Different combinations of types of syntactic structure and of character of motivation of the general meaning give six types of one-phrase clichés and six types of

[3] Aden, Abdurahman. Murtidu waa Hodantinnimo. Cologne—Paris, 1995.

[4] This type of cliché is named after Sam Weller, one of the characters in Dikens's "Pickwick Papers".

[5] Permyakov G.L. From Proverb to Folktale. Moscow, 1979, p. 105—129.

supra-phrase clichés. Here is a list of the twelve types of Somali paremias:

A. One-phrase clichés

I. Proverbs (clichés in the form of closed sentences)

1. Proverbs proper (sayings with image motivation of the general meaning, i.e., sayings of the transferred meaning, which demand a broader interpretation)

Example: *Geel aan gaawo loo hayn lama godlo.*
Don't grab (lit.: massage) a she-camel's udder before you have the milk-pail ready.

2. Folk aphorisms (sayings with direct motivation of the general meaning, i.e., sayings of the direct meaning, which, however, allow a broader interpretation)

Example: *Geel waa geel, in goysana waa geel.*
A camel is a camel, and it is exchanged only for a camel.

3. Non-divided sentences (sayings without immediate motivation of the general meaning, i.e., sayings, the meaning of which stems neither directly, nor through the image from the meaning of their components, but is determined by the context from which these sayings were originally taken and which they recall)

Example: *Tuugow, hillaaca yaa kula ogaa?*
Oh thief, to whom did you cry about the lightning?

The saying goes back to the tale about a thief, who got into a sheepfold at night and tried in vain to find the fattest ram. When lightning flashed, he was so happy, that he cried: "Lightning! Lightning!" His cry awakened the people and they caught him red-handed. The people who caught him asked: "Oh, thief, to whom did you cry about the lightning?"

II. Proverbial phrases (clichés in the form of open sentences)

1. Proverbial phrases proper (sayings with image motivation of the general meaning, i.e., sayings of the transferred meaning, which demand a broader interpretation)

Example: *Markii geel loo heeso yuu dameerro u heesaa.*
When all (the people) sing for camels, he sings for donkeys.

2. *By-words* (sayings with direct motivation of the general meaning, i.e., sayings of the direct meaning, which, however, allow a broader interpretation).

Example: *Gaabni iyo gacan maroodi waxba ugama dhexeeyaan.*
          He wants either all or nothing (lit.: as much as a trunk of an elephant or nothing) — the middle does not suit him.

3. *Non-divided phrases* (sayings without immediate motivation of the general meaning, i.e., sayings, the meaning of which stems neither directly, nor through the image from the meaning of their components, but is determined by the context from which these sayings were originally taken and which they recall)

Example: *Maxay ku nuugtaa ama ka muugtaa?*
          Ah, what will he now suckle and with what?

The saying goes back to the tale about a hyena, who bit off the lips of a camel calf and the udder of a she-camel, and then shed tears, pretending to be concerned with the fate of the poor calf.

B. Supra-phrase clichés

I. Wellerisms (clichés containing a remark and the cue of a character)

1. *Wellerisms with image motivation of the general meaning* (clichés of the transferred meaning, which demand a broader interpretation)

Example: *Goroyo waxay tiri: "Cayaarta lug baan gashanayaa. Haddii ay fiicnaatana, waan la soo wada geleyaa, haddii ay xumaatana waan kala wada baxayaa."*
          An ostrich said: "I'll put only one leg in the game. If it is good, I'll put another one in; if it is bad, I'll take back the first one."

2. *Wellerisms with direct motivation of the general meaning* (clichés of the direct meaning, which, however, allow a broader interpretation)

Example: *Shabeel baa beri libaax ku yidhi: "Libaaxow, bal ama boqol nin la xoog noqo, ama boqol nin la xirrib noqo."*
          Once a leopard told a lion: "Oh, lion, either be as strong as a hundred men or as cunning as a hundred men."

3. *Wellerisms without (immediate) motivation of the general meaning* (clichés, the meaning of which stems neither directly, nor through the image from the meaning of their components, but is determined by the context from which these clichés were originally taken and which they recall)

Example: *Abeeso waxay tidhi: "Aadane abaal ma leh."*
          A snake said: "A man is ungrateful."

The cliché goes back to the tale about a man who was seen by a snake while he was sleeping. The snake did him no harm. But when the man awoke, he made an attempt to kill the snake.

II. Scenes (clichés containing a dialogue of characters)

1. Fablettes (clichés with image motivation of the general meaning, i.e., sayings of transferred meaning, which demand a broader interpretation)

Example: - *Dhurwaayow, kabo ma laguu tolaa?*
          - *Haddii lay tolana waa Alxamdu Lila, haddii aan lay*
            tolinna waa Rabbilaalammiin.
          - Oh, hyena, shall I make you a pair of shoes?
          - If you do, glory to Allah; if not — glory to the Lord of all
            the worlds (i.e., it does not matter).

2. Instantly told (one scene) anecdotes (clichés with direct motivation of the general meaning, i.e., clichés of the direct meaning, which, however, allow a broader interpretation)

Example: - *Geeriyey, maxaad ka daawo tahay?*
          - *Nin meel waayay baan meel u banneeyaa.*
          - Oh, death, who needs you (lit.: whom do you help)?
          - He, who is not yet born (lit.: someone who has not yet a
            place on earth).

3. Non-divided scenes (clichés without immediate motivation of the general meaning, i.e., clichés, the meaning of which stems neither directly, nor through the image from the meaning of their components, but is determined by the context from which these clichés were originally taken and which they recall)

Example: *"Sagaaro biyo waa cabtaa" iyo "Ma cabto".*
          - Sagaro[6] drinks water!
          - No, it does not!

It means: A trifle can start a big quarrel. The cliché goes back to the tale about two friends who quarrelled and nearly killed each other disagreeing about whether *sagaro* drinks water or not.

---

[6] *Sagaro* is a miniature antelope.

By the way, in my book "Somali Proverbs and Sayings", there were only ten types of clichés. At that time my collection of Somali paremias was missing two of the three types of wellerisms, which I expected had existed in the Somali paremiological fund. And indeed, I found them in a letter from one of my informants several years ago.

* * *

Paremias are signs and models of certain situations or certain relationships between objects. This major discovery was made by G.L.Permyakov[7]. As signs, paremias belong to language, as models, they belong to folklore. The signal nature of paremias makes them convenient elements of any language. In fact, instead of describing in your own words a situation, such as, for example: "If a man acts alone, he cannot do much, or his efforts are not effective", you simply take out of your mind a ready set of words (a cliché of words) and say:

One finger cannot wash a face (if you are a Somali)

One finger cannot catch a fly (if you are an Oromo)

One man on the battle-field is not a warrior (if you are a Russian)

The signal nature of paremias gives a clear answer to the question: Why are proverbs of different peoples, even those who obviously have no historical or cultural relations, so alike? They are alike because situations everywhere are the same. And the logic of people is the same.

And yet proverbs of different peoples are different. They differ by the material they are made of. It is always something which is at hand. That is why Russian proverbs are full of pigs, bears and wolves, and in Somali proverbs there are many camels, lions and hyenas.

The Somalis believe absolutely in the wisdom of proverbs, and they are sure that every proverb is true. They say: *Soomaalidu been way sheegtaaa, beenise ma maahmaahdo* (The Somalis can lie, but their lie will never become a proverb). But let us compare two Somali proverbs: *Fuley geesi hortiisa buu dhintaa* (A coward dies sooner than a brave man) and *Fuley hooyadiis ma gablanto* (The mother of a coward does not lose her son). The first one says: "It is bad to be a coward", while the second one affirms: "It is good to be a coward" (at least for his mother). These proverbs obviously contradict each other. According to normal logic, one of them is true and the other is false. But proverbs have their own logic. Both of the above mentioned proverbs can be true or can be false. If they are used properly, i.e., if they are used in the situations the meaning of which they cover, or it is better to say, the signs of which they are, then they are true, if not, they are false.

---

[7] Permyakov G.L. Poslovitsi i pogovorki narodov Vostoka. Moscow, 1979, p. 17.

Having ascertained that proverbs are signs of situations, G.L.Permyakov concluded that it was necessary to work out a classification of the situations themselves. Language and logico-semiotic classification (by types of situations modelled in the proverbs) was later supplemented by object-image classification (by the types of things figuring in the proverbs).

The theme of a proverb or a proverbial phrase is not one or another word, not one or another idea and not even one or another field of people's activity, but a certain invariant pair of opposite entities, embracing the meaning of the images used in the proverb. Big-Small, Good-Bad, Old-Young, Action-Reaction, Generative-Generated and so on, belong to such thematic pairs (their number is a little more than one hundred). So the theme of a Somali proverb *Abeer inkastuu is taawiyo, awr lama loolamo* (Though a young she-camel is arrogant, she will never pick on a mature camel), is not the young she-camel and the older camel, not the arrogance of the young she-camel and not even the fact that she is afraid of the mature (i.e., older) camel, but the invariant pair Young-Old, which is represented by the images of a young she-camel and a mature camel, used in the proverb.

The members of invariant thematic pairs establish relations with each other. (In existing sayings they are usually represented by pairs of concrete things. Road and Path signal, for example, the thematic pair Big and Small, while Brisket and Bones — Good and Bad). This is shown clearly in proverbs which belong to one and the same thematic group. Thus, Straight and Crooked (i.e., Straight and Crooked things, Truth and Falsehood, Honest and Dishonest people, Justice and Injustice) can form relations of Compatibility — Incompatibility ("Straight and Crooked can either be together or not be together"): *Lillaahi iyo laqdabo meel ma wada galaan* (Straightforwardness and slyness cannot enter one and the same place) or relations of Quantitative Superiority — Inferiority ("Straight excels or does not excel the Crooked" — for example, in speed): *Been fakatay runi ma gaarto* (The truth will not catch up with a run-away lie) and so on. The number of relation types which members of thematic proverbial pairs establish is twenty-eight. The sayings, collected in accordance with these types of relations, are called formative groups, and collected according to themes — thematic (object-image) groups. Formative groups have conditional metalinguistic names: Usual-Unusual, Limited-Unlimited, Qualitative Superiority-Inferiority of things and so on. Not all of them sound conventional, but all of them signal the necessary relations very well.

The system of formative and object-thematic groups gives a true picture of the proverbial fund as a whole, and an exhaustive characteristic of every saying taken separately. Thus the meaning of a saying, occupying a strictly definite place in the system is evaluated (meaning-wise) from two points of view: logico-semiotical (as a sign and a model of a situation) and as an imaginary text.

This paremiological classification which the author has used to systematize more than a thousand Somali paremias in "Somali Proverbs and Sayings" has clearly demonstrated its universal character.

* * *

"The Dictionary of Somali Proverbs" is the result of concerted efforts by many people. First of all, I wish to express my gratitude to the numerous Somali informants who have generously shared their knowledge with me. The List of informants, published at the end of the book is opened by the names of Umar Abdi Shekh, Abdirashid Ahmed, Abdirahman Ahmed Aden, Husein Ali Adam, Yusuf Abdi Nasir and Abdirahman Mohamed Hersi. Each has sent me hundreds of incredibly interesting proverbs.

I am thankful to my friends Khalif Nur Ali "Konof" and Ibrahim Giama Ali who had contributed substantially to my first book of Somali proverbs, the material of which has been totally included in this Dictionary.

I am indebted to Nur Ahmed Wehelie who has read the manuscript of the Dictionary and made many valuable remarks, as well as to Fatuma Shek Ali Gimale who has edited the Somali introduction to the book, and to George Watts for his assistance in editing the English version of the Introduction.

The final stage of the work on the Dictionary has been supported by Deutsche Forschungsgemeinshaft (the German Research Society), and I am grateful to Dr. Catherine Griefenow-Mewis of the Humboldt University of Berlin for having initiated its grant.

It is pleasure to acknowledge the assistance of Georg Haake whose computer program has secured the required order of the material of the Dictionary.

I am especially indebted to Father Edward Murphy of the Hekima College of Nairobi who as regional coordinator of the African Proverbs Project organized by Dr. Stan Nussbaum has helped to publish this book.

Neu Mahlisch — Berlin — Moscow

Gogoldhig

1. Qayb ku saabsan
"Qaamuuska maahmaahyada soomaaliyeed"

Qaamuuskani waa midka ugu weyn ee ilaa waqtigan la joogo laga qoray maahmaahyada iyo oraahda soomaaliyeed. In ku dhow lix kun oo maahmaahood oo la hubo ayuu soo hor dhigeyaa aqoonyahannada baara cilmiga suugaanta. Maahmaahyada barkood in ka badan waa markii ugu horreysey oo la daabacayo. Caalimku wuxuu Qaamuuskan ka heli karaa war ku saabsan maahmaahyada aad u faafsan iyo kuwa aan saas u faaf-sanayn, qaababka faraha badan ee ay u kala baxaan iyo waxyaalo kale oo badan oo waxtar gaar ah leh. Akhristaha jecel suugaantana wuxuu Qaamuuskan ka heli karaa maahmaahyo farabbadan oo xikmad leh oo filkii hore laga dhaxlay. *Rag waa raggii hore, hadalna waa intuu yidhi.*

Qaamuuskani wuxuu ku tiirsan yahay buugga la yiraahdo "Maah-maahyo soomaaliyeed" ee ka kooban in ka badan kun xabbo. Buuggaa waxaan soo saaray 1983kii. In ku dhow saddex kun oo maahmaahood waxaa igu deeqay in ka badan boqol wargeeyeyaal ah oo badidoodu ay yihiin dadkii dhegeysaneyey barnaamijkii Raadiyow Moosko ee la oran jirey "Waxaan idinka sugeyaa waraqo" oo aan aniga qabanqaabin jirey sannadkii 1989kii ilaa 1994kii. Maahmaahyada kale ee Qaamuuskan ku jira waxaan ka helay buugag kala duwan oo qaarkood la daabacay waqti dhow (eeg Ilaha ku qoran Qaamuuskan dhammaadkiisa).

Qaamuuskani wuxuu ka kooban yahay saddex qaybood. Qaybta kowaad ee islamarkaana ah qaybta ugu weyn waxaa ku yaalla maah-maahyo "caadi" ah oo hal tix ah una kala baxa lix nooc oo kala duwan (waxyaalaha tilmaanta u ah waxaa laga akhrin karaa Gololdhigga gabalkeeda labaad). Qaybta labaad ee Qaamuuska waxaa ku yaalla maahmaahyo tix ka badan, midda saddexaadna — waxa loo yaqaanno "tiroley" (labaley, saddexley iyo kuwa kaleba) ee Soomaalidu ay u haystaan maahmaahyo.

Maahmaahyada (ama si ka sii toosan — noocyada maahmaaheed) ku yaalla qayb walba waxay u nidaamsan yihiin sida alifba'da. Nidaamkaasi wuxuu u suurto gelin karaa akhristaha inuu si sahlan u arko maahmaahda buuggan ka maqan. Haddii taa ay dhacdo waxaan jeclaan lahaa in akhristuhu uu ila soo xiriiro. Cinwaankaygu waa *Russia, 129281 Moscow, Eniseyskaya str. 34, apt. 77.* Ulajeeddada aan ka leeyahay Qaamuuskan "furan" waxaa weeye in qof walba oo suugaanta soomaaliyeed aqoon u leh uu buuggan wax ku soo darsado. *Irbad la aruurshay masaar bay noqotaa!*

Marka hore waxaa la qoray maahmaahda 'aas'aasta loo haysto, kaddibna waxaa lagu hoos qoray maahmaahyada la midka ah, isla markaana xooga ka duwan. Sababta kuwaa loogu daray buugga waxaa weeye in la muujiyo qaababka faraha badan ee maahmaahyadu ay ku leeyihiin lahjooyinka kala duwan ee afka soomaaliyeed. Maahmaah sida loogu tirin karo mid aas'aas ah mararka qaarkood way adag tahay. Sidaa daraaddeed waxaa aad loogu baahan yahay aqoon siyaada ah in loo yeesho maahmaahyada. Habka maahmaahi ay ku noqoto mid 'aas'aas ah waxaa weeye tirada dadka soo sheega. Tusaale ahaan, maahmaahda leh *Hadal af dhaafay afaaf dhaaf* waxaa laga helay shan ilood. Sidaa daraaddeed ayaa si sharci ahaan ah maahmaahdaa loogu magacaabi karaa mid 'aas'aas ah. Maahmaahda labaad ee leh *Eray af dhaafay afaaf dhaaf* ee laga helay hal qof waxaa lagu tirinayaa nooc ka dhashay maahmaahda 'aas'aasiga ah.

Maahmaahyada sida lagu ogaan karo meesha ay ka yimaaddeen waa in la fiiriyo xuruufta laatiinka ah iyo tirooyinka ka dambeeya. Xarafku wuxuu tilmaameyaa buugga maahmaahda laga helay, tiraduna na tuseysaa magaca qofka soo sheegay maahmaahda. Tirada ah 101 waxay tilmaameysaa dadka warqado iigu soo diray maahmaahyo, ayagoo laakiin, nasiibxumo, iloobay magacooda inay ku soo daraan. Tiradaasi waxaa kale ay ku saabsan tahay dadka maahmaahyo igu deeqay oo nasiibdarro magacyadoodu ay iga lumeen. Waxaan jeclaan lahaa inaan mahad kal iyo laab ah u celiyo dadkaas oo dhan, kuwa ay magacyadoodu iga lumeenna ha iga raalli ahaadaan.

Xuruufta laatiinka ah siday u kala horreeyaan ayay u muujineyaan sanooyinkii ay ku soo bexeen buugagga ay xuruuftaasi tilmaanta u yihiin. Tusaale ahaan, xarafka A wuxuu tilmaan u yahay buugga la yiraahdo "Die Somali-Sprache" ee uu sannadkii 1900 qoray Leo Reinisch. Xarafka Y wuxuu tilmaameyaa buugga la yiraahdo "Murtidu waa Hodantinnimo..." ee Abdirahman Aden uu soo saaray sannadkii 1995kii.

Wax kale ka sokow, xuruufta iyo tirooyinka tilmaanta ahi waxay suurto geliyaan in si toosan loo qiyaaso qaybta uu qore walba ama

15

wargeeye waliba ka qaatay ururinta, kaydinta iyo faafinta maah-
maahyada. Waxaa kaloo jirta in tirada xuruufta iyo tirooyinka ee la
socota maahmaahyada ay muujineyso sida loo yaqaanno. Tilmaan
ahaan, maahmaahda leh *Nin daad qaaday xunbo cuskay* waxaa ka
dambeeya 14 xarfood iyo tiro. Taa waxaa weliba u sii dheer in
maahmaahdani ay leedahay 10 nooc oo soo hoos gala oo laga helay 10
ilood oo kala duwan. Waxaan shaki ku jirin in maahmaahdaasi ay ka
mid tahay kuwa aad looga yaqaanno Soomaaliya.

Aqoonta laga heli karo Qaamuuskan, kuna saabsan siday maah-
maahyadu u faafsan yihiin waxay suura gelin kartaa in la 'aas'aaso waxa
la yiraahdo *Paremiological minimum* ee afka soomaaliyeed. Taa waxaa
laga wadaa in la helo 500ta boqol ee maahmaahood ee ugu faafsan af-
Soomaaliga. Aqoonta loo leeyahay maahmaahyadaa waxay lagamama-
armaan u tahay qof walba oo soomaaliyeed iyo qof walba oo ajnebi ah
oo dooneya inuu si fiican u barto afka soomaaliyeed. *Hadal aan
maahmaah lahayni waa hilib aan mindi lahayn.*

2. Qayb ku saabsan maahmaahyada

Sida la ogsoon yahay, sahal ma aha in la soo xasuusto maahmaah,
haddaanay jirin xaalad u qalanta, xasuusna u ah. Sababtu waxay tahay in
maahmaahi ay tahay astaan xaaladeed. Taasna waxaa garaneyey raggii
hore ee yiri: *Maahmaah iyo meselba meel bay ku socdaan.*

Dabeecaddeeda astaameedi waxay maahmaah ka dhigtaa wax uusan
ka maarmi karin af la arkaba. Sida runta ah qofku inta uu raadsan lahaa
erayo uu ku muujin karo, tusaale ahaan, fekradda leh "Haddii aad wax
fasho keligaa, guul gaari maysid" ayuu wuxuu markiiba cuskadaa
maahmaah. Hadduu yahay Soomaali, wuxuu oran karaa: *Far keli ah fool
ma dhaqdo.* Hadduu yahay Oroomo, wuxuu ku maahmaahi karaa: *Far
keli ah diqsi ma qabato*, hadduu Ruush yahayna wuxuu oran karaa: *Nin
keli ah dagaalyahan ma aha.*

Dabeecadda astaameed ee maahmaahdu waxay jawaab cad ka
bixisaa su'aal ah: "Maxay isugu eg yihiin maahmaahyada u kala gaarka
ah dadyawga adduunka oo dhan?" Sababta ay isugu eg yihiin waxay
tahay in ay xaaladuhu iskaga eg yihiin meel kasta, Soomaaliya ha ahaato
ama dalka Ruushka ee aan ku nool ahay ha ahaade, weliba hab-ku-
fekerka qofku inuu isku mid yahay, meel uu joogaba.

Isla markaasna, maahmaahyada u kala gaarka ah dadyawga adduun-
ka ee dadka Soomaaliga ahi uu ka mid yahay waa ay kala duwan yihiin.
Waxay ku kala duwan yihiin waxa laga sameeyo ama laga dhiso. Dad
waliba wuxuu maahmaahyadiisa ka sameeyaa waxyaalaha ku hareersan

ee uu si wanaagsan u yaqaanno, maadaama uu arko maalin walba. Sidaas daraaddeed ayaa waxaa maahmaahyada soomaaliyeed laga helaa geel, libaax iyo dhurwaa, inta maahmaahyada uu leeyahay Ruushku ay u badan yihiin doofaar, madaxkuti iyo yeyba. Soomaalidu waxay ku maahmaahdaa: *Shabeelka ilmihiisu way giiran yihiin.* Ruushkuna wuxuu ku maahmaahaa: *Doofaarka ilmihiisu daliigo ayay leeyihiin.* Soomaalidu waxay tiraahdaa: *Libaax nin ganay iyo nin galladay kala og,* intuu Ruushku yidhaahdo: *Ey nin dilay iyo nin cunto siiyey kala og.* Soomaalidu waxay ku maahmaahdaa: *Shan beri shiikh laguma noqdo,* Ruushkuna wuxuu ku maahmaahaa: *Mar qur ah geed laguma gooyo.*

Mar haddii ay maahmaahyada adduunku isu eg yihiin, waxaa suurtogal ah in maahmaah walba ee uu dad hebel ahi leeyahay loo helo maahmaahyo shisheeye oo ay isku macno ama isku duluc yihiin, isuna dhigma.

Waxaa haddaba isweyddiin leh: "Muxuu yahay duluc maahmaaheed?" Siduu qoray caalimkii weynaa ee Ruushka ahaa ee la oran jirey Grigori Permyakov (1919—1983), duluc maahmaaheedi ma aha eray maahmaahda ku jira ama fekrad ka muuqata ee waxaa weeye laba shey oo iska soo hor jeeda oo maahmaah waliba ku qarsoon oo ay inoo muujiyaan hummaaggada ama taswiiraha (images) maahmaahda lagu adeegsado. Labada shey ee iska soo hor jeeda ee aan meel wada geli karin ee ay aragtida casriga ahi u haysato duluc maahmaaheedi waa ay kala duwan yihiin. Laakiin, tiradoodu saas uma weyna ee waxay ku eg tahay boqol in ku dhow. Tusaale ahaan, maahmaahda leh: *Abeer inkastuu is taawiyo awr lama loolaamo* dulucdeedu ma aha awrka, mana aha hasha da'da yari inaysan ku dhici karayinin in ay weerarto ratiga inkastoo ay kibir badan tahay ee waxaa weeye labada iska soo hor jeeda ee kala ah wax da' yar iyo wax da' weyn oo ay abeerta iyo awrku astaamaha u yihiin. Aan soo qaadno dhowr maahmaahood oo kale: *Gacmo wadajir bay wax ku gooyaan, Ceel nin tooxsaday isna ku caddiban, cuudna ma cokana, Shan nin oo marti-qayb leh shanshaa ka go'da, shan nin oon marti-qayb lahaynna shan shanshaa ka go'da.* Maahmaahyadani isku muuq ma aha, haddana waa isku duluc. Dulucdoodu waa labada shey ee iska soo hor jeeda ee kala ah *wadajir iyo kala-jir* ee maahmaahyadaas oo dhan ku qarsoon.

Haddaba, haddii la dooneyo in si sax ah loo garto maahmaah waliba waxay ku saabsan tahay waxaa loo baahan yahay in la ogaado labada shey ee ku jira, iskana soo hor jeeda nooca ay yihiin. Waxay noqon karaan *wax dhan iyo wax qaarkiis* ee laga helo, metelen, maahmaahda leh *Laf iyo laba dhagax laysku waa*, *wax san iyo wax xun* ee ku dahsoon, tilmaan ahaan, maahmaahda oraneysa *Geed walba in gubtaa hoos taal* ama *taajir iyo miskiin* ee ku guda jira maahmaahda leh *Laba qaawani isma qaaddo* ama *wax adag iyo wax jilicsan* ee lagu arki karo maahmaahda leh *Adadaygna looma noolaado, jiljileecna looma dhinto* ama *labo iyo hal* ee laga helo maahmaahda leh *Hal laba geed jecel dhexdood ayaa waraabe ku dilaa* ama **saaxiib iyo cadow** ee ka muuqda maahmaahda leh *Saaxiibkaa mar waa kuu sahan, mar waa kuu sahay, marna waa kuu sabab* ama **wax weyn iyo wax yar** ee laga helo maahmaahda oraneysa *Harag sagaaro iiga kac mooyee iiga durug ma leh* iyo kuwa kaleba ee sidaan hore u sheegay tiradoodu ay tahay dhowr iyo boqol.

Waxaa in la tilmaamo u baahan in maahmaahyada qaarkood laga helo afar ama xattaa lix shey oo labo-labo isaga soo hor jeeda. Tusaale ahaan, maahmaahda leh *Waxlaawe wax looma dhiibto, waxmakase wax looma sheegto* waxaa ku daboolan labada iska soo hor jeeda ee kala ah *fariid iyo doqon* iyo labada kale ee kala ah *taajir iyo miskiin*.

Maahmaahyada qaarkood, sida tan oo kale, labada shey ee loo haysto dulucdooda midi si caddaan ah ayay uga muuqataa, midda labadina, siday kula tahay, waa ay ka maqan tahay. Hase yeeshee marna kama maqna. Haddii ay muuqan weydana way ku hoos jirtaa. Bal tusaale aan u soo qaadanno maahmaahda leh *Geesi dhereb kuma jiro*. Maahmaahdan waxaa ku qarsoon labada iska soo hor jeeda ee kala ah **geesi iyo fuley**. Waxaad mooddaa in fuleygu uu maqan yahay. Hase yeeshee haddii aad tiraahdid *Geesi dhereb kuma jiro*, waxaad hoosta ka waddaa in fuleygu uu dherebka ku jiro. Maahmaahdana ay ku dahsoon yihiin afar ama lix shey oo labo-labo isaga soo hor jeeda dulucdeedu waxay tahay labada shey ee hadba culayska la saaro.

Labada shey ee iska soo hor jeeda ee maahmaah walba ku qarsooni waxay yeeshaan xiriirro kala duwan. Tusaale ahaan, labada iska soo hor jeeda ee kala ah **wax toosan iyo wax qalloocan** ee lagu tiriyo wax kasta oo toosan iyo wax walba oo qalloocan mooyaane, run iyo been, runsheege iyo beenaale, gar iyo gardarro waxay yeelan karaan 28 nooc oo xiriir ah.

Bal isu fiiriya labada maahmaahood oo kala ah *Lillaahi iyo laqdabo meel ma wada galaan* iyo *Been fakatay runi ma gaarto* ee mid walba laga helo wax toosan iyo wax qalloocan. Maahmaahda kowaad waxay sheegeysaa in wax toosan iyo wax qalloocani aysan meel wada geli karin. Waa kaa macnaheeda kooban. Maahmaahda labaadina waxay sheegeysaa in wax qalloocani uu ka sarreeyo wax toosan. Macnaheeda gawga ahi waa kan. Waxaa jira maahmaahyo badan oo isku macne ah, inkastoo ay ka kooban yihiin erayo aan isu ekayn, sida *Ninba coodkuu dhaqduu caanihiisa dhamaa, Ruuxba dhiishuu ruxduu caaneheeda dhamaa* iyo *Nin walba geedkuu beertuu mirihiisa gurtaa*. Saddexdan maahmaahood labada shey ee iska soo hor jeeda ee ku kala qarsooni waa isku mid, waxaana weeye *fal iyo wuxuu keeno*. Maahmaah walba oo kuwaa ka mid ahi waxay sheegeysaa in falka iyo wuxuu keeno ay is waafaqsan yihiin.

Maahmaahyada ugu caansan Soomaaliya waxaa ka mid ah *Soomaalidu been way sheegtaa, beense ma maahmaahdo*. Maahmaahdani waxay ina tuseysaa in maahmaah iyo beeni aysan meel wada geli karin. Taasu waa run. Hase yeeshee waxaa is-weyddiin leh: "Runta maahmaahdu waa maxay?" Bal aan is garab dhigno labada maahmaahood ee kala ah *Fuley geesi hortii buu dhintaa* iyo *Fuley habartii ma gablanto*. Maahmaahda kowaad waxay sheegeysaa in fuleynimadu ay xun tahay. Midda labaadina waxay ilmaameysaa in fuleynimadu ay wanaagsan tahay (waxay u roon t' iay, ugu yaraan, fuleyga hooyadiisa). Waxaan shaki ku jirin in labada, maahmaahood ay iska soo hor jeedaan. Haddii ay sidaa tahay, midi ru,' bay sheegeysaa, midda kalena been, sow ma aha? Maya, ma aha. Labaduba run bay sheegi karaan, been bayna sheegi karaan. Haddii si sax ah loo isticmaalo, run bay sheegaan; haddiise si dadban loo isticmaalo, been bay sheegaan. Maahmaah waliba waxay sheegtaa run uun haddii loo cuskado xaaladda ay astaanta u tahay, xasuustana u ah.

Haatane bal aan is weyddiino su'aal ah: "Immisa nooc bay u kala baxaan maahmaahyada soomaaliyeed?" Si looga jawaabo su'aashan waxaa loo baahan yahay in maahmaahyada laga eego dhinacyo farabbadan, uuna ka mid yahay dhinaca naxwaha. Marka ugu horreysa, maahmaahyada oo dhan waxaa loo kala sooci karaa labo kooxood ee waaweyn. Kooxda kowaadi waxay ka kooban tahay maahmaahyo hal tix ah, sida *Darrandooriyaaba naasnaasi*, *Dameertu geela hayiga didisee waa sii "qururuf" leedahay* ama *Habar allabariday mooradeeday ka aragtay*. Kooxda labaadina waxay ka kooban tahay maahmaahyo tix ka badan, sida — *Daayeerow, qadhaab ka warran.* — *Tunkayga iyo tagooggayga ka eeg* ama — *Geeriyey, maxaad tartaa?* — *Nin mee waayey baan meel u banneeyaa.* Maahmaahyada ka kala tirsan labadac kooxood ee waaweyn waa la sii kala qaybin karaa. Bal aan is gara dhigno labada maahmaahood ee tixeed ee kala ah: *Ceesaantii me leggeed galaa madax shabeel bay leeftaa* iyo *Markii bari loo boodu: bugux u boodaa.* Maahmaahda kowaadi waa mid aan waxba laga beddeli karin. Midda labaadna wax baa laga beddeli karaa, sida *Markii bari loo booduu* **hebel** *bugux u boodaa.* Siday yidhaahdaan aqoonyahannadu, maahmaahda kowaadi way xiran tahay, midda labaadina way furan tahay. Maahmaahyada xirxiran iyo kuwa furfurani waxay u sii kala qaybsamaan saddex qaybood. Bal isu fiiriya saddexda maahmaahood ee xirxiran ee aan waxba laga beddeli karin ee kala ah *Diqsi biyo ku dabaal bartay fuud buu ku gubtaa, Baryo badan iyo bukaan badanba waa laysku nacaa* iyo *La jiifshaana bannaan, la joogshaana bannaan.* Waxay ku kala duwan yihiin habka ay ku muujiyaan macnaha ku qarsoon. Maahmaahda kowaad sarbeeb bay ku muujisaa. Inkastoo ay ka hadleyso diqsi, wax kale bay hoosta ka waddaa. Maahmaahda labaadi macneheeda si toos ah ayay u muujisaa, maadaama ay ku saabsan tahay qofka baryada iyo bukaanta badan oo ay ka hadleyso. Maahmaahda saddexaadina macnaha ku dahsoon kama uu muuqdo erayada ay ka kooban tahay ee wuxuu ka muuqdaa xaaladdii ama sheekadii ay ku timid.

Sidaa oo kale, maahmaahyada ka tirsan qaybta labaad ee ah kuwa furfuran ee wax laga beddeli karo ama wax lagu dari karo waxay u sii kala qaybsamaan saddex jaad. Tusaale ahaan, *Ninkii boqolka soomay oo bakhtiga ku affuray* sarbeeb bay leedahay. *Meesha kama-tage, waxna-kama-tare* waa maahmaah toos ah. *Maxay ku nuugtaa ama ka nuugtaa?* fasirad bay u baahan tahay. Haddaba, maahmaahyada tixda keliya ee ay Soomaalidu leedahay waxay u kala baxaan lix nooc.

Maahmaahyada ka tirsan kooxda labaad ee ah kuwa ka kooban laba tixood ama in ka badan ayaguna lix qaybood bay u kala qaybsan yihiin. Bal eega saddexda maahmaahood ee soo socda: — *Findhicil ma xalaal baa, mise waa xaaraan?* — *Sheegsheeggiisaa ka xun,* — *Dhurwaayow, kabo ma laguu tolaa?* — *Haddii lay tolana waa alxamdu lilla, haddii aan lay tolinna waa Rabbil caalamiin* iyo "Sagaaro biyo waa cabtaa" iyo "Ma cabto". Waxay ku kala duwan yihiin habka ay ku muujiyaan macnahooda. Midda kowaadi si toos ah bay ku muujisaa. Midda labaadi si maldahan bay u muujisaa. Midda saddexaadna macneheedu ka ma uu muuqdo erayada ay ka kooban tahay ee wuxuu ka muuqdaa sheekadii ay ku timid ee ku saabsanayd labo saaxiib oo isku diriray "Sagaaro biyo waa cabtaa" iyo "Ma cabto".

Waxaa kaloo jira maahmaahyo nooc gaar ah oo suugaano farabbadan laga helo ayna ka mid tahay suugaanta soomaaliyeed. Waxaana weeye maahmaahyo ka kooban hadal hordhac ah iyo weer toosan, sida *Dacawadii reerka yeesha ka cuntay waxay tidhi: "Wallee, reerkaan ogaa ma guuro!".* Aqoonyahannadu waxay maahmaahyada caynkaas ah ku magacaabaan *wellerism*, maadaama uu aad u isticmaali jirey ninkii la oran jirey Weller ee uu qoraagii Ingriiska ahaa Charles Dickens wax kaga qoray buuggiisa la yiraahdo "Pickwick Papers". Haddaba, maah-maahyada loo yaqaanno wellerismada ee laga helo suugaanta soomaaliyeed ayaguna waxay u kala baxaan saddex nooc, haddii loo eego habka ay ku muujiyaan macnaha ku qarsoon. *Shabeel baa beri libaax ku yiri: "Libaaxow, bal ama boqol nin la xoog noqo ama boqol nin la xirrib noqo"* waa maahmaah macneheeda si toos ah u muujisa. *Goroyo waxay tiri: "Cayaarta lug baan gashanayaa. Haddii ay fiicnaatana waan la soo wada geleyaa, haddii ay xumaatana waan wada baxayaa"* waa maahmaah maldahan oo macnaha ku dahsoon sarbeeb ku muujisa. *Abeeso waxay tiri: "Aadane abaal ma leh"* waa maahmaah macnaha ku jira aan la garan garin, haddii aan la aqoon sheekada ay ku timid. Sidaa darteed waxaa lagu soo gabaggabeyn karaa in maahmaahyada soomaaliyeed ay u kala baxaan noocyo aad uga badan inta caado ahaan loo haysto, taasoo ah maahmaah iyo oraah.

* * *

"Qaamuuska maahmaahyada soomaaliyeed" waa mirihii ka soo baxay shaqadii ay dad badani wada qabteen. Shaqadaa saaxiibtinnimada leh la'aanteed Qaamuuska lama qori lahayn, lamana soo saari lahayn.

Mahadnaqa ugu horreeya waxaa leh wargeeyeyaasha soomaaliyeed ee si deeqsinnimo leh iila qaybsaday aqoontooda. Magacyada ku yaalla buugga dhammaadkiisa waxaa ugu horreeya Cumar Cabdi Sheekh, Cabdirashiid Axmed, Cabdiraxmaan Axmed Aadan, Xuseyn Cali Aadam, Yuusuf Cabdi Nasir iyo Cabdiraxmaan Maxamed Xirsi oo kulligood ii soo diray boqollaal maahmaahood oo xiise leh.

Mahad gaar ah waxaa iga mudan Khaliif Nuur Cali "Qonof" iyo Ibraahim Jaamac Cali ee shaqo weyn igala qabtay buugga "Maahmaahyo soomaaliyeed", kaasoo kulligiis aan ku daray Qaamuuska.

Waxaa kale aan caawinad aan la miisaami karin ka helay Nuur Axmed Weheliye ee ila akhriyey oo na ii saxay Qaamuuska intuu weli cayriinka ahaa. Waxaa kale oo aan si gooni ah u mahadnaqayaa Faadumo Sheekh Cali Jimcale oo ii saxday Gogoldhigga Qaamuuskan.

Waxaa sharaf weyn ii ah inaan u mahad naqo Ururka cilmibaarista ee Jermalka (German Research Society) oo dhaqaale ahaan suuraggeliyey Qaamuuska.

Dr. Catherine Griefenow-Mewis ee Jaamacadda Humboldt ee magaalada Berliin waxay iga mudan tahay mahadnaq gaar ah, iyadoo igu dhiirrigelisey shaqada Qaamuuska.

Waxaan ugu mahadcelineyaa Georg Haake ee caawinad weyn iga siiyey xagga kombiyuutarka.

Waxaan mahad kal iyo laab ah ugu celineyaa Dr. Stan Nussbaum ee qabanqaabiyey Mashruuca Maahmaahyada Afrikaanka iyo Father Edward Murphy ee ka tirsan Kulliyadda Hekima ee Nayroobi ee Mashruucaa ugu qaybsan Afrikada Bari waxtarkii ay ku kordhiyeen soosaaridda buuggan.

* * *

Maalin maalmaha ka mid ah waxaan warqad ka helay Cabdiraxmaan Axmed Aadan "Qare". Wuxuu igu yiri: "Mudane Georgi, waxaan kaa codsanayaa inaad suugaanta ku daabacdid Af-Soomaaliga, meesha aad kaga daabici lahayd afka Ruushka si ay mustaqbalka u anfacdo Soomaalida ama dadka Af-Soomaaliga yaqaan oo dhan. Waa inaadna ka daalin arrintaas wakhti kasta ha kugu qaadatee". Shaqada Qaamuusku waxay igu qaadatay 30 sano. *Abaal raaga rag baa leh...*

Noy Maalish — Berliin — Moosko

21

1. Maahmaahyo hal tix ah

A

"Aabbahay baa xoolo lahaan jiray" waxaa ka fiican "anigaa
dameer leh". H,Y *eeg* "Geel baan..."
"Aabbahay baa geel lahaan jiray" "anaa dameer leh" baa
ka roon.T
Aabbe, kan yar iga celiyoo kan weyn igu soo daa.N
Aabbow, ninka yar iga celi, kan weynna aniga ayaa iska
dhicinaya.2
Aabbo waa kii hooyaday arooso.Y
Aadane dabo la xiriirshaa ma leh ee dibno la xiriirshuu
leeyahay.6
Dad dibno la xariiriyo ayuu leeyahay ee dabo la xariiriyo
ma lahan.2
Aadane ishiisa carro ayaa buuxisa.2
Aakhiraa war jiraa.T
Aakhiro war baa jira.Y
Aammusnaan waa oggolaansho barkeed.Y
Aammusnaanta qaarkeed waa oraah.Y
"Aan dubanno" iyo "aan karsanno" fuudkaa ku luma.101
Solniinka iyo shiillimaadka dhexdooda fuudka ayaa ku
luma.78
"Aan hadalno" waa "aan heshiinno".T,Y
"Aan wada hadallo" waa "aan heshiinno".9,101
Aar dhintey eey nool baa dhaama.Y
Aar duqoobay eydaa ka maadeysata.Y *eeg* Libaax duqoobay...
Aar qoyey dacawo ayaa la moodaa.W
Aayahana lama ogaado ilaa iilka laga tago.Y

Ab falay wiil ku ammaan.12

Abaal haddaan rag gudin Rabbaa guda.V

Abaal nin gala waa la arkay, nin gudase lama arag.14

> Nin abaal gala waa la arkaa ee nin guda lama arko.V

> Abaal nin galaa badan, nin gudaase yar.1

Abaal nin gudi karaa loo galaa.14

Abaal raaga rag baa leh, abaal soo degdegana xoolaa leh.101

> Abaal raaga rag baa leh.P

> Abaal raaga rag baa leh, mid baaqdana haween baa leh, mid dhakhsadana xoolaa leh.W

Abaari waa ay tagtaa, ceeb ayaa ka harta.2

Abeer inkastuu is taawiyo awr lama loolamo.T

Abeesadii farta loo taagay fanaxay u boodday.T

> Abeesadii farta loo taagay fanaxa ayay u boodday.V

> Abeeso farta loo taagay fanaxay u boodday.N

Abeesadii lix jir kugu qaniintaa lixdan jir bay ku soo ridataa.T

> *eeg* (2) Abeeso waxay tiri: "Lix..."

Abeesaduba ciidda waa u habeen seexataa.16

Abeeso dhul-u-ekaan bay kugu dishaa.T,3

> Abeeso dhul-u-ekaan ayay kugu dishaa.K,53

> Abeeso dhul-u-eki bay kugu dishaa.1,11

> Abeeso dhul-u-eki ayay kugu dishaa.V

> Abeeso yaanay dhul-u-eki kugu dilin.N

> Culimo dad-u-eki bay kugu dishaa, abeesana dhul-u-eki.M

> Culimo dad-u-eki bay kugu dishaa, abeesana dhul-u-eki bay kugu dishaa.W

Abeeso hoggeeda looguma tago.T

> Abeeso hoggeeda looguma galo.Y

Abeeso yaryar ma gasho.T

Abkay doolli dilow, dad nool miyuu u daahaa?17

> Abkay doolli dilow, dad nool ma u daahaa?95

> Abkay doolli dilow, dad maas ku daahaa?38

> Abkay doolli dilow, dad nool maas u daahaa?Y

> Abkay doolli dilow, dad ma u aayaa?101

Abtiga waa la hidde raacaa.L

Abtigaa waa hooyada oon naaso lahayn.2

Abtigaa waa kuu ooyaa ee kuuma aargudo.G,Y

Abtigaa wax kaama dhibee abti-u-ekaha yuu wax kuu dhimin.2

Abtirsi waxaa dhaama ragannimadaad la timaaddo.Y

Abuul sisin inuu joogo iyo inuu jiifo maxaa ka dheexeeya?38

    Abuul sinsimeed minuu jiifo iyo minuu joogo maxaas ka
        dhexeeya?84

"Adaa mudan" iyo "adaa mudan" wixii lagu waayo, "adaa ah"
    iyo "adaa ah" laguma helo.2

Addoon wax ka ammaan jecel.A

Addoonsi cabsi buu ka abuurmaa.Y

Adduun hawli kama dhammaato.2

Adduun layskuma halleeyo.T

Adduun waa Rabbi iyo rag.27

Adduun waa sac iyo sabuul.2

Adduunka waa laba maalmood: maalinna adaa leh, maalinna
    waa lagaa leeyahay.Y

Adduunla'aani waa addoonnimo.Y

Adduunyada madi iyo macallin ayaa ugu maan yar.2

Adduunyada waxaa kuugu daran nimaad soortay oon kaa sii
    socon iyo nimaad sugeyso oon kuu soo socon.101   *eeg* (3)
    Saddex way ku silciyaan...

    Adduunka waxaa ugu daran nimaad soortaan kaa socon
        iyo nimaad sugeysaan soo socon.101

Adduunyo deris, aakhirana deris.2

Adduunyo nabad bay ku nooshahay.P

Adduunyo orod laguma gaaro.12

Adduunyo waa hooska labadiisa gelin.T

    Adduunku waa hooska labadiisa gelin.C

    Dunidu waa harka labadiisa gelin.16

Adduunyo waa sheeko iyo shaahid.P,T

    Adduunyo ama waa sheeko, ama waa shaahid.7

Adduunyo waxaa laga wareystaa ninkii kaa weyn, aakhirana
    ninkii kaa cilmi badan.2

Adeeg ma cabsado ee ninkiisaa cabsada.P,7

    Adeeg ma cabsadee ninkiisaa cabsada.101

Adeerkaa dhibla'aan ayuu ku dhalay.2

Adhi been waa didaa, beense ma dhutiyo.M,W

Ari been waa didaa, beense ma dhutiyo.T,74
Adhi been waa didaa ee been ma dhutiyo.101
Adhi been waa u didaa, beense uma dhutiyo.K
Ari been waa didaa, umase dhutiyo.P
Adhi been wuu didaa, laakiin been ma dhutiyo.V
Ari been wuu didaa, laakiin been ma dhutiyo.40
Adhi biyo ma tallaabo.V
Adhijiri ma kala abaal weydo.M,V,30
Adhijir ma kala abaal weydo.W
Arijiri ma kala abaal weydo.T
Adiga oo Ilaahay aamminsan, haddana arigaada oodo.13
Adiga oo Ilaahay qabo, haddana arigaada oodo.13
Adigoo ribix doontay, raasimmaal ma kaa dhumay?T
Adigu taliseye kaa tahay tilmaanso.1
Adoo harsan waayay, ma laguu soo hargalay?T
Adigoo harsan waayay ma laguu soo hargalaa?P
Adigoo hoyan waayay ma laguu hargalay?U
Adoo hoyo waayay ma laguu soo harsaday?6
Nin asiguba harsan waayay looma harsado.4
Adoo nabad isaga fadhiya "belooy, kaalay" lama yiri.X
Af aammusan lama xujeeyo.T
Af aammusani marti ma sado.M,T,W,Y
Af aanad lahayn lama qabto.M,W,Y
Af aadan lahayn lama aammusiyo.T
Af baa billaawe bixiyey.N,Y
Af been u bartay wuu u bahalyoobaa.N *eeg* Been nin ...
Af buuxa hadal ma awoodo.1
Af caaytamay ninkiisa ayuu ku yaal.2   *eeg* Afxumo..., Cay xun....
Af daboolan duqsi ma galo.T
Af xiran diqsi ma galo.29
Af daboolan waa dahab.T
Af daboolani waa dahab.1
Af habeen nin buuray buu dhibaa.T
Af jooga looma adeego.M,T,W,Y
Af jooga looma adeego, addimmo lo'aadna looma arooro.1

Af joogo looma adeego, addimmo lo'aadna looma arooro.2

Af macaan gacan macaan baa dhaanta.M,T,W,Y

Af macaan gacan macaan ayaa dhaanta.10

Af nooli waa hadlaa, eyna waa ciyaa.T

Af qoyan war ma daayo.T

Af wax cunay, xishoo.M,P,T,V,W,Y,1,99

Afada waa sida dufanka, haddaan la dhalaalin way adkaan.Y

Afar lugood waa la awr dayaa, labo lugoodna waa la habar dayaa.1

Afar majood ninkii dubaa miduu leeyahay.6

Afar-addinle waxaa ka halis badan laba-addinle.Y

Afka ma ahee indhaa wax lagu doortaa.Y

Afkaad bir kulul ku gubtaa eray kugu guba.Y

Afkaaga ayaa qoyan looma hadlo.2

Afkaaga iyo addinkaagaba waa la dhawrtaa.T

Afkaaga kun ayuu kaa celiyaa, addinkaagana hal nin.2

Afkaaga oo aan hafriyo kaa rogin "Alla goo" baa la yidhaa.V

Afkaagoo aadan ku cad goosanu waa cadow kugu yaal.8

Afkaagu kuma gabee addinkaagu yuu ku gabin.26

Afkii "ba'ay" yiriba toobad wuu karaa.T

Af-ku-sheegna waa duulaa, qoraalna waa waaraa.Y

Aflaggaaddo af kastaa yaqaan.Y

Aflaggaaddo waa astaan dagaal.Y

Afmiishaar magaalo iyo dhillo magaalo midna lalama murmo.Y

Afow yeelkaa, uurow Alle ku og.T

Afow lagu caddee uurowse Allaa ku og.2

Afxumo nabadna waa kaa geysaa, colaadna wax kaagama tarto.M,T,Y

Afxumo nabadna way kaa geysaa, colna wax kaagama tarto.1

Afxumo nabadna way kaa kaxaysaa, colna waxba kaagama tarto.V,W

Afxumadu colaadda waxba kama tarto, nabaddana way fogeysaa.K

Hadalxumo nabadna waa kaa kaxaysaa, colaadna wax kama tarto.80

Afxumo ninkeeday ku taallaa.101   *eeg* Af caaytamay..., Cay
xun...
Afxumo rag waa ku kala tagaa.T
Afxumo rag way kala dishaa.101
Agaasinxumo subax iyo aqooldarro fiid baa reer lumiya.T
Agoon ama caqli lahaay, ama uus buurnaay.2
Agoon nin aan wax u tarayn ayaa madaxa u jajabiya ama u
salaaxa.2
Aji bakhti la buuranaa!T
Albaab uusan lahayn ninkii garaaca waajibkiisuu helaa.3
Alif kaa xumaadaa albaqra kaama hadho.W   *eeg* Erayga
alifka...
Alif kuu hagaagaa albaqruu ku gaadhsiiyaa.N,Y
Alla aammin ma iisho.V,101
Alla-wateen wehel ma doono.6
Ilaah-wateen wehel ma doono.Y
Alle la kala baryi og, erayna la kala dhihi og.T
Hadal la kala odhan og, Ilaahna la kala baryi og.V
Allow, mar uun sare ii qaad, inta kalese anaa ku filan.Y
Allow, nimaan wax ogayn ha cadaabin.L
Ama afeef hore lahaw, ama adkeysi dambe.T,W
Ama afeef hore lahaw, ama adkeysi dambe lahaw.P
Ama afeef hore lahaw, ama adkeysin dambe lahaw.U
Ama afeef hore lahaw, ama adkeysin lahaw.3
Afeef hore lahow ama adkeysi danbe.1
Afeefo hore lahow ama adkeysi danbe lahow.4
Ama arrin keen ahaw, ama aqbal keen ahaw.T
Ama beec baro, ama been baro.P,7
Ama buur ahaw, ama buur ku tiirsanow.T
Ama faro dufan leh ku qaad, ama faro dac leh.W
Ama leg hay, ama lug hay.95
Ama lug helay, ama leg helay.L
Leg hay ama lug hay.42
Ama rag la kaadi, ama riyo la kaadi.101
Ama talo keen ahow, ama talo raac ahow.101   *eeg* (3) Rag waa
labo: ama talo...
Ama talo keen ahaw, ama talo raac.2

Talo keen ahaw ama talo raac ahaw.1
Ama talo keen noqo, ama talo raac noqo.3
Ama waa la muuqdaa, ama waa la maqan yahay.
Meel ama ka muuqo, ama ka maqnow.17
Meel ama waa laga maqnaadaa, ama waa laga muuq-
daa.101
Ama xeer dhigo, ama xoolo dhigo.T
Ammaan cadow looma riyaaqo.Y
Ammaan midgood waa inta faruuryadu qoyan yihiin.101
Ammaan rag waa uga dartaa, naagna xeraday ka saartaa.1
Ammaan ragna waa uga dartaa, naagna reerka ayay ka
bixisaa.35
Ammaano kugu raagtay yedda baad mooddaa.T
Ammaano kugu raagtay yadda baa la moodaa.M
Ammaano kugu raagtay xoolahaada ayaad mooddaa.P
Ammaano kugu raagtay inaad leedahay baad mooddaa.W
"Anigaa haray" looma hadlo ee "hadal baa haray" baa loo
hadlaa.U
Anigoo bannaan jooga, maxaa babac i saaraya?T
Anigu ku sheegi maayo ee yuusan afkaagu ku sheegin.T   eeg
Tolkaa kuma gabee...
Aqal hilbuu daahaaye hadal ma daaho.T
Aqal libaax lafo lagama waayo.W
Aqoondarro laga roon.N
Aqooni arag kama horreyso.N,Y
Aqooni waa indho muggood.N,Y
Aqoonla'aani waa iftiinla'aan.N,T
Aqoonla'aan waa iftiinla'aan.P
Aqoondarro waa iftiinla'aan.V
Ardaa bulsho iyo agagol colaadeed baa laysku bartaa.1   eeg (3)
Saddex baa laysku bartaa...
Ardaa nabadeed baa aroosyo leh.1
Ardiga waxaa lagu maraa mici gariir iyo muruq rageed.2
Ari badan wixii ku gar ah ari yar waa ku go'o.34
Arijiri ma kala abaal weydo.T
Aroos lagama raago, lagumana raago.M,W,Y,88
Aroos lagamana raago, lagumana raago.T

28

Aroos laguma raago, lagamana raago.1,2

Aroos lagumana raago, lagamana raago.3

Aroosaa maskiin ma aha.1,25

Aroosaa maskiin ma ahan.2

Arrad waa dan, uskagse waa doqonnimo.N,T,101

Arrad waa dan, uskagna waa doqonnimo.V,W

Arrad waa dan, uskagse waa dulli.101

Arrin aan laguu dirsan eed baa kaa soo gaarta.Y

Arrin dalab leh addin dalab leh laga garan og.30

Arrin go'aan adag u baahan il keli ah laguma eego.Y

Arrin haddii laga sal gaaro, la-yaabkeedaa hara.Y

Arrin ku dhaaftay ahi ma celiso.T

Arrin ku dhaafay aah soo ma celiso.W

Arrin laba af shaftay kun af bay ku dhacdaa.Y

Arrin layskama hor keeno ee ood baa layska hor keenaa.43

Arrin nin galay eed gel.P,T

Arrin rag waa mudacyo afkood.M,W

Arrin saddex og tahay qarsoodi ma gasho.Y

Arrin talo ku habeysan shalleyn kuma dambeyso.Y

Arrini madaxa la qabtay leedahaye minjo la qabto ma laha.T

Arrini madax la qabto ayay leedahay ee minjo la qabto ma laha.V

Xaajo dhaban la qabto ayay leedahay ee dabo la qabto ma leh.W

Xaajo dibno la qabto bay leedahay ee dabo la qabto ma leh.P

Arrinxumo abaar ka daran.T,W

Arruug arrinkiisa loogama roona.2

Asaraar nac waara ayuu leeyahay.V

Asluubi waa odaynimo.V

Atoor sagaaro intiisa waa ku duq.T,3

Sagaaro inteeda waa ku duq.V

Awr awr wado iyo nin naagi waddo midna kaama baydho.M,V,W,Y,10

Awr awr eryeya iyo nin naag eryeysa midna kaama bayro.1

Awr awr eryeyo iyo nin naagi eryeyso midna kaama leexdo.T

Rati rati wado iyo nin naagu waddo midna kaama leexdo.3,8

Nin naagi eryeyso iyo awr awr eryeyo midna kaama baydho.L

Nin naagi waddo iyo awr awr wado midna kaama leexdo.31

Nin naagi waddo iyo rati rati wado midna kaama leexdo.32

Nin naag dabada ka waddo iyo hirti hirti eryayo midna kaama leexdo.11

Naag naagu eryeyso iyo awr awr eryeyo midna kaama leexdaan.P

Awr kala guurtay ma xuma ee uur kala guuray baa xun.T,W

Awr ninkii lahaa, dabada haystana ma kaco.N

Awr xamil waa qaadaa, xarig qalloocanse ma qaado.T,V

Rati xamilkii buu qaadaa, xarig qalloocanse ma qaado.U

Rati xamuulkiisa waa qaadaa, xarig qalloocanse ma qaado.3

Awrba awrka ka horreeya buu saanqaadkiisa leeyahay.T,W *eeg* Ratiga yari...

Awrba awka ka horreeya ayuu socodkiisa leeyahay.V,57

Awrka dambe awrka hore socodkiisuu leeyahay.K,N,Y

Ratiba ratiga ka horreeya saanqaadkiisuu leeyahay.3

Ratiba ratiga ka horreeya buu saanqaadkiisuu leeyahay.101

Ratiga danbe ratiga hore saanqaadkiisa buu leeyahay.8,15

Ratiga dambe ratiga hore saanqaadkiisa buu leeyahay.P

Awrka sonkorna waa sidaa, qodax buuse ka daaqaa.Y

Ayaamihiina waa tageen, ayaandarrase hartay.Y

Ayaandarro fac-weynaa!T

Ayaanle waa eedeysan yahay.N,Y

Ayax teg, eelna reeb.P,T,Y,1,2,15,16,27,33

B

Baadi daawadeed waa la hel.3

Baadi lo'aad biyaa loo fadhiistaa.P,1,6

Baadiyi nin aan lahayn bay ag joogtaa.M,T,1,8
    Baadiyi nimaan lahayn bay ag joogtaa.W,3
    Baadi nin aan lahayn bay ag joogtaa.V
    Baadi nimaan lahayn ayay ag joogtaa.4
Baahi balaayay ku talisaa.Y
Baahi wan ari ah loo qashay bowdkay kuugu jirtaa.T
Baahiyey, ninka muuqay.101
Baahiyi waxay kuu geysaa nin kuu daran.T,Y
    Baahiyi nin kuu daran bay kuu geysaa.W,9
Bad beer lagama tacbado.Y
Bad biyo laguma beero.T
Bad dhan hal mallaay baa qurmiya.2
Bad waa la qiyaasi karaa, banii-aadmi lama qiyaasi karo.V
Badhaadho aan bahdaa kula qabin waa bar kuma taal.V
Badi waa isku wada dhanaan.T
    Baddu waa isku dhadhan.95
Badow albaabkaaga oo furan lama tuso.64
Bahal ceeriin ma daayo, ninna caadadii ma baajo.T
    Cadaadi nin ma baajo, bahal ceedhin ma daayo.20
Bahalhiglo af qurun kuma kala tago.T,3
Bahdaa haan qaroorkeed looguma taliyo.3
Bahi bah ma dhaxasho.V
Bahi iyada ayaa is xoolo taqaan.V
Bakayle intuu bur ku jiruu bur kale daydaydaa.T
    Bakayle intuu bur ku jiruu bur daydaydaa.9
    Bakayle bur intuu ku jiro ayuu bur kale sii daydaydaa.V
    Bakayle intuu geed ku jiruu geed kale raadshaa.4
Bakayle intuu le'eg yahay ka muuq dheer.V
Bakaylow, nin iyo bur.P
Bakhayl waa dameer dahab saaran.Y
Bakoorad kaa dheer beled looguma wareego.Y
Bal dameerka geeso leh, intee baa laga geli lahaa?Y
Balaayada (Balaayadii, Balaayo) eeg Belaayada (Belaayadii, Belaayo)
Ballan badan been badan.Y
Ballan gal waa eed gal.Y
Ballan habeen kallah arooryo buu leeyahay.P   eeg Dardaaran caweysin...

Ballan habeen kallaho aroor ayay leedahay.35
Ballan fiid kallahaad arooryo ayay leedahay.28
Ballan habeen kaakac arooryo ayay leedahay.V
Ballan habeennimo kaakac arooruu leeyahay.N
Ballan habeennimo kaakac aroornimay leedahay.10
Ballan waa deyn.P
Ballandarro waa diindarro.J,M,N,V,W,Y,31,33
Ballanxumo diinla'aan bay leedahay.8
Ballaysin bir ka adag.M,W
Bannaankiisa-mare maradiisa geed ma qabsado.P,1,81
Bannaankiis-mare maradiisa geed ma qabsado.17,28,31
Dibed-mare maradiisa geed ma gaaro.T
Baqal fardo la daaqday ka mid bay is mooddaa.T
Baqal fardo la daaqay inuu ka mid yahay buu is mooddaa.W
Baqal fardo la miratay ka mid bay is mooddaa.N
Baqal fardo la miratay in ay la mid tahay ayay is mooddaa.V
Baqal fardo la mirataa badhkooday is mooddaa.K
Baqashii fardo la mirataa sidoodoo kalay is mooddaa.29
Baqashii fardo la daaqdaa faras bay is mooddaa.1
Baqashu mana dhasho, wax dhalana ma doonto.V
Baqo laguma dhegabbelo.3
Baqtiga ma cunee fuudkiisaan cabbaa.T
Bakhtiga ma cuno ee fuudkiisa ayaan cabbaa.V
Baqtiwareen waa xaaraan.N
Barako Ilaah baa rag barwaaqisa.Y
Barasho horteed hay nicin.M,N,T,W,Y,1,2,33,43,101
Barasho rag waa markay barwaaqo tagto.Y
Barasho u yeelo geedkaad cuskan doonto.Y
Barasho yari waa bil saddexaad.N
Barbaartimo iyo bowd beereed ninkaad geysaa waa kaa bixiyaa.T
Barbariiqad beerta waa ku baxdaa, badarse kuma dhasho.2
Bari bari saar waa barwaaqo.T
Bariis markuu kaa dhergo baad ka dheregtaa.P
Baroorta ceesaanta ka weyn.95

Baroortu orgiga ka weyn.3
Barow iyo baray kala war la'.38
Barta ku roon ayaa beerta ku roon.2
Barti-yaqaan bari uma kororto.M,T,V,2,28
Barti-yaqaan bar uma kororto.P
Barti-yaqaan bar xoolaad uma korodho.W
Nin barti-yaqaan ah bari uma korodho.101
Baruur keliyaa baruuro qurmisa.P,T   *eeg* Basaal...
Baruur baa baruuro qudhmisa.M,Y
Baruur keliyaa baruuro badan qurmisa.3
Baruur baa baruuryo badan qurmisa.Y
Baruuraba baruur keliyaa qudhmisa.N
Baruur qudhuntay baa baruuro qudhmisa.W
Baruur qudhuntay ayaa baruuryo badan qudhmisa.V
Baruuri kula tol ma aha.V
Baruuro sabool badhaadhaa leh.M,W
Baryo badan iyo bukaan badanba waa laysku nacaa.T,V,W,Y
eeg Bushi badan..., (3) Saddex deriskaa...
Baryo badan iyo bugto badan waa layku nacaa.P
Baryo iyo is-daluuc layskuma daro.3
Basaal xumaataa basaal badan qurmisa.T   *eeg* Baruur...
Basari buulkeedaa bayaayo leh.W
Baso waa baso si kastoo loo subko.Y
Baydari iyada ayaa is shiish taqaan.V
Beel waliba balaayadeed leh.V
Beel waliba waa ayaankeed.V
Beelo colloobay war san iskama geeyaan.1
Beelo nabadeed baa baadi kala dhex martaa.1
Been fakatay runi ma gaarto.T,Y,2,3
Been fakatay runi ma gaadho.V,W
Been fakatay run ma gaadho.P
Been iyo war badan habeen bay wada dhasheen.Y
Been nin yaqaan uma bahalyoobo.V   *eeg* Af been...
Been sheeg, laakiin been run u eg sheeg.T
Been sheeg oo been run u eg sheeg.V
Haddaad is tidhaahdid "been sheeg", been run u eg sheeg.N
Haddaad is tiraahdid "been sheeg", been run u eg sheeg.Y

Been waa ku qadeysiisaa, kumase cashaysiiso.T
Been waa lagu cabbaa ee laguma rakaato.P,1,7
    Beeni mar bay ku waraabisaa, kumase rakaadiso.T
    Beeni way ku waraabisaa, kumase durduuriso.V
Been waddo waa ku gudbisaa, kumase soo laabto.Y
Been waxay laqdaa kii tufay.Y
Beenaale been baa disha.Y
Beenaale markhaatigiisuu fogeeyaa.N,Y
    Beenaale markhaatigiisa ayuu fogeeyaa.V
    Beenawaas maraggiisa ayuu fogeeyaa.V
Beeni marka hore waa malab, marka dambana waa mal-
mal.K,T
    Beenta marka horana malab, marka danbana dacar.Y
Beeni raad ma leh.P,T,V,W,1,2,7,59,92
Beenlow nin dhintay iyo nin dheer ayuu marqaati u qab-
sadaa.2,28
    Beenlow nin dhintay iyo nin meel dheer jiruu marqaati u
    qabsadaa.1
    Beenlow nin dhintay iyo nin dheeraaday buu marag
    gashadaa.T
    Beenlow nin dhintay iyo nin dheer buu markhaati
    gashaa.3
Beenlow waxaa sira xasuus-xumi.Y
Beentaada hore runtaada danbay u baas baxdaa.1,4
    Beentaada hore runtaada danbe ayay baas u leeda-
    hay.37,38
    Beentaada hore runtaada dambe ayay baas u tahay.2
    Beentaada hore runtaada dambe bay baas u noqotaa.101
    Beentaada hore runtaada dambe bay u daran tahay.T
    Beentaada hore runtaada dambe ayay dishaa.W
Beenu baal la qabtay leedahay.T
    Beeni lug la qabto ayay leedahay.V
Beenu waa lug gaaban tahay.Y
Beer aanad falan badar kama sugtid.N
Beer la wada leeyahay kan ugu tabar badan bay ku hartaa.Y
Beer-ma-fashe baahi ayaa u taal.2
Beertaada oo baxday intaad ka heshid bahdaada kama heshid.2

Beertii aad labaatan jir ku beerato lixdan jirkaad ku nasataa.T
Beeso la tirshay barako ma leh.Y
Beeso-dhabiilaa bah ma dhabiilo.1
Belaayada bahdaada ka yeertay beergooyo bay leedahay.T
Belaayadii aad qarsataa waa ku qarsataa.T   *eeg* Waxaad
    qarsataa...
Belaayo (Balaayo) aadan guriga keensan bannaan kuma
    raacdo.Y
Belaayo ama "guur", ama "guurso" bay ku tiraahdaa.T
    Balaayo ama "guur" bay ku tidhaa, ama "guurso".W
    Balaayo "kac guur" ama "kac guursay" ku tidhaahdaa.M
    Balaayo "kac guur" amba "kac guurso" ayay ku
        tiraahdaa.V
    Balaayo waa tii "kac ee guurso" ku tira.2
Belaayo daaman la qabtay leedahay ee dabo la qabto ma
    leh.T,23
    Balaayo daaman la qabtay leedahay ee dabo la qabto ma
        leh.V
    Belaayo san la qabtay leedahaye sayn la qabto ma leh.D,L
    Balaayo madax la qabto ayay leedahay ee mijo la qabto
        ma laha.W
    Balaayo madax la qabo ayay leedahay ee majo la qabo ma
        laha.51
    Balaayo hor la qabtay leedahay ee dabo la qabto ma
        leh.33
Belaayo ha u yeedhan, kuumaba timaaddee.N
Belaayo habeen qadda iyo bakayle tallaabsada midna lama
    arag.20 *eeg* (3) Saddex lama arag: balaayo...
Belaayo horteeda lama maro.T
    Balaayo hadoodilan lama hormaro.101
Belaayo intay kaa maqan tahay, qayrkaa bay ku maqan
    tahay.M,T,21
    Balaayo intay kaa maqan tahay, qayrkaa bay ku maqan
        tahay.1
    Balaayo intay kaa maqan tahayba, qayrkaa bay ku maqan
        tahay.N,Y
    Balaayo intay kaa maqan tahayba, qayrkaa bay ku maqan
        tahay.W

3*   35

Balaayo inta ay kaa maqan tahay, qayrkaa ayay ku maqan tahay.V

Belaayo kaa sii jeedda layskuma soo jeedsho.N

Belaayo ka-hor-tag mooyee ka-dabo-tag ma leh.N

> Balaayo ka-hor-tag ma ahe ka-dabo-tag ma leh.33

Belaayo (Balaayo) looma baaqdo.V

Belaayo (Balaayo) ma fiicna, waaya-aragnimana ma xuma.V
eeg Dhib kasta...

Belaayo salgan baa ka horreeya.N

Belaayo waa tii kaa qoslisa.N

Belaayo (Balaayo) waliba u-barasho leh.V

Belaayo (Balaayo) waxay u daran tahay marka reer aad mijihiisa tahay ay madax kaaga dhigto.V

Belo ama il la'ay, ama lug la'ay.T

Belo waa garashola'aan.Y

Berri ayaa daran ee bur dhaaf.V

Berri iyo beeni midna ma dhammaato.V

Bidaari sibiq bay kugu gashaa.3

> Bidaar sibiq bay kugu gashaa.61
>
> Bidaari sibiq bay kuu gashaa.30

Biddana soor baa deeqda, bilisna xurmo.3

> Nin rag ah arrin baa deeqda, biddana soor baa deeqda.30

Bidix kama hibeysato midig.Y

Bilow iyo dhammaad hadba waa wada socdaan.Y

Bilsaddex gurigaagana way kaa kexeysaa, guri kalana kuma gaarsiiso.T

> Bilsaddex reerkaaga way kaa kaxaysaa, ku kalena kuma geyso.W
>
> Bilsaddex reerkaaga way ka kaxaysaa reer kalena kuma kaxayso.V
>
> Bilsaddex reerka waa kaa bixisaa, reer kalena kuma gaarsiiso.2
>
> Bilsaddex reerkaagana way kaa saartaa, reer islaameedna kuma gaadhsiiso.M
>
> Bilsaddex reer waa kaa waddaa, reerse kuma geyso.3
>
> Bil saddexaad beeshana waa kaa kexeysaa, beelo kalena kuma gaadhsiiso.N

Bil saddex ah cid waa kaa saartaa, laakiin cid kale kuma
gaarsiiso.47
Bilsaddex kuma guri geyso.P
Bir baa bir goysa.Y
Birta adag dabkaa lagu fiiriyaa.Y
Bisin Alla nin bilaabay belaayo uma timaaddo.T
Bisinba nin xoog laa bi'iyey.T
Biyo aan cirka daahir ku ahayn dhulka daahir kuma noqdaan.29
Biyo badan bar baa calow ah, hadal badanna bar baa been ah.29
Biyo badan bar waa calow, hadal badan bar waa been.8
Hadal badan bar baa been ah.6
Biyo badeed beer ma waraabiyaan.Y
Biyo dhul lagu arag lagana dhowr.15
Biyo fadhiya biyo socdaa kiciya.T,73
Biyo fadhiya biyo socda baa kiciya.Y
Biyo fadhiya biyo socda ayaa kiciya.W,4
Biyo socdaa biyo fadhiya kiciya.9
Biyo intaysan ku soo gaarin ayaa layska moosaa.T
Biyo intaanay ku soo gaarin baa layska moosaa.1
Biyo intay ku soo gaarin ayaa layska moosaa.4
Daad intaanu ku soo gaadhin baa layska moosaa.N,Y
Biyo iyo bir labadaba waa laysku boobaa.80
Biyo meel godan bay isugu tagaan.N,T,3,10
Biyo meel godan bay iskugu tagaan.W
Biyo meeshii godan ayay isugu tagaan.101
Biyo meel godan ayay isugu yimaaddaan.89
Biyo meel godan bay isugu durduraan.M,Y
Biyo meel godan ayay isugu tagaan, hadalna runta.V
Biyo sacabbadaada ayaa looga dhergaa.38
Biyo sacabbadaada yaa looga dhergaa.L
Biyo sacabbadaadaa looga dhergaa 101
Biyo sacabbadaadaa lagaga dhergaa.3
Gacantaadaad biyo kaga dheregtaa.O
Nin waliba gacantiisa ayuu biyo kaga dhergaa.L
Qof waliba gacantiisuu biyo kaga dhergaa.T
Daayeer gacmihiisa ayuu biyo kaga dhergaa.V
Biyo waa nolol.3
Booddo inta layskaga dhiibo ayay ku dhimataa.2

Diqsi inta laysaga dhiibo buu dhintaa.P
Injiri isu-dhiib bay ku dhimataa.1
Booddo kulaylka ayaa lagu dilaa.2
Boogtaan hoos laga dhaqin ma bogsoodo.40
Booraan hadimo ha qodin, ku dhici doontaana moo-
yee.M,W,Y,33

> Booraan hadimo ha qodin, ku dhici doontaana ma ogid
> e.T
>
> Booraamo hadimo ha qodin, ku dhici doontaana
> mooyee.V
>
> God walaal ha qodin, haddaad qoddana ha dheereyn, ku
> dhici doontidaana lama oga.7
>
> God walaal ha qodin, haddaad qoddana ha dheereyn, ku
> dhici doontidaana lama ogee.P
>
> God walaal ha qodin, haddaad qoddana ha dheerayn, ku
> dhici doontidaana ma ogide.2
>
> God walaal ka qodin, haddaad qoddidna ha dheerayn, ku
> dhici doontaa ma ogid e.G
>
> God walaalkaa ha qodin, ku dhici doontidna Alla ogi.101
>
> God sireed ha qodin, ku dhici doontidaana ma ogide.14
>
> God sireed ha qodin, haddaad qoddana ha dheereyn, ku
> dhici doontidaa ma ogide.1
>
> God khiyaano ha qodin, haddaad qoddana ha dheereyn,
> ku dhici doontaana ma ogid e.13
>
> God qiyaano ha qodin, haddaad qoddana ha dheereyn, ku
> dhici doontidaana lama ogee.101
>
> Bohol hadimo ha qodin, haddii aad qoddana ha dheereyn,
> ku dhici doontaa ma ogide.16
>
> Bohol hadimo ha qodin, haddaad qoddidna ha dheerayn,
> ku dhici doontaa mooyee.N
>
> Lun walaalkaa ha qodin, haddaad qoddana ha dheerayn,
> ku dhici doontidaana ma ogide.3
>
> Ninkii walaalkii hog u qodayo isagaa ku dhaca.Y

Boqol dhuntay boqol ayaa lagu karfanaa.2
Boqolna boqol ma oga.V
Boqol-u-taliye boqol ul buu sitaa.Y
Boqor looma booco.A

Boqorba wax baa la sii baraa.T
  Suldaanka wax baa la sii baraa.Y
  Ugaas wax baa la sii baraa.Y
Bowdo rag maalinba mid baa qaawan.63
  Bowdyo rag maalinba mid baa qaawan.34
Budo-qabe iyo biyo-qabe waa isu baahan yihiin.4
Burka bahalba kama deyn.V
Buro foolka kaaga taal xanuun dartiis lama goyn karo, foolxumo darteedna lama sidan karo.T
Bushi badan, baryo badan iyo baahi badan bahdaada ayaa kugu nacda.4 *eeg* Baryo badan..., (3) Saddex deriskaa...
  Baahi bari ka badan iyo bushi bil ka badan bahdaada ayaa kugu nacda.2
Bushi geeridaa og iyo baahi gurigaaga og midna kuma daayaan.6 *eeg* (3) Saddex looma taag helo: bukto...
Bushi maraggii waa matag.T
Buul habreed hayinna ma qaado, habarina ma gasho.3

C

Caado la gooyey caro Allay leedahay.T,3
  Caado la gooyaa cadho Allay leedahay.N,Y
  Caado laga tago caro Allay leedahay.76
  Caado la jaraa cadho Alla ayay leedahay.V
  Caado laga tegay caro Allay keentaa.1
Caano aan fiiqsi loo dhamin iyo hadal aan fiiro loo oran labadaba feerahaagay wax yeelaan.T
  Caano aan fiiqsi loo dhamin iyo hadal aan fiirsi loo dhihin feerahay wax yeelaan.1
  Hadal aan fiiro loo oran iyo caano aan fiiqsi loo dhamin feerahay wax yeelaan.20
  Hadal aan fiirsi loo dhihin iyo caano aan fiiqsi loo cabbin feerahay wax yeelaan.6
  Hadal aan fiirsi loo dhihin iyo caano aan fiiqsi loo dhamin way kugu fogaadaan oo feerahay wax yeelaan.44

Dhawaaq aan fiiro loo dhihin iyo caano aan fiiqsi loo dhaminu xabadkaaga ayay wax yeelaan.8

Caano cugid bay ku cumriyaan.Y

Caano daatay barkood ayaa la caymiyaa.2

Caano daatay dabadoodaa la qabtaa.3

 Caano daataba dabadoodaa la qabtaa.26

 Caano daataba dabadood la qabay.X

 Caano daatayba dabadood la qabay.W

 Caano daatay waa la dabo qabtaa.O

 Caano dabadoodaa la qabtaa.L

Caano daatay lagama dabo ooyo.T

 Caano qubtay lagama dabo ooyo.99

 Caano qubtay lagama dabo qayliyo.99

Caano iyo biyo layskuma daro.Y

Caano jiilaal canba can u fil.6 *eeg* Cawska jiilaal...

Caano la soo maali doono calool ma buuxshaan.Y

Caano nabad lagu waayey dagaal laguma helo.15

Caano nin lisay la yaqaan nin kasta ha sido.3

Caano waan jeclaa ee markay dameerro galeen ayaan nacay.V

Caano yar iyo ciidan yarba kolka la waayo ayaa la gartaa.T

 Caano yar iyo ciidan yarba kolkii la waayaa la gartaa.1

 Caano yar iyo ciidan yarba marka la waayo ayaa la gartaa.W

Caato waa lala gam'aa.V

Cad ku ceejiyey xil iyo geeri kuu dil.T

Cad xumaadaa hilbo badan qurmiya.T *eeg* Hilib hal diqsi....

Cadaab huriyow, shiddaan nacay.P

Cadaabi meel qabow ma leh.3

Cadar xagaa ceel kaama furto.N

Cadceed soo baxday calaacali ma qariso.T,V

Cadduur weli dhaw-dhawdu uma dhacsana.T

 Cadduur dhaw-dhawdu uma dhacsana.101

 Dhaw-dhawdu Cadduur uma ay dhicin.L

Cadho qamuunyo ugama darto.3

Cadho walaal waa la bariiyaa.W

 Caro walaal waa la bariiyaa.T

Cadow meel dheer lagama raadsho.Y

Cadow naftiisa ayuu cadow u yahay.2

Cadowga caano mac baa cusbo loogu daraa.94
Cadowgaaga caano mac baa la siiyaa.T
    Cadowgaaga caano mac ayaa la siiyaa.2
    Cadowgaa caano mac baa la siiyaa.1
Cadowgaa isaga noolow ama cadowgaa u noolow.N
Cadowgaaga caddiin baa lagu sooraa.95
Cadowgaaga cadowgiis... *eeg* Saaxiibkaa saaxiibkiis...
Cadowgaaga dhuux sagaaro ayaa loogu subkadaa.64
Cadowgaana kol ka digtoonow, saaxiibkaana kun jeer.N
Cagi jid caddeysay.P
Cagtaada iyo calooshaada lama caasiyo.T
Cagtii joogsan weyda mar bay ceeb la kulantaa.N,38
    Cagtii joogsan weydo mar bay ceeb la kulantaa.47
    Cagtii joogsan weysa mar bay ceeb la kulantaa.2
    Cagtii joog laga waayo mar bay ceeb la kulantaa.38
Calaacal waa rag ceebtii.15
Calaf waa inta calool gasha.1
    Calaf waa intii calool gasha.P
    Calaf waa intii calool gasho.2
    Calaf waa kii calool gala.8
Calafba waa calafka hore.V
Calafkaa kuma seegee si xun ha u raadin.1
Calafkaaga cid waa kuu geeyaa, kulamase heshiisiiyo.2
Caleen qudhac calool geel wax kama tarto.M,W,Y
    Caleen qurac calool geel wax kama tarto.6
    Caleen qurac calool wax kama tarto.T
    Caleen qudhac calool waxba kama tarto.101
Cali ciirsi mood waa caalla'aan.101
Calool bukta iyo weji furfuran laysku waa.Y
Calool cir weyni way dheregtaa ee indho cir weyn baan
    dhergin.V
Calool dheregsani calool baahan kama naxdo.T
Calool dheregtay caqli ma leh.P
Calool la qufi doono looma qafanqoofiyo.29
Calool maran iyo hurdo macaan laysku waa.Y
Calool rag waa webi xagaa.M,T,W
Calool xil ma garato.Y

Calool-adayg waa Ilaah wehelkii.D,F,I
 Calool-adayg waa Ilaahay wehelkiis.2
 Calool-adayg waa Alla wehelkii.M,5
 Caloool-adayg waa Alla wehelkiis.1
Calool-adayg waa rag wehelkii.T
Calooshu inta ay madhnaan lahayd ha mudnaato.V
Camalkaa xeero buuxduu kaa qadiyaa.101
Canaad badani waa cadaabta barkeed.T
Canaan intaan dhagax iyo dheri ahayn ugama darto.2
Canaani carruur ma koriso.N
Canaani reer ma dhaqdo.3
Canaan-ka-yaab reer ma doojo.M,5,101
 Canaan-ka-yaab cid ma doojiyo.T
 Canaan-ka-yaab ceesaan ma doojo.W
 Canaan-ka-yaab reer ma doogsho.V
Canaanla'aan carruuri ma korto.N,Y
Canbuulo raashiin ma aha, cajuuso naag ma aha.40
Candhala'aa curatay.T
Candhoola iyo neef aan cunug dhalin caano looma doonto.62
Candhoolay geela waa ku boqol.2
Candhuufays waa eray si kale loo yidhi.Y
Canjeelo siday u kala korreyso ayaa loo cunaa.38 *eeg* Oodo
 dhacameed...
 Canjeelo say u kala sarreysaa loo cunaa.72
 Canjeelo say u kala korreysaa loo kala qaataa.77
 Canjeelo siday u kala sarreysaa loo kala qaadaa.48
Canqaw-isku-dhufte isagaa u dhutiya.T
Cantuug waa lagu sumoobaa, eraygana waa loo dhintaa.Y
Cantuugo caman ka laacday.T
Cantuugo weyn laguma dhergo ee cindi Alla ayaa lagu
 dhergaa.V
Caqli dowlo iyo indho quraanjo lama arko.40
Caqli gaalo iyo indho quraanyo midna lama arko.T
 Caqli gaalo iyo indho quraanyo midna lama maleeyo.3
Caqli kaa maqan maskax walaal ayaa laga helaa.40
Caqligii fayoobi jidh fayow buu leeyahay.N
Car, yaa wiilkaas arkoo aan qoslin!3

Carab iyo cadaab kaama naxaan.40

Carabi intay kaa shar badan tahay ayay khayrkana kaa badsataa.66

Carabi intay ku nabtay Nebigana kaaga hor martaa.66

Carada dadka qaarkii caaq bay ka dhigtaa.Y

Caro iyo cimri baa cirro soo saaro.Y

Carraabo fadhi baa quusiyey.T

Carrab cunsur waa laga dhowraa.V

Carrab dalab leh ayaa la gartaa, uur dabanse lama garto.W

Carrab dalab leh lug dalab leh laga garan og.T

Carrab lo'aad caws looma tilmaamo.T,Y,6   *eeg* Qoob lo'aad...

Carrab macaan kanna isaga dheeree, kanna ku soo dhowee.Y

Carrab waa cad hilib oo is ammaana.Y

Carrabka laf ma laha, hase yeeshee laf waa jebiyaa.Y

Carrabka wuxuu madax badan tiirka toogashada geeyey.Y

Carrabkaaga ka adkow intuusan kaa adkaan.Y

Carrabkaaga oodan ku cad goosan waa abeeso kaa soo dhalatay.2

Carrabkaaga waa faraskaaga, haddaad sii deyso waa kula tagaa.Y

Carruur cirridkaaga lama tuso.T,101

Carruur harraadan hongorrahaa lagu sabaa.16

Carruur intay tillaabo booddaa taladeedu leedahay.35   *eeg* Labaatanjir intuu...

Carruur iyo reer-guura-raacba wax baa laysaga sheegaa, ismase arkaan.101

> Reero-guura-raac iyo carruur wax loo kala sheeg, ismase arkaan.3

Carruur lama tuso waxaan la siin doonin.Y

Carruur lays ciyaar baray addoon bay ku moodaan aabbo u soo iibshay.Y

Carruuri haddii aad kuftid way kugu qoslaan, haddii ay kufaanna way ooyaan.V

> Carruuri hadday kuftana waa ooydaa, haddaad kuftidna waa kugu qososhaa.101

> Carruuri way ooyaan markay kufaan, markaad kuftase way qoslaan.Y

Ilmahaagu haddaad kuftana waa kugu qoslaan, hadday
kufaanna waa kugu ooyaan.3

Ilmahaaga haddaad kuftaa waa kugu qoslaan, hadday
kufaanna waa kugu ooyaan.2

Carruurnimo waa ciil laga weynaaday.W

Carruuri waa ciil laga weynaaday.Y

Carunkaada ninka dhaqa ayaa caraftaada loo dhoweeyaa.70

Casaan qurux kama qatana.W

Cawadii dugaag waa isku dugaag, maalintiina geed bay kala
har galaan.T

Cawl cawlkiisuu la boodaa.T

Cawlba cawlkiisuu la boodaa.M

Cawli ban bay u baratay, buuri u dhaantaase mooyee.101

Cawska jiilaal canba can buu bidaa.P   *eeg* Caano jiilaal...

Cantuugo jiilaal canba can buu bidaa.P

Cay xun ninkeedaa iska leh.T   *eeg* Af caaytamay..., Afxumo
ninkeeday...

Cayaar lagama gaboobo.101

Cayaarla'aan caqligu wuu caabuqaa.N,Y

Cayru caymo ma diido.T

"Cebraan bay dhacdayna" wax la yiraahdo ma aha, colna wax la
qarsado ma aha.T

Ceeb aad leedahay cid kale lagulama galgasho.N

Ceebi nin leh ayay raacdaa.V

Ceebi ninkii isku godgodo ayay qabataa.2

Ceebi ninkii isu goday wax yeeshaa.3

Ceebtaadoo kun og tahay kow lama ogeysiiyo, kow og yahayna
kun lama ogeysiiyo.T   *eeg* Wax ay kun...

Ceeb kun og tahay kowda looma sheego.P

Ceel aanad ka biyo gaadhayn lama qodo.N,Y

Ceel biyo lihi ma foga.V

Ceel geel ka cabbay calaamo leh.T

Ceel nin galay baa laga waraystaa.3

Ceel nin galay ayaa laga waraystaa.K

Ceel nin galay oo aan kaaga warramin waa dub iyo qalfoof.V

Ceel nin tooxsaday isna ku caddiban, cuudna ma cokana.T

Ceelka biyo loo sido ceel khayr qabo ma aha.Y

Ceelka ninna waa qodaa, boqolna waa ka waraabtaa.Y
Ceelna uma qodna, cidna uma maqna.P
    Cidna uma maqna, ceelna uma qodna.N
    Ceelna uma qodna, ceelalyana uma maqna.V
    Ciidanna uma maqna, ceelna uma qodna.T
Ceesaan ninkii weyddiinteeda kugu dhiba wadiddeedaa lagu
dhibaa.T
    Ceesaan ari ninkii weyddiinteeda kugu dhiba wadisteedaa
    lagu dhibaa.3
    Ceesaan ninkii weyddiinteeda kugu dhiba kaxaynteedaa
    lagu dhibaa.W
    "Ceesaan ari i sii" ninkii kugu dhiba wadiddeedaa lagu
    dhibaa.P
Ceesaantii adhigeeda diidda orgi xaqanaas baa saarta.W
Ceesaantii meleggeed galaa madax shabeel bay leeftaa.T
    Ceesaantii meleggeed galaa madax shabeel bay ursa-
    taa.95
    Ridii malaggeed galaa madax shabeel bay leefleeftaa.P
Cibaadala'aan waa la cadaab tagaa.T
    Cibaadala'aan cadaabtaa lagu tagaa.Y
Cid wax ku siisa in badan baad aragtaa, cid wax kuu sheegtase
in yar baad aragtaa.T
"Cidda ha jirin, cilmina ha baran" waa rag ceebti.2
Cidla'aani wax kuma yeeshee coodxumo yay ku dilin.30
Ciil iyo cadceed casarba waa lagu cirroobaa.T
Ciil sokeeye kaa galay carrabkaa lagu baxshaa, ciil shisheeye
kaa galayna cududdaa lagu baxshaa.6
Ciir dhanaankaa loogu xishaa.101
Ciirtaa-dhamaa ceebtaa yaqaan.M,Y
    Ciirtaa-dhamaa ceebtaada yaqaan.W
    Ciirtaada-dhame baa ceebtaada yaqaan.P
    Ciirtaada-dhame ayaa caydaada yaqaan.T
    Doqonti ciirtaada dhantaa caydaada taqaan.1
    Dumaali ciirtaada dhantaa caydaada taqaan.1
Ciise socod kuma laabna, abeesana samir kuma laabna.W
Cilmi aan ku baree caqli aad la kaashato ma leedahay?2
Cilmiga waa caqli la ururshay.50

Cimri tegay ceeb laguma sagootiyo.P,4,6,55
    Cimri tegay ceeb laguma sagoontiyo.3
    Cumri tegay ceeb laguma sagootiyo.17
    Cimri dhammaaday ceeb laguma sagootiyo.T
Cimri dheer baa cajab leh.L
Cimrigaa dheeraadaa cajab buu ku tusaa.T   *eeg* Wax badan joog...
Cimrigaagoo dheeraada geel dhalayuu ku tusaa.41 *eeg* Indhihii dhiman waayaa..., Ninkii dhiman waayaa...
    Cimrigaadii dheeraadaa geel dhalayana waa ku tu-saa.101
    Cumrigaaga raagay geel dhalayas ku tusaa.17
    Ninkii cimrigiisa dheeraado geel dhalayuu arkaa.77
Cindhiga naageed iyo cir roobaad midna lama malayn karo.T
Cir baa hagar leh ee dhul hagar ma yaqaan.2
Cir hillaacay hoostiisu biyo ma leh.6
Cirbad dunla'aani maro ma tasho.52
Cirbad maalin dhuntay habeen lama helo.93
Cirka wuxuu keeno dhulka ma qaadi waayo.C
Cishe iyo naag xunba waa la deddejiyaa.3
Col badan iyo col yarba Ilaahay baa isbaday.V
Col diriray isma caymin.1
Col hortii baa la hub sameystaa.T,W
    Col hortii hub sameyso.V
Col intuu guulguul kaaga gooyo gelid kaagama gooyo.1,70
    Col intuu guulguul kaaga gooyo gelitaan kaagama gooyo.47
    Col intii uu guulguul kaaga gooyo gelitaanka kaagama gooyo.8
    Col guulidiis intay kaa goyso gelidiis kaama goyso.2
Col iyo cidi is moog.15
Col iyo dhaanba halka laga eegayo ayay ka yimaaddaan.V
Col kaa badan iyo biyo kaa badaniba way ku hafiyaan.W,Y *eeg* Daad iyo faro...
    Col kaa badan iyo biyo kaa badan way ku hafiyaan.9
    Dad kaa badan iyo biyo kaa badanba waa ku hafiyaan.T
    Rag kaa badan iyo biyo kaa badani waa ku hafiyaan.N

Biyo kaa badan iyo rag kaa badanba way ku hafiyaan.Y
Biyo iyo col kaa badaniba way ku hafiyaan.V
Col ku dhac oo tuugo kuu ciidamisay.2
Col ku galay cabsi kugu reeb.W
Col naago ka kacay iyo cadho nirig ka kacday midna ma
qaboobo.T,W
    Caro nirig ka kacday iyo col naago ka kacay midna ma
    qaboobo.1
    Ciil naago kaa raacay iyo caro nirig geel kaa raacay
    midna lagama biskoodo.P
Colaad sokeeye "sidee ayaa wax kuu gaareen?" iyo "sidee ayaa
wax kuu gaareen?" ayaa ugu danbeysa.2
Colaad waxaa ugu daran cadaawe qaraabo.Y
Colaadi yaryaraysi ma leh.M,T,5
    Colaadi yaryaraysi ma laha.1
Colka kan ugu hor dhutiya uguma hor dhinto.Y
Colka wadhaf ma lagu deyey?V,W
    Colka waraf ma lagu deyey?3
Cudud caano gaabsheen cagaar ma korsho.W,Y
Cudur cirro kulama sugo.Y
Cudur waa fanfaninkii geerida.Y
Cunno-qarsade cayil ma qarsado.3
Cuntadii aadan lahayn waa lagu daaca qurmaa.T
Cunto buuran, meesha ay gashaana buuran.V,95
Cunug fiyow, hooyo fiican.Y
Cunugga dhibka badan ayaa ugu dheef badnaado.Y
Curad amba cawa lahaa, amba cawri lahaa.V
Curad baaqday ciil ma dhaafo.T

D

Daacadi ma hungowdo.101
    Daacadi ma hungowdo, dadaalna ma qado.101
Daad iyo dab midna meel loo durko ma leh.27
Daad iyo faro kaa badaniba waa ku qaadaan.Y   *eeg* Col kaa
badan...

Daadla'aan doox ma soo rogmado.N

Daanyeerku dabadiisa guduudan ma arkee kan kale tiisuu arkaa.T

Daayeer dabadii cas ma arko, ka kale tiisuu arkaa.V

Daayeer is daawaday deero ayuu is moodaa.Y

Daayeerba marmar buu ubax mutaa.Y

Dab aan kulaylkiisa la arag dambaskiisa lagama leexdo.T

Dab aan lagu guban danbaskiisa lagama leexdo.28

Dab cagtii joogsatuu gubaa.Y

Dab iyo dawlad lama ag joogsado.7

Dab iyo dawladba midna looma dhowaado.1

Dabkaad kulkiisa aragto danbaskiisaa laga leexdaa.P   *eeg* Nin dab...

Dab kulaylkii nin arkaa dambaskiisa ka leexda.6

Dab munaafaq shiday muslin baa ku gubta.X

Dab munaafiq shiday muslin baa ku gubta.K

Dabkii munaafaq shido muslin baa ku gubta.3

Dab munaafaq shiday muumin baa ku gubta.T

Dabkuu munaafaq shido muumin ayaa ku gubta.4

Dab nin haya "daa" lama yiraa.1

Dab shidan lama afuufo.Y

Dabaalato biyo hoostood ayay isku arkaan.43

Dabaggaalle abeeso lagama guursado, mana guursado.T

Dabalaay, gooji ama ha goojin ee geela guga dhalaya ayuun baa lagugu tirin.W

Halyahay, amba gooji, amba ha goojin, geela guga dhalaya baan kugu tirinayaa.101

Gooji ama ha gooojin, geela guga dhalayo adaad ku tirsan tahay.2

Dabar caano ma xaraarsho.3

Dabbaal shibbanaa ama sheeg xumaa.2

Dabbaal waa duud, dad waa ilma adeer.2

Dabcigoo kaa xumaaday dad kaa saar.W

Dabeecaddu diinta waa ka badh.V,W

Dabka ka digtoonow, biyahana yay ku dafin.Y

Dabkii baxayaa dab lagu qabsadaa.N,Y

Dabkii baxayaa dabkaaga lagu qabsadaa.29

Dabkii daashka kaa guba digniin baad ka qaaddaa.L

Dabkii shidaa ku gubta.Y

Dabo dabayl-sii-deyn baa loo abuuray.Y

Dabshide dagaal ka maqan.Y

Dad aqoon ma laha, dugaagna deris ma laha.42

Dad cadaabeed dal cadaabeed baa kaa geeya.T

Dad dabiicad ka beddel waa duddun carro ka dhaq.76   *eeg*
  Ninna dabiicaddii...

  Qof dabiicad ka beddel waa duddun ciid ka maydh.3

Dad dad baa loogu gabbadaa, dugaagna geed.N,Y

  Dadna dad baa looga duggaalaa, dugaagna dhir baa looga
    duggaalaa.1

Dad gaajaysan waxaa halis u ah hoggaamiye cirweyn.Y

Dad geeri buu ka baqaa amase gabow.T

Dad haddii la waayaa daayeerka la walaalsadaa.Y

Dad iima dhina, dareenna iima dhina.6

Dad iyo dameerraba nin leh ayay u daaqayaan.V

Dad iyo duurba wax aadan filayn baa kaaga soo baxa.3

  Dad iyo duurba waxaadan filanaynin baa kaaga soo
    baxa.42

  Dad iyo duur waxaad ka filanayn ayaa ka soo baxa.59

  Dad iyo duurba waxaadan ka filayn baa ka yimaadda.1

  Duur iyo dadba waxaad ka filayn ayaa ka yimaadda.V

  Dad iyo duurba waxaad ka filayn ayaa kaa qabto.43

  Dad iyo duurba waxaan laga filayn baa loogu tagaa.15

  Dad iyo duurba wax kasta ayaa laga fishaa.2

  Meel hawd ah iyo banii'aadamka waxaadan filayn baa
    laga fishaa.T

"Dad ma ceeb la'yahay?" lama yiraa ee "ma cayntaa?" ayaa la
  yiraa.T

Dad ma wada wanaajin kartid ee ha wada xumayn.2

Dad nin u taliyey iyo nin tuugay baa yaqaan.N,T,W,Y,9,101

  Dad nin u taliyey iyo nin tuugaa yaqaan.1

  Dad ninkii u taliya iyo tuug baa og.G

  Dad nin u taliyey iyo nin baryay baa yaqaan.33

  Tol waxaa bartay nin u taliyey iyo nin tuugay.V

Dad ninkii dhalaa dhixirkiisa yaqaan.1

Dad waa dadkan dambe, hadalna waa intuu oran doono.P

4   49

Dad waa kii habartaa kuu dhashay iyo kii haraggaaga kuugu
soo dhaca.3

Dad waa nin abaal gutiyo nin loo abaal gudaa.N

Dad waa xan-daaq, duunyana waa xaab-daaq.T

  Duunyo waa geedo-daaq, dadna waa xan-daaq.V

Dad waxaa ugu liita tol-diid iyo talo-diid.T

Dad wax-yar-tare mooyee wax-ma-tare ma leh.M,W

  Rag wax-yar-tare mooyee wax-ma-tare ma laha.T

Dad yaraan dirir looma daayo, dan yaraanna deeq looma
daayo.1 *eeg* Xoolo-yari sadaqo...

Dadaalaa wuu gaaraa, beertaana wuu goostaa.101

Dadkii hilib cayriin ku qaybsaday kuma doodaan maraqiisa.Y
eeg Laba (Labo) ceerin...

Dadku kuma wada ammaanee yaanu ku wada caynin.54

Dadku nimaanay aqoon wuxuu la yahay daar madow.18

Dadku waa indho-ku-garaadle.L

  Dad waa indho-ku-garasho.N

Dadku waa isku muuq, haddana waa kala maan.1 *eeg* Ilaah nolol...

Dadku waa ku bartay oo kaama haro iyo ku bartay kuuma
laabto.1

Dadkuna hadalkay isku af gartaan, xooluhuna urta.W

Dadnimo ayaa darajo ka horreysa.Y

Dadqal looma gurguurto.3

"Dad-xume" ninkii ku yira "dadlaawe" dheh.17

Dagaal gondahaaguu ka dhashaa ee u toog hay.101

  Dagaal gondahaaguu ka dhashaa.T

Dagaal guri dumay iyo geeri baa laga dhaxlaa.21

Dagaal ninna ku lulay, ninna ku loofar.21

Dagaal waa gelin dambe.N,T

Dagaal waa ka-dare, rag is bartaase waa door.T

  Dagaal waa ka-dare.101

Dagaal waayeel waa dood.1

Dagaal wiil baa ku dhinta ee wiil kuma dhasho.X

  Colaad wiil baa ku dhinta ee wiil kuma dhasho.3

  Dagaal nin baa ku dhinta ee wiil kuma dhasho.101

Dahab nin kasta lalama doonto.Y

Dal abaar ah iyo doog cabsi leh, midkee door roon?T   *eeg*
Iyamaad doorbidday....

50

Dal aqoonla'aan waa la ambadaa, dad aqoonla'aanna waa la qadaa.V

Dal aqoonla'aanna waa la habaabaa, dad aqoonla'aanna waa la dibjiraa.3

Dal dadkiisu libaaxyeynayo haddaad tagto, sidii riyaha looma socdo.Y *eeg* Meel il laga la'yahay...

Dal degmaa lagu bartaa, dadna macruuf.T

Dal nin yaqaan ayaa leh.V

Dalkiis-diide dayac buu u dhintaa.T

Damac-badne dariiquu ku dhintaa.P

Dameer ceel ku dhacay koyba waa lagu deyaa.44

Dameer dib laga istaago dabayl xun baa laga helaa.Y

Dameer duqoobay diqsigaa ku shamuuma.Y

Dameer intuu rar ka dhuunto ayuu rar u dhuuntaa.2

Dameer iyo doc-ka-yeer daankaa lagu dhuftaa.6,101

Doc-ka-yeer iyo dameerraba daankaa lagu dhuftaa.T

Dameer iyo doqonba duulkood ka xun.24

Dameer iyo labadiisa daan.95

Dameerow labada dhegood! 29

Dameer iyo nin saaran daymaa iga deeqda.1

Dameer iyo ninkii wada daymo ayaa naga deeqda.47

Dameer waa dameer, sidii goodirkaba ha u boodee.Y

Dameer waa dameer, hadduu sida deero u boodboodo.Y

Dameer xariir kasta la saaro waa dameer.Y

Xariir kasta la dul saaro, dameer waa dameer.Y

Dameeraha tan ugu foosha xun ayaa ugu biqle badan.T

Dameeri tan ugu foolxun ayaa ugu haraanti kulul.2

Dameerka kan xun baa u haraanti kulul.23

Dameeri dhaan raacday.N,W,2,24,41

Dabeerro dhaan raacay.101

Dameeri intayna cii baran ayay dhuuso barataa.24

Dameeri intaysan godolka baran bay dhuuso barataa.58

Dameeri isku-halleyn bay hooyadeed dabada uga nuugtaa.T,W,9,24,31

Dameeri isku-halleyn ayay hooyadeed futada kaga nuugtaa.2

Dameerro isku-hallayn bay hooyadood dabada uga nuugaan.M,3

Dameerro isku-halleyn ayay hooyadood dabada uga nuugaan.V

Dameertu waxay hooyadeed dabada uga nuugtaa waa isku-hallayn.N

Qayl dameeraad isku-halleyn buu habartii dabada uga nuugaa.P

Isku-hallayn bay dameerta hooyadeed labada lugood oo danbe dhexdood uga nuugtaa.4

Dameerka ninka wada mar buu dhaamaa.Y

Dameerka yari mana nasto, hooyadiina ma nasiyo.V *eeg* Qayl ma hadhsado...

Dameerle dad la kal ma aha.V

Dameerro "kir" waa u wada dhego taagaan.T

Dameerro "kirkirta" la yidhaa bay dhegaha wada taagaan.W

Dameerro "kir" waa u wada dhego-taage.95

Dameer "kir" haddii la yidhaahdo, kuwa kale ayaa dhegaha wada taaga.V

Dameerro ooman ninkii oodda ka qaadaa aroorsha.T

Dameeraha Adari ninkii oodda ka qaada ayaa aroorsha.W

Dameertii raar doonta xero safartay tagtaa.24

Dameertu geela hayga didisee waa sii "qururuf" leedahay.T

Dameertu geela ha didisee "bururuf" bay sii leedahay.N,Y

Dameertu geela hayga didisee khururuftay kaga dartay.W

Dameertu geela ha didisee qururufta dambe ayay kaga dartay.V

Dameertu geela hayga didisee qururufteedaa iigaga daran.95

Dameertii "bururuf" tidhi iyadaa geela didisay.24

Damiin faro waaweyn baa wax loogu qoraa.T

Damiin far weyn baa wax loogu dhigaa.U

Dan iyo xarrago is weyday.W,101

Dan iyo xarrago is waayeen.2

Dani kuuma been sheegto.N,Y

Dani waa seeto.N,T,1,2

Dani xishood ma leh.P

Danta lagumana dheelo, lagamana dheeraado.N

Dantaada iyo madaxaaga toona lagama boodo.T   *eeg* Madaxaaga iyo manjahaaga...

Dan iyo madaxaaga toona lagama boodo.N

Dantaada maqaar ey baa loogu seexdaa.1

Dantaada maqaar eey baa loogu seexdaa.P

Dantaada masalle eyna waa loogu fadhiistaa.2

Maslaxadaada masalle ey baa loogu fariistaa.3

Muraadkaaga maqaar eyna waa loogu fadhiistaa.T

"Dantaada ogow" rag waa u waano, nacasna waa u cay.2

Dantiisa-mooge maro duug ah horteeduu dhammaadaa.T,9

Dantiis-mooge maro duug ah horteed ayuu dhammaadaa.2,43

Dantii-mooge maro duug ah horteed ayuu dhammaadaa.28,73

Dantii-mooge maro duug ah horteed buu dhammaadaa.P

Dantii nimaan aqoon maro duug ah horteed buu dhammaadaa.U

Nimaan dantiisa aqoonin maro duug ah horteed buu dhammaadaa.W

Darajo waa labo dalab oo layska dabo sido.35

Darandoorriyaaba naasnaasi.M,T,W

Dardaaran caweysin kallah arooryuu leeyahay.M,T   *eeg* Ballan habeen...

Dardaaran caweysin kallah arooryaad buu leeyahay.W

Dardaaran waa inta la xay yahay.V

Dareen cawo waa loo waabberiistaa.1

Daruur kasta ma da'do.Y

Dawac aqalkiisa joogaa aar buu is moodaa.Y   *eeg* Mukulaal mininkeeda...

Dawaco meeshay macal uga baratay ayay macaluul ugu baqtidaa.T

Dawaco meeshii ay macal uga barato bay macaluul ugu dhimataa.P

Dawaco meeshay macal uga baratay macaluul ugu baqtisaa.1

Dawaco meeshay macal ku dhadhamiso yay macaluul ugu bakhtidaa.N

Dawaco meesha macal ay ku dhadhamiso macaluul ayay ugu bakhtidaa.V

Dacawo halkay macal ku dhadhamisay ayay macaluul ugu bakhtidaa.W

Dacawo halkay macal ku dhadhamisay bay macaluul ugu bakhtidaa.M

Dawaco meesha ay baruur ku marato ayay macaluul ugu baqtisaa.2

Dawaco tallaabadeediina ka tagtay, tii Nebigiina gaari wayday.T

Dawaco socodkeediina ka tagtay, kii Nebigana gaadhi wayday.101

Dacawadii tallaabadii Nebiga ku dayatay ee teediina ka tagtay, tu kalena gaadhi kari weyday.W

Dawarsato dariiqay isku nacdaa.46

Dawo tiro wax kuma tarto.Y

Dawooy, duul webi kaa shiran!2

Dawaco-dhagarreey, adna biyo webi kaa shiran.101

Dayax shan iyo toban ah ama ku waday, ama ka waday.L

Dayaxa haddii la waayo, xiddigaha ayaa lagu socdaa.V

Dayaxa markuu dhacaa xiddigaha is muujiyaan.Y

Daymo daayeer iyo daymo carruureed midna lagama dhergo.V

Deeq wax lagama sheego.T

Deeqi waxa laysa siiyo ma aha ee waa sida laysu siiyo.I

Deeqsi baa loo duceeyaa.T

Degaan badeed dabaal lagu bartaa.Y

Degaanka lamahuraanka ah waa kan aakhiro.Y

Degdeg laga roon.N

Denbi waalidka galay saddex jibbaar buu ubadka ugu soo laabmaa.Y

Eed aabbo galay ubadkiisaa u qalma.Y

Derin haddii laguu fidsho, doc baa looga fadhiistaa.Y

Deris kaa xumaaday toddoba geeddi ayaa laga guuraa.2

Deriskaada xun sagaal geeddi oo abaar ah ayaa laga guuraa.35

Deriskaa diintiisa ayuu kuu yeelaa ama ku baraa.8

Deriskaa mar ku diin, marna ku dayo, marna ka darrow.T

Deriska mar ku diin, mar ku dayo, mar kale ka darrow.H

Deriskaa mar ku diin, marna ku dayo, marna ka dar.H

Deriskaaga ilaalo yaan lagugu dirin.T

Deriskaaga waa ilaalo aan laguu dirsan.2

Deriskaaga kuma caddeeyo, kumana madoobeeyo ee sidaad tahay ayuu sheegaa.2

Deriskaagu waxaan caddaan iyo baruurba ahayn waa ku geliyaa.T

Deriska waxaan midabka ahaynba waa ku geliyaa.3

Deyn deyn ku gud waa dhiig dhiig ku dhaq.2

Deyn-bixiye dirir ma gafo.P

Deyntii gacantu bixisey lugtaad ku raadisaa.Y

Deyr iyo dumar midna deeqooda kama haro.78   *eeg* Doqon iyo deyr...

Deyro hore deeq kama dhacdo.N

Dhaan loo kala habboon.3

Dhac dushii laguma wada hadlo.M,W

Dhacdee miyaa la leefi?N

Dhadhan biyo meel oon leh baa lagu bartaa.Y

Dhagarqabe dhulkaa u dhaqdhaqaaqa.T,V

Dhagarqabe dhulkaa u dhaqaaqa.N,Y

Dhagarrow ma liibaano.1

Dhagax biyo kuma qarqaro.3

Dhagax dhunkasho iyo dharbaaxo waa isugu mid.1   *eeg* Dhagax taabasho...

Dhagax intaad ku fadhido isna wuu kugu fadhiyaa.5

Dhagax iyo ukun meel ma wada galaan.Y

Dhagax labo shimbirood ku wada dil.T

Dhagax taabasho iyo tuujin waa isugu mid.95   *eeg* Dhagax dhunkasho...

Dhagax taabasho iyo tuujis waa isugu mid.P

Dhagax taabasho iyo tuujis waa iskugu mid.2

Dhagax taabasho iyo tuujin waa isla meeshii.101

Dhagax tuurid iyo tuujin waa isugu mid.T

Dhalan lama doorsho.V

Dhalasho barbaarin baa ka horreysa.Y

Dhaliili waa ninkii leh.V

Dhallaan dhacayo malaa'igtaa u faraq dhigato.Y

Dhallaan dhoolkaaga kolkaad tustid, dheertooday ku tusaan.T

Dhallaan dhunkasho wax uguma taallo ee dhiishiisaa wax
loogu shubaa.T,Y

Dhallaan qayladii waa qaboonada.T

    Carruur qaylada waa qaboonada.P

Dhallaan waxaa raadsha nimaan dhalin, use dhow.V

    Dhallaan waxaa raadsha nimaan dhalin, kana dheerayn.3

    Dhallaan hadduu dhumo, nimaan dhalin, kana dheerayn
    baa hela.44

Dhallaanka dhabtaada oggol ayaa dhabarka lagu sitaa.V

    Dhallaankii sididdaada oggol baa la sidaa.3

Dhallaanka libaaxa waa libaax.Y

Dhallaannimo waa ciil laga weynaaday.V

Dhallinyaro waa rajo-ku-nool, waayeelna waayo-waayo.76

Dhallinyaro waxaa ah ruux aan rafaad arag.Y

Dhar aanad lahayni dhaxan kaama cesho.T

    Dhar aadan lahayn dhaxan kaama cesho.P

    Dhar aan dharkaaha ahayn dhaxan kaama celiyo.12

    Dhar aadan lahayn kuma dhaxan tiro.1

Dhar aadan lahayn layskuma dheereeyo.T

Dhar kaa dheer dhaxan kaama reebo.Y

Dhar magaalo intii laga xirto waa dhowdahay, dhal magaalase
intii lagu noqdo waa dheer tahay.T

    Dhal magaalo intii la noqdaa waa dheer tahay, dhar
    magaalo intii la qaataase waa dhowdahay.P

Dharartiina il, habeenkiina dheg.Y

Dhasha la dheel kana dhug lahow.1

Dhaxal goronyo dhebed baa leh.1,25

    Dhaxal goroyo dhebed baa leh.94

Dhaxal nin leh lagama dhowrto.V

Dhayda dhan, xoorku ha kuu soo dhecee.T

Dheg haddii la gooyo, daloolkaa hadha.M,N,Y

    Dheg haddii la jaro, daloolkaa hadha.W

    Dhegta haddii la jaro, cakuga ayaa hadha.V

Dhegeyso, afkaaga caano geel lagu qabaye.N

Dhegi meel dheer bay ku dhacdaa, dhagaxna meel
dhow.L,M,Y,5

Dhagax meel dhow buu ku dhacaa, dhawaaqna meel dheer.T,12

Dhagax meel dhow ayuu ku dhacaa, dhawaaqna meel dheer.2,8

Dhagax meel dhow ayuu ku dhacaa, dhawaaqna meel fog.35

Dhawaaq meel dheer buu ku dhacaa, dhagaxna meel dhow.1

Dhagax meel dhow ayuu ku dhacaa, warna meel dheer.V

Dhagaxna meel dhow buu ku dhacaa, warna meel dheer.N

Hadal meel dheer ayuu ku dhacaa, dhagaxna meel dhow.28

War meel dheer buu ku dhacaa, waranna meel dhow.P

Dhego geel iyo dhalasho waa ma-guuraan.T

Dhalasho iyo dhego geel ma guuraan.29

Dhalyo iyo dhego geelba waa halkoodii.8

Dhego oommani "cab" uun bay kasaan.T *eeg* Nin oomman...

Dhego waansan baa wax qaata.T

Dhegta iyo isha, dhegta ayaa da' weyn. V

Dhegtaada dhallin waa kaala fac, dhegeysina waa kaa dheer tahay.55

Dhereg dhimashaa ku xigta.Y

Dherer iyo dhug laysku waa.T

Dheri buuxa dheri maran laguma dhufto.T

Dhiil madhan iyo dhiil buuxa layskuma dhufto.M,W

Dheri la kor taagan yahay ma karo.N,Y

Dheriga karka kulayl baa kaa keenay.N *eeg* (2) — Dharayga...

Karka dheriga kulayl baa ka keenay.M,5

Dheriga karkarka kuleel baa ka keena.T

Dheriga karka waxaa ka keenay kulaylka.Y,23

Dheriga uumiga waxaa ka keenay waa kulaylka.N,Y

Dheriga ninkii ag jooga ayaa lafta kala baxa.V

Dheri ninkii u dhow baa dheefta kala baxa.1

Dherigii fara badiya waa fuud xaraaraadaa.1

Dhib dheef baa ka dambeysa, abaarna aaran.T *eeg* Dhibla'aan dheefi...

57

Dhib kastoo la soo dhaafo waaya'aragti buu dhaafaa.Y *eeg*
Belaayo ma fiicna...

Dhib waxaan loo marin dhayal looma helo.T

Dhibaato dhibaato laguma gudo.80

Dhibaato dhibaato laguma saxo.80

Dhibaato markii la gudbay sheeko ku wanaagsan tahay.Y

Dhibabe waa nin leh.V

Dhibic dhiig qabri wuu qodaa.Y

Dhibkaad dhawrataa dhashaaduu sugaa.T

Dhibla'aan dheefi ma timaaddo.T *eeg* Dhib dheef...

Dhicisku inta birta loo soo siduu ka bakhtiyaa.M,T,W

Dhicisku inta birta loo soo sido ayuu ka bakhtiyaa.V

Dhicisku inta birta loo soo siduu bakhtiyaa.5,27

Dhicisku inta middida loo soo sito ayuu dhintaa.P

Dhicisku inta bir loo soo wado ayuu ka baqtiyaa.51

Dhidar xabaalo qodaa qudhun buu uga dhacaa.N,Y

Dhidar xabaalo qodaa qudhun buu uga dhaadhacaa.V

Dhiig bixi doona dhafooro kuma jiro.46

Dhiig hadduu yimaaddo, dharbaaxo lama raadiyo.Y *eeg* Haddii
dhiig...

Dhiirri waxaa ka halis badan kibir iyo isqaadqaad.Y

Dhillo dhibkeeda way qarsataa.1

Dhimbil baa duur wada gubta.T

Dhimbisha dabkaa laga raadiyaa.Y

Dhimbisha waxay ku maadeysataa dambaska, iyadoon ogayn
isha u dambeysa.101

Dhirta masaartii laga jaray baa dib loogu jaraa.Y *eeg* Masaar
geed...

Dhoof la og soo-laabashaan la sheegi karin.Y

Dhoofaa kaa dhimay.M,T,W

Dhubuq-dhubuq hore dhabanno-hays dambe ayay leeda-
hay.M,T,V

Dhubuq-dhubuq hore dhabanno-hays dambay leeda-
hay.W,5

Dhubuq-dhubuqda hore dhabanno-hays danbay leeda-
hay.1

Dhubuq-dhubuqsi hore dhabanno-hays dambay leeda-
hay.N

58

Dhabaq-dhabaq badan dhabanno-hays badan bay leeda-
hay.38

Dhugmadaa iyo dhego geelba meeshay u dhasheen ayay u
dhammaadaan.T

Dhul dhego ma leh, dhagarqabaase ka buuxa.T

Dhul dhurwaa ka dhow yahay ood amaah looma dhiibo.Y

Dhul iyo wax la dhalay baa loo marti yahay.P

Dhul jid baa ka toosan, dadna kii qaada.T

Dhul la-deyn diidaa biyo ayaa loogu tagaa.2

Dhul nin dhintay iyo nin noolba waa deeqaa.2

Dhul nin gamay ma gefo.P

Dhulka iyo dhinaca ayaa is leh.2

Dhulka ninkii diida intee lagu duugayaa?Y

Dhulkaa dheer kuma dheelli tiro, dal aan dalkaa ahayn dareen-
ku-joog waaye.12

Dhurwaa hilib ku raro!T

Dhurwaa kan ciya iyo kan aammusan, kan ciyaa roon.T

> Libaax ka ciya iyo ka aammusan, ka aammusan ayaa
> khatarsan.V

> Libaax aammusa iyo libaax ciya, libaax ciyaa wanaag-
> san.K

> Waraabaha ka aammusan iyo kan ciya waa iyama? N

Dhurwaa la-teg bartay ka-dhiggiisi waa ku ceeb.T

Dhurwaa ninkii hadba "waranka ka daa" yiraahduu ku durkaa.T

Dhuumasho dhabarku muuqdaa dhuumasho ma aha.M,W,101

> Dhuuma-dhuumeysi dhabarku muuqdaa dhuumeysi ma
> aha.N,Y

Dhuuntu iyadaa moqorka iyo afkaba og.3

Dhuxul huureysa iyo nin shar badan hareerahooda bay
shidaan.Y

Dibi hooyo-xumi korme ma noqdo.M,T,V,W,Y

Dibi laba jeer lama maqaar siibo.Y

Dibida qaarkood libaax baa loogu yeeraa.Y

Dibiga doolood dhegtiisu wax san bay maqashaa, ishiisuse ma
aragto.3

> Dibiga doolood ishiisu wax xun ma aragto.P

Dibiyahow, dan baan caws ku siistaa.Y

Dib-u-dhaca qoonsimaad buu leeyahay.N

Dib-u-dhige dhibaatuu la kulmaa, dib-u-gurashana dib bay kuu dhigtaa.N,Y

"Diiday" hore kuma xishee yay "diiday" dambe ku xilin.N

Diini waa waano, waanana weelkeedu waa calool, caloolina hadday culniin helin waa caabuqdaa.N

Diinka ilmahiisa deymo ayuu ku koriyaa.2

Diinka madaxuu dikaamiyaa, mase dagaallamo.Y

Diiq qayliyey isagaa dawaco u yeertay.Y

Diiqba diiq baa tunka ka rifa.2

Dilkaaga-rabow dilkiisa lagama naxo.25

Diqsi biyo ku dabaal bartay fuud buu ku gubtaa.N,Y

> Diqsi caano ku dabaal bartay fuud kulul buu ku gubtaa.W
>
> Tixsigii garoor ku dabaal bartaa fuud kulul ayuu ku dhintaa.2

Diqsi tambuuryo iyo taabasho waa isugu hal.T

> Diqsi tantoomo iyo taabasho waa isugu hal.95

Diriri waa kama reys.1

Dirxigu dantiisuu qudhunka ugu jiraa.M

> Dixirigu dantiisa ayuu qudhunka ugu jiraa.W

Doob iyo Ilaahay way is gaadayaan.34

Doofaar abidkii ma daahiro.90

> Inkastuu durdur iyo dabaal galo, doofaar abidkiisa ma daahiro.16

Doofaar ficilla'aan baa loo cadaabaa.2

> Doofaarka ficilla'aan baa loo cadaabaa.Y
>
> Doofaarka ficilla'aan ayaa loo cadaabi waayay.V

Doonni buuxda bad looga teg.P

Doonni laba naakhuude lihi waa jabtaa.T,3

Door ismood doqon ah ayaa jira.V

"Dooradaada iga cesho" waa dood bilowgeed.2

> "Digaaggaaga iga cesho" waa dood bilowgeed.2

Doqon baa la duufsadaa.Y

Doqon dhaaxa jirtay wax weyddii.T

Doqon faras looga degay ha noqon.N

Doqon fiiro taqaan iyo fuley daandaansi yaqaan.47 *eeg* (3)

> Laba lalama dego..., Saddex lalama dego: bakhayl...

Doqon gari ma gasho.T
Doqon ha u gargaarin, hana gargaarsan.34
    Doqon ha una gargaarin, hana gargaarsan.V
    Doqon hana u gargaarin, hana gargaarsan.W
    Doqon ha gargaarsan, hana u gargaarin.53
    Doqon hana gargaarsan, ha una gargaarin.10
Doqon hadal kama dedna.101
Doqon hadal xun baa ka dhaca, dameerna hilif.62
Doqon iyo deyriba deeqooda kama haraan.1   *eeg* Deyr iyo
    dumar....
Doqon iyo naag nimay legdaan kama kacaan.P,7   *eeg* Naago
    nin ay legdaan...
    Nacas iyo naagaba ninkay legdamaan kama kacaan.3
Doqon ka hadli isagaa is diliye.N,Y
Doqon lama naxo.101
Doqon milantay iyo geesi malafsi bartay dhexdooday miidaamo
    ka dhacdaa.10
    Doqon milantay iyo geesi malafsi bartay way isku
    mirdimaan.64
Doqon qalabkeedaa lagu dilaa.3
    Doqon usheedaa lagu dilaa.3
Doqon qufacday ma oga meel ay ka raacday.13
Doqon waxaa loo haystaa soor ceebeed iyo sawd ceebeed.1
Doqon wixii casarkii lagu caayo bay cishihii kugu caay-
    daa.T
    Doqon wixii casarkii lagu caayo bay cishihii kugu
    caaysaa.1
Doqoneey, dabkaa ba'.W
    Doqonooy, dabkaa ba'.101
Doqoni adeerkeed aabbaheed ma mooddo.39
Doqoni ayadaa qool is gelisa.T
Doqoni calaf ma leh.1,2
    Doqoni calaf ma aha.39
Doqoni dad ma aha.10
Doqoni damac ma laha.101
Doqoni dibir kama dheregto.32,70
Doqoni haddii la xafiiltamayo, in la kala tegayo ayay
    mooddaa.M,Y

Haddii la xafiiltamo, doqoni waxay mooddaa in la kala tegay.T

Doqoni haddii la xafiiltamayo, in la kala dhintay mooddaa.W

Doqoni meel lagu ficiltamay in lagu kala tegay mooddaa.39

Doqoni hafaryo iskama rogto.Y

Doqoni hafriinsho iskama rogto.T

Doqoni hafaranyo iskama rogto.M

Doqoni halkay tegeyso ayay ku geysaa.T

Doqoni hoosiis bay hadh mooddaa.M,W,30   *eeg* Naago hoosiis...

Doqoni hooskeed bay hadh mooddaa.Y

Doqoni hoos dad bay har mooddaa.T

Doqoni kula tol ma aha.3   *eeg* Doqoni sokeeye...

Doqoni markay sii socotana afkay xan ku siddaa, markay soo socotana indhaha xamil ka saaran yahay.T

Doqontii markay soo socotay afkay xan ku wadatay, markay sii socotay xaabay ku lahayd.34

Doqontu markay socotana afkay xan ku leedahay, markay kuu timaaddana indhahay xil ku leedahay.3

Doqoni afka xan bay ku siddaa, ishana xil.101

Doqoni meeshii lagu dagaalay waa ogeyd ee meel lagu heshiiyey ma ogeyn.T

Doqoni meeshii lagu dagaalay ayay ogayd ee meeshii lagu heshiiyey ma ogeyn.32

Doqoni meeshii lagu dagaalay hadday ogayd, meeshii lagu heshiiyey ma oga.8

Doqoni meesha lagu dagaalamay way og tahay, meesha lagu heshiiyeyse ma oga.W

Doqoni meel lagu diriray bay ogeyd ee meel lagu heshiiyey ma ogeyn.P

Doqoni qiiq kama kacdee daamankay meermeerisaa.W

Doqoni qiiqa kama kacdo ee daamankay meermeerisaa.V

Doqoni qiiq kama kacdee daamashay meermeerisaa.39

Doqoni dab kama kacdee daamankay meermeerisaa.10

Doqoni saaftin carro loogu riday sad ma mooddo.10

Doqoni saaftin carro loogu riday sed-bursiinyo ma mooddo.95

Doqoni saaftin cad ah oo carro loogu riday gallad ma mooddo.W

Doqoni cad ciid loogu tuuray calaf uma qaadato.T

Doqon cad carro looguma rido.101

Doqoni sokeeye ma aha.T,V,W *eeg* Doqoni kula tol ...

Doqoni sokeeye ma aha, hilibna sooryo ma aha, socodna raaxo ma aha.11

Doqoni waxay u diriri la'dahay yaan lagaaga darin.1

Doqon yaan lagaaga darin yay u dagaal moog tahay.2

Doqoni wixii u daran bay illowdaa.1

Doqoni xadhkaha lagu xidhayo xusulladay ku sidataa.M,W

Doqoni xarkaha lagu xirayo xusulladay ku sidataa.T

Doqoni xarkaha lagu xidhi xusulladay ku sidataa.N,Y

Doqoni xadhigga lagu xidhayo xusulkay ku sidataa.K

Doqoni xadhiggii lagu xidhayay xusulkay ku siddaa.10

Doqontu xadhiga lagu xidhayo suxulkay ku sidataa.V

Doqon xarkihii lagu xiri lahaa bay xusullada ku sidataa.1

Doqonnimo daawo ma leh.N,Y

Doqon daawo ma leh.P

Doqonnimo waa shil.50

Doqonnimo wax bay dishaa.101

Doqonta usha agteeda ku dhufo, hadday garan weydana dusheeda.T

Doqonta usha agteeda ku dhufo, hadday garan weydana goggeeda ku dhufo.11

Doqonta usha agteeda ku dhufo, hadday garan weydana gadhka u geli.W

Doqon usha agteeda ayaa lagu dhuftaa, hadday garan weydana korkeeda.2

Doqontii laaq weydaa duray bay hafrataa.P

Doqontu boqol indhood bay leedahay: sagaal iyo sagaashan xigtadeeda ayay ku eegtaa, midna cadowgeeda.T,V

Doqoni boqol indhood ayay leedahay: sagaal iyo sagaashan xigtay ku eegtaa, ilna qodaxday iskaga eegtaa.10

Doqoni labo iyo toban indhood bay leedahayoo middana shisheeye ayay ku aragtaa, kow iyo tobanka kalena sokeeyaha ayay ku aragtaa.W

Doqontu mana carrab la'a, hadalkana ma karto.3

Duco waalid iyo dowdka mowjuud waa soo duxaan.2

Duddumo dheeraataa dhulkay ku soo noqotaa.N,Y

Dundumo hadday dheeraato, dhulkay ku soo noqotaa.N

Duddumo in la dugsado iyo in la dareensado layskuma helo.T

Duddumo in la dugsado iyo in la dareensado iskuma leh.B

Duddun in la dugsado iyo in la dareensado iskuma lahan.2

Duddun in la dugsado iyo in la dareensado layskuma daro.P

Dug ku jir ama daankaada abuuxo.42

Dullaawe belo ma dejo.T

Dulqaadasho iyo guul hal wadday wada maraan.Y

Dulqaadasho yay noqon tii dibiga.Y

Dumaal nin ka xishoodaa kama ilmo dhalo.M,T

Dumaal nin ka xishooday kama ilmo dhalo.W

Naago nin u fiirsaday ilmo kama dhalo.3

Dumaali diidis ma leh, doorasho ma leh.56

Dumar iyo carruur "ma hayo" ma yaqaanniin.T

Dumar iyo carruur baa laysma ciyaar baro.Y

Dumar iyo dameerraba ducola'aan ayay tarmaan.30   *eeg* Hadal iyo hablo...

Naago iyo lo'iba ducola'aan bay bataan.26

Dumar nin ammaanaa leh.T

Dumar waa dabin shayddaan.Y

Dumar wax uga xuni ma jiraan "ama tag, ama joog".U

Dumarow dhar, ragow lacag.Y

Dundumooyinkoo lala hadlaa damac ma yeeshaan.N,Y

Duni waa habaabiso.T

Dunidu dadka waa ka horreysay, waana ka dambeyn doontaa.Y

Duq dheregtay dhallinteed ma oga.U,3

Duq dheregtay dhallinkeeda ma oga.U

Habar dheregtay dhallinteed ma oga.P

Duqa waa cirbaddii dadka isku toleysey, duqdana waa mindidii kala goyneysey.Y
Durduro geel baa ku jaba.W
Durduro waxarood xanan bay kula gashaa.M,T,W,10
    Durduro waxarood xanan ayay kula xulaan.V
Dusha kii kaa koro dameer baa. l tahay.Y

E

Eebbaa ogoo fadhiga fadhaa kaaga horreeyey.T
    Jiifkaan jiif ayaa kaa horreeyey.4
Eebbe ma naxee waa naxariistaa.101
    Ilaah ma naxee waa naxariistaa.101
Eedeysane ruuxii raaco eed kama reebna.Y
Eey ku qaniinay haddaadan ka aarsan, ilkola'aan buu ku moodaa.Y
Ehelkaada oo ku jeclaada caqligaada ayaa looga abaal ceshaa.73
Erayba eray buu kugu dhaliyaa.T
Erayga alifka ku qalloocdaa al bakhra kuma tooso.U   eeg Alif kaa...
    Xaraf bilowga ku qalloocday al bakhra kuma tooso.29
    Xaraf bilowga kaaga qalloocday al bakhra kuuguma tooso.29
Erayga carrabkaa kaa xaday.N   eeg Wixii caloosha kaaga jiraa...
Erayga hufan baa irrid kasta fura.Y
Erayga sar, il bugtaaba ha ku bikaacsato e.U
Ergo waxaa loo dirsadaa nin cay dhurwaa uga adag oo kudkude gaajo uga adag oo kurtun qorrax uga adag oo dhagax qabow uga adag.101
Ergo wixii la faray geysaa, wixii la siiyana way cuntaa.101
    Ergo wixii la siiyana waa cuntaa, wixii loo dhiibana waa geysaa.3
Ey is cuneysaa waraabe iskama celiso.W
Ey ninkii ka qaylisiiya nacalad Eebbaa ku dhacda.T

5   65

Eyddin geel kolba waa ninkii ku dambeeya.W
Eyga ugu xun baa ugu qaniinyo kulul.Y   eeg Dameeraha tan
ugu foosha xun...

F

Faagow hunfo baa magac ku leh.T
Faan lagugu tubay tuur buu kuu yeelaa.Y
Facaa ka hor foolxumo ma dhaafto.P,7
Fadhi iyo fuud yicibeed laysku waa.I,N,P,T,Y
   Fadhi iyo fuud yicibeed laysla waa.V
   Fadhi iyo fuud yicib laysku waa.1,2
Fadhi iyo fuud macaan layskuma helo.62
Fadhi keliyaa labo iyo toban fadhi kaa kiciya.T
   Fadhi keli ahi labyo toban kale ayuu kaa kacshaa.3
Fakhri baa duco ku bara.T
   Fakhri fadal laguma reebo.3
Fal aan laabta jirin faro wax uga daran.P
   Fal aan laabta jirin fal wax uga daran.7
Fal waa faro-ku-hayn.P   eeg Farsamo waa..., Fuulmo waa...
Fallaadhi gilgilasho kaagama go'do.M,V,W,Y
   Fallaar gilgilisho kaagama harto.1
   Fallaaru gilgilisho kaagama harto.T
   Gilgilasho fallaar kaagama go'do.2
Fallaartii cirka loo ganay, nin walbow, filo.1
   Fallaartii cirka loo gamay, nin walbow, filo.O
   Fallaar la ganay, nin walbow, filo.T
   Leebka cirka loo ganay, nin walbowba, filo.V
Fal-taal degdeg buu u xantiiraa.Y
Fal-taal wax u deeq waa wadaan duleela buuxi.Y
Faq fagaaruu tagaa.T,3
   Faq fagaaruu yimaaddaa.M,W
Faqri furin helay iyo fadhiid socod bartay faqfaq-joogsi kama
dhammaadaan.2
   Fakhiir wax helay iyo fadhiid socod bartayba faafaatis
kama tagaan.62

Faqrinnimo xaarna ka ur badan.2
Far bukta faraha ka dheer.P,1,4
  Far buktaa faro ka dheer.7
Far haddaad qof ku fiiqdo, afarta kale isku beeg.Y
Far kaa xumaatay filiq-filiq kaagama harto.2,43
  Fartaa xumaatay fil-filiq kaagama harto.43
  Fartaa xumi filiq-filiq kaagama harto.T
  Fartaada xun filiq-filiq kaagama harto.Y
  Fartaadoo xumaatay filiq-filiq kaagama harto.62
  Fartaa xumi filiq kaagama harto.29
  Fartaada xumaata firiq-firiq kaagama harto.65
  Faryarey xumaatay filiq-filiq kaagama harto.47
  Faryarey kaa xumaatay filiq-filiq kaagama hadho.4
  Faryartaa xumi filiq-filiq kaagama harto.1
Far keliya fool ma dhaqdo.T,7,15
  Far keliyi fool ma dhaqdo.N,31
  Far keli ahi fool ma dhaqdo.99
  Far keliyihi fool ma dhaqdo.101
  Far keliyuhu fool ma dhaqdo.H
  Far keligeed fool ma dhaqdo.4,12,62
  Far keligeed ahi fool ma dhaqdo.1
  Far qudhi fool ma dhaqdo.V
  Far keliya fool ma dhaqo.Y
  Fari fool ma dhaqdo.5
  Far keliya fool ma maydhato.77
  Far keliyi fool ma maydho.W
  Fari fool ma maydho.L,M
Fara-ku-jowle fara-ku-kaatunle ayuu dhalaa, fara-ku-kaatunlana
  fara-ku-jowle ayuu dhalaa.2
Faras aanad lahayn fuulmadiisa futo-qarradh baa laga
  qaadaa.M,W,Y
    Faras aanad lahayn fuulmadiisa futo-qarrar baa laga
    qaadaa.T
    Faras aanad lahayn fuulistiisa futo-qarqar baa laga
    qaadaa.V
Faras dheereyaba gorros ku dar.N
Faras iyo nin fuushan isma qalbi oga.P

Faras waa ku joog ama ka joog.W
Faras xaggiisa dambe nin ka degay wax u dhaama ayuu waayey.V
Faras-hadyo foolkiisa lama feydo.T
Faraska cidhibta waxaa loogu dhuftaa "ha ka sii badiyo".V
Fardo fagaare jooga layskuma faano.T
Fardo kubo daalay leeyihiin ee kubab daala ma leh.T
Fardo laysku hayo maxaa laysaga faanin?2
 Fardo laysku hayo maxaa layskaga faanin?W
 Fardo laysu hayo maxaa laysugu faanin?V
 Fardo laysu hayo laysuguma faano.1
Fardo-fuul nin kufay oo kacay baa noqda.Y
Fari filiq-filiq looma jaro.Y
Fari intay ku geliso shani kaama saarto.16 *eeg* Shantaada farood...
 Meeshii fari ku geliso shani kaama saarto.T
 Meel fari ku gelisaan shani kaa saarin.31
Fari tog dheer bay kula xushaa.N,T,W
 Fari tog dheer ayay kula xushaa.V
 Fari tog bay kula xushaa.M,Y,5
 Fari tog bay kula gashaa.5
Farihii dufan leh ayaa wax duuga.M,W,Y *eeg* Gacan aan dufan ...
 Farihii dufan laa wax duuga.T
 Faro dufan leh ayaa wax duuga.V
Faro malab isku leef ma ahee kala leef ma leh.6
Farriin waa qaan.P,Y
 Farriini waa qaan.V
Farriini weylo ma koriso.V
 Farrini weyl ma koriso.M
Farsamo waa faro-ku-hayn.T *eeg* Fal waa..., Fuulmo waa ...
Farta iyo meesha bugtaa is og.L
 Farta iyo meesha bugta iyagaa is og.3
 Farta iyo meel bugta ayaa is og.2
 Meel bukta iyo far baa is og.101
 Meesha bukta iyo fartaa is og.1
Faruhu siday isugu xigaan baa laysugu xiraa.58

Faruurey ma fooriyo.Y
Feejignaansho fuleynnimo ma aha.Y   *eeg* "Iska jir" fuleyn-
nimo...
Ficil habartaana waa kuu geeyaa.V
Fiintu jirka soo socda ayay ka ooydaa.V
    Fiintu waxay ka ooydaa waxa soo socda.P
Finka caloosha ku yaal carrabkaa dila.M,Y
Fiqi tolkii kama janno tago.N,Y
    Fiqi tolkiis kama janno tago.T
    Fiqi bahdii kama janno tago.K
Foolxumo waa fildarro.V
Foori duqnimo lagu bartaa afkay faruurisaa.Y
Fooshi inay ceeb kaa fuusho waxaa dhaama laabtoo kuu
xanuunta.Y
Fududaa hawl la fiirsanayo!Y   *eeg* Habar fadhida...
Fulay ceerinna ma cuno, biseylna ma sugo.P
Fulay isagaa kaa lib jecel.3
Fulay wax ka qoryo badan.3
    Fuley wax ka qoryo badan.T
    Fule wax ka qoryo badan.31
    Fule ulo badanaa!V
    Fuleyga ulo badanaa!101
Fulayow, guuli kuu dhowaydaa!2,3
    Fulow, guuli kuu dhoweyday!V
    Fuleyow, libi kuu dhoweydaa!T
Fule foolkii kama liibaano.V
Fule fule ma magan geliyo.V
    Fule magan maba geliyo.V
Fule isagaaba geesi ah, ilayn cidla' ayaaba u cararaa.V
Fule xantii ma mooga.M,V,W
    Fuley xantii ma mooga.101
Fuley dhiiggiisa lama tuso.T
Fuley fiiro badanaa!Y   *eeg* Fuley wax ka daymo...
Fuley geesi hortii buu dhintaa.T
Fuley habartii ma gablanto.K,Y
    Fule habartii ma gablanto.V
    Fulay habartii ma gablanto.N

69

Fuley hooyadii ma gablanto.T,2
Fuley laga aammusay ayaa fuley ku mooda.Y
Fuley wax ka daymo badan.T *eeg* Fuley fiiro...
Furriin wiilkaaga kala tali, gabadhaadana kula tali.1
Fuulmo waa faro-ku-hayn.M,V,W,1 *eeg* Fal waa..., Farsamo
waa...
    Fuullaan waa faro-ku-hayn.T
    Fuullimaad waa faro-ku-hayn.N

G

Gaabni iyo gacan maroodi waxba ugama dhexeeyaan.T
Gaal dil, gartiisana sii.T,1,2,20,46 *eeg* Wiilkaaga iyo wiilka...
    Galka dil, gartiisana sii.3
Gaalo caqli ma leh, haddii gaalo caqli leeyihiin waa muslimi
lahaayeen.Y
Gaalo jabkeeda waa qarsataa.T
Gaalo waa ilmo la daayay.1
Gaashaan dagaal ka hor baa lagu talaggalaa.Y
Gaashaanqaad ma habaabo.M,T,V,W,3,5
    Gaashaanqaad ma anbado.N
Gabadha dheg dameer baa ku darsanta, wiilkana tin wax
le'eg.Y
Gabadhi waa guur-u-joog.39
Gabadhi xabaal ku asturrayd ama nin ku asturrayd.39 *eeg*
Gabar guri...
Gabadhii hooyadeed haruurka tunta, iyana hufiddiisa way
barataa.T
    Inantii hooyadeed haruurka tunta, iyana haadiskay
    barataa.78
Gabar guri ha kaa gasho ama god ha kaa gasho.32 *eeg*
Gabadhi xabaal...
    Gabadhi ama god ha kaaga jirto ama guri ha kaaga
    jirto.63
    Gabar ama god ama gunti rageed.1
Gabari gob ma ahee aabbeheed baa gob ah.16

Gabari waa xoolo guneed.1

Gabarta dhowrani waa la aroosaa, guriga cusubna waa la degaa.Y

Gabooyow, waxtarkaa waa wadajir, keli-kelina lib ma keento.T

Gabowgayga iyo gaado baa kulmay.T

Gabyaa geeryoo gabaygiisuna har.Y

Gacalkaa gacmo u waa.P

Gacan aan dufan lahayn wax ma duugto.29 *eeg* Farihii dufan leh...

Gacan bannaan taal gargaarkeeda ma dheera.29

Gacan gacan bay dhaqdaa, wadajirna wejigay dhaqaan.T

Gacan gadaal garab ayay u gashaa.2

Gacan gadaal ka baqaysaa geed ma gooyso.T

   Gacan gadaal ka baqanaysa hore wax uma gooyso.V

Gacan iyo af layslama waayo.Y

Gacan jabtay gun ayay dhex taal.2

   Gacan jaban gunteeday dhex taallaa.17

Gacani waa nin lihi u go'do.M,W

   Gacani waa ninkeed u go'do.V

Gacani waxay hayso ayay gooysaa.7

   Gacani waxay hayso gooysaa.P

Gacanqaad aan laguu ogayn "iswadh" baa la yidhaa.M,W,5

Gacantaadan goyn karin waa la dhunkadaa.T,1

   Gacantaad goyn karin waa la dhunkadaa.Y

Gacantaadu hadday sollo gasho, laguma soo dhufto ee waa laga dhirindhiriyaa.M,T

   Gacantaadu hadday sollo gasho, laguma dhuftee waa la dhirandhiriyaa.W

   Gacantaadu haddii ay sollo gasho, waa la dhirandhiriyaa ee laguma soo dhufto.V

   Gacantaadoo dhudhub gasha laguma soo dhiftee waa laga soo dhirindhiriyaa.Y

   Gacantaadoo dhudhub gasha laguma soo dhiftee waa laga dhirindhiriyaa.N

Gacantii libaaxa soo qabtay iyadaa furta.Y

Gacantii qaad-qaad barata gummudkeedaa dhaqdhaqaaqa.T

   Gacantii wax-qaadis barata haddii la gooyo, gummud-keedaa dhaqdhaqaaqa.W

Gacantii goyn barata gummudkaa dhaqdhaqaaqa.3
Gacantii qaad-qaadkeedu bato gummudkeedaa lusha.1
Gacmaha waa la dhawraa, lugana waa la dhibaa.V   *eeg* (3)
Laba waa la dhibaa...
Gacmo geeljire gadaal looma mayro.56
Gacan geeljire gadaal looma mayro.3
Gacmo geeljire hoos baa loo dhaqaa.P
Gacan geeljire hoos ayaa loo dhaqaa.43
Gacmo is dhaafaa gacalo ka yimaaddaa.62
Gacmo is dhaafay ayaa gacalo leh.34
Gacmo is dhaafay ayuu gacal ku jiraa.4
Gacal waa gacmo is dhaafay.P
Gacalo waa gacmo lays dhaafsado.2
Gacmo iyagaa is xala.Y
Gacmo wada jiraa galladi ka dhalataa.101
Gacmo wada jiraa guul wehelisaa.T
Gacmo wadajir ayay tamar ku yeeshaan.V
Gacmo wadajir bay wax ku gooyaan.T,12
Gacmo wadajir ayay wax ku gooyaan.2
Gacmo iyo ilkoba wadajir bay wax ku gooyaan.101
Gadaal-ka-gaar waa goob-dumis.P,7
Gadaal-ka-gaar goob-dumis weeye.T
Gadhba gadh baa la tusaa.M,V,W,5,101
Garba gar baa la tusaa.Y
Gafuur cawo wuxuu gubaa ninkiisa.2
Gal dadliq ah ul baa layskaga dayaa.W,33
Gal dadliq ah ul baa lagu dayaa.3,6
Gal dheer ul baa layskaga dayaa.V
Ceel dadliq ah ul dheer baa layskaga dayaa.T
Gambada naagtii gaartaa xirata.88
Ganbar salka saar mooyaane seexasho ma leh.52
Gar dabadeed guunuc baan nacay.V
Gar diid waa Alla diid.M,W,5
Gar diid waa Alle diid.T,101
Gar diid Allah diid.Y
Gar iyadoon gacan lahayn ayay geed kugu xirtaa.43
Gar karkoor waa martaa, nin marsiiyeysa doontaa.6

Gar nin sheegay ma tacaddiyin.V
Gar waa loo wada islaam.M,W,3
   Gar waa loo wada islaan.T
   Gar waa loo islaan.6
Garaad guri gooni uma ah.Y
Garaadyo laysku keenay baa garasho ka dhalataa.T
Garab-ku-guur geella'aan baa leh.6
Garasho waxay seegtaa kaan waxba weyddiin.Y
Garawshiinyo waa sad waayeel.M
   Garawshiiyo waa sad waayeel.W
Garawshiiyo waa geel-siin.N,Y
Gardarro garab og iyo gaajo guri og midna lagama kaco.P,20
  eeg (3) Laba kaama..., Saddex looma taag helo: bukto...
    Gardarro garab og iyo gaajo guri og, labadaba kaama
      haraan.2
    Gardarro garab og iyo baahi guri og midna lagama kaco.1
    Gaajo guri og iyo gardarro garab og looma adkaysto.47
    Gardarro garbo og.16
Gari Ilaah bay taqaan.N,20,85
   Gari Allay taqaan.M,W
   Gartu Ilaah bay taqaan.U
   Gartu Ilaaheeday taqaan.101
   Gartu Ilaaheed bay taqaan.3
Gari laba nin kama wada qosliso.I,M,N,V,W,Y,3,5
   Gari labo nin kama wada qosliso.T,15
   Gari laba nin kama wada qoslido.1
   Gari labo kama wada qosliso.43
   Gar laba nin kama wada qosliso.P
   Gar laba nin kama wada qoslisiiso.2
   Garu labo nin kama wada qoslido.34
   Gartu labo nin kama wada qosliso.8
Garow iidaankii waa gaajo.N
Gartaada dibadda baa lagu akhristaa.T
Gartaada inta aanad geedka tegin baa la naqsadaa.M,W
Geddaa orod, galladse ha sugin.T
Geed dheer geed gaaban ayaa lagu koraa.2
Geed kaa dheer kuma dhaxan tiro.8,36

Geed kaa fog kuma dhaxan tiro.1
Geed aan kuu dhaweyn dhaxan kaama celiyo.2
Ood kaa fogi kuma dhaxan tirto.64
Ood dheeri kuma dhaxan tirto.V
Oog kaa fogi kuma dhaxan tirto.T
Geed laga dhacay gacmo lalama tiigsado.N,Y
Geed sal beelay dushuu ka bololaa.Y
Geed waa madal, in joogtaana waa markhaati.V
Geed walba dhacaankiisa ayuu dhalaa.42
 Geed waliba dheecaankii ayuu dhalaa.28
 Geed dhacaankii ayuu dhalaa.2
 Geed dheecaankiisuu dhalaa.1
Geed walba in gubtaa hoos taal.M,T,Y,5
 Geed walba in gubta ayaa hoos taal.V
 Geed walba in gubtaa way hoos taallaa.W
 Geed walba intii gubta ayaa hoos taal.2
 Geed in gubtaa waa hoos taal.16
 Damal walba in gubtaa waa hoos taal.N
Geed waliba waa xaftiis.V
Geedba mirihiisuu dhalaa.T
 Geed waliba mirihiisuu dhalaa.3
Geed-joog gartii wuu yaqaan.N
 Geed-joog gartiis wuu yaqaan.Y
Geedka weyn gudin yar baa gooysa.101
Geedkaad gaadho miro ka gooso.3
Geedkaad qoyaankiisa la yaabto intii hal bislaysaa ku jirta.3
Geedkii fudayd lagu koro fudayd ayaa looga soo degtaa.2
 Geedkii roror lagu fuulo rororaa looga degaa.17
Geedkii labaatan jir lagu waabo lixdan jir baa lagu harsadaa.T
 Geedkii labaatan jirka lagu dhistaa lixdan jirka lagu
 hargalaa.62
 Lix jir geedkii aad ku waabato waxaad ku harsataa lixdan
 jirka.8
Geedyahow, haddaan xabag kaa helinna kaa goostay, haddii
kalena kuma ceebeeyo.18
Geel aan gaawo loo hayn lama godlo.T
Geel aan qowsaar lahayn iyo ari aan qowdiido lahayn midna ma
dhaqmo.T

Geel ba'ow, yaa ku leh?T
    Reer ba'ow, yaa ku leh?101
Geel baa wada sibir godan.T
    Geel wada sibir godan.39
    Geelu wada sibro godan.24
"Geel baan lahaan jiray" "dameerkan ayaan leeyahay" ayaa ka
roon.2 *eeg* Aabbahay baa xoolo...
    "Geel badan baan lahaan jiray" dameer jooga baa
    dhaama.T
Geel cisil daaqay iyo gob nugul waa laga waaqdurraantaa.T
Geel col mooye abaari wax ma yeesho.24
Geel dhallaan qaaday ma dheera.T,3
    Geel carruuri qaadday ma foga.V,1
    Geel carruuri qaadday ma dheera.P
Geel diday dooh-dooh loogama haro.T
Geel duq baa loo tumaa.V
Geel fudeydna kuma rimo, fudeydna kuma dhalo.N
Geel geel weydaartay geedala'aan baa leh.M,N,T
    Geel geel weydaartay "geedala'aan" dheh.V,101
Geel jeeni kama go'o.3
Geel laba jir soo wada mar.P,V,24,39
    Geel labo jir soo wada mar.T
Geel lama hor gooyo ee waa la gaar gooyaa.T
Geel lun laguma riixo.3
Geel maalin buu ceel joogaa.P
Geel nabar aanu ogeyn buu ka gaggabaa.M,T,W
Geel nin aan lahayn geeridii war ma leh.T
Geel ninkii dhicin lahaa dhacayo lama dhicin karo.3
    Geel ninkiisii lahaa dhacayo lama dhicin karo.N
    Geel ninkii lahaa qaadayo lama dhicin karo.V
    Geel ninkii dhicin lahaa dhacayo!T
Geel qaylo xun lama dhicin karo.V
Geel shafkuu ku hurdaa, ragna wax-shinsi.61
Geel waa "dooh", faras waa "deeg", wiilna waa "daa".B
Geel waa geel, in goysana waa geel.T
    Geelna waa geel, wixii gooyaana waa geel.3
Geel waa xawr, fardo waa xawli, riyo waa xoox, rag waa xaajo,
naagna waa xishood.T

Geel wuu is geedo baraa.V

Geela duqdiisii durdurisay aarankiisana maxaad moodday? N,Y

    Geel duqdiisii durdurisay aarankiisii maxaad mooddaa?3

    Geela duqdiisii sidaa u durdurisay aarankiisiina maxaad u maleyn?V

    Geela aarankiisii durduriyey duqaydiisana maxaad u malayn?W

    Geela aarankiisii durduriyey waayeelkii ma nasto.24

Geela habeenba inta u soo hoyata ayuu deeqaa.V

Geela xeradiisu waa nabad.T

Geel-doono geeso dhiig leh bay dhashaa.T,Y

Geeljire dhawaan diidey dheeraan ka daba roor.51

Geeljire geeddi kama naxo.V

Geeljire geela waa wada jiraa, waana kala jiraa.V,33,56

    Geeljire geela waa wada jirtaa, waana kala jirtaa.3,31

    Geeljire geela waana wada jirtaa, waana kala jirtaa.101

    Geeljiruhu geela waa wada jiraan, waana kala jiraan.T

    Geeljire geela waa jiraa, waana kala jiraa.1

    Geeljire geela waa wada jiraa, ninbana hashiisuu jirtaa.L,M

    Geeljire geela wuu wada jirtaa, ninbana hashiisuu jirtaa.W

    Geeljire geela waa wada jirtaa, haddana ninba hashiisuu jiraa.39

Geeljire guri ma leh.T

Geeljire isagoo usha meeshuu ka gooynayo og buu ku ogaal weyddiiyaa.T

Geeljire "ka caanee" buu ku caano waayaa.M,T,W

Geeljire ninka u taag daran ayuu taageeraa.V

Geeljiruhu gabanka ugu yar buu gaawaha ku rartaa.T

Geelow, badidaada iyo barkhadaadaba yaa ku leh?39

Geelow, daaq, daaq, daaq oo maalintaad ciin daaqdo ayaa laguu yaabaa!K

    Geelow, geed kastaba daaq, markaad ciin daaqdaase laguu yaabaa!N

    Geelow, soco oo soco, markaad ciin daaqdaa laguu yaabaa!101

Geelu hadduu labada hore habeed ku leeyahay waa gedo uu la soo baxay, hadduuse labada dambe ku leeyahay waa gedo uu lahaan jiray.27

Geelu kayntuu libaax maro kaadsiiyo uma maro ee katluu ku maraa.V

Geelu meeshuu ku kaajuu ku saleeyaa.24

Geenyo iyo gabar baa guud la qabsado leh.O

Geeri kaddib toobad wax ma tarto.Y

Geeridii galbeed laga sheego gondahaaga ka day.4

    Geeridii galbeed laga sheego gondahaaga ka filo.1

    Geeridii galbeed ka yeerto gondahaaga ka filo.25

    Balaayadii galbeed laga sheego gondahaaga ka day.2

Geeridu kol bay nolosha dhaantaa.N,Y

Geeriyeey, bushi ayaa ii kaa lug qabtay.2

Geeriyi nin aan meel haysan ayay meel siisaa.10   *eeg* (2)

— Geeriyeey, maxaad tartaa?..

Geeriyi nin aanad garanayn iyo geeljiray ku roon tahay.M,Y

    Geeriyi nin aadan garanayn iyo geeljire ayay ku wacan tahay.28

    Geeriyi nin aadan aqoon iyo geeljiray ku fiican tahay.3

    Geeriyi nimaadan aqoon iyo geeljiray ku wanaagsan tahay.95

    Geeri nin aanad aqoon iyo geeljiray ku roon tahay.W

    Geeri nin aadan aqoon iyo geeljiray ku fiican tahay.1

    Geeri nin aadan garanayn iyo geeljire ayay ku fiican tahay.2

    Geeridu nin aadan aqoon iyo geeljire ayay ku roon tahay.76

    Geeridu waxay ku wanaagsan tahay geeljire iyo nimaadan aqoon.101

    Geeri nimaadan aqoon bay ku wanaagsan tahay.T

Gees lo'aad kulaylkaa lagu gooyaa.M,W,Y,3

    Gees lo'aad kulayl baa laga gooyaa.T

    Geeso lo'aad kulayl baa lagu gooyaa.6

    Geeeso lo'aad kulaylkaa lagu gooyaa.N

    Gees lo'aad kulaylkaa lagu gubaa.39

    Gees goodir kulaylkaa lagu gooyaa.N

    Gees goodir kulayl baa lagu gooyaa.V

Geesi Alla ma cadaabo.39
Geesi Alla ma xilo.K,M,W,1,5,39
    Geesi Ilaahay ma xilo.2
    Geesi Rabbi ma xilo.101
Geesi Alle ma ciilo.T
Geesi dhereb kuma jiro.M,T,39
Geesi gobannimaa deeqda.101
Geesi hooyadiis dhaqsay u gablantaa.T
    Geesi habartii baa gablantay.1
Geesi ishiisuu diriraa.39
Geesi kol buu dhintaa, fuleyna kun jeer.N,Y
Geesi "waa gartaa" baa deeqda.39
Geesinnimo waa guul Alla ku siiyey.39
Gef dhacay gadaal ma loo raaco.17
Gef waxaa u weyn gefafka dadka kale.Y
Gef waxaa ka cayman ruuxa runta sheega.Y
Geri la ganay iyo garmadow gaajoodayba geeridooday fogee-
    yaan.T
Giir lo'aad iyo girrid mocaayo midna ma go'o.M
    Giir lo'aad iyo girrid macooyo midna ma hadho.39
    Giir lo'aad iyo girrid mocooyo midna lagama hungo-
    obo.W
Gobannimo dhego-adayg baa igaga haray.98
God aakhiro gadoon ma leh.P
God intaad ka cararaysid ceelka ha ku dhicin.Y
God labo aar ma wada qaado.Y
God mar ku asturay xumaantiisa lama sheegsheego.Y
God sireed (walaal) *eeg* Booraan...
God walba wixii qotaa loogu yimaaddaa.M,T
    God walba wixii qotaa loogu tagaa.M
Godinyahay, barkay baa kugu jiree i maad goyseen.X   *eeg*
  Masar geed..., (2) Geed baa yidhi...
    Faasyahay, haddii gabal iga mid ah uusan kuugu jirin ima
    gooyseen.60
Godobi waa gacan la taagay.3
Gol eey baa lagu sahmiyaa, gabiibna ari.1
    Gol eey baa lagu sahmiyaa, gabiibna xoolo.2
Gole waa saymo.T

Good iyo abeeso wax isma doorshaan.T
Goof madhan malab shinniyeed kama guratid.N
Goor-xun-socdaa goor san taga.M,T,W,5
Goraygii dhalxumadii dhul-abaahi buu ku darsaday.3
    Goraygii dhalxumadii ma dhul-abaahii buu ku darsa-
    day?29
Gorgortan saaxiib iyo walaal midna ma yaqaan.Y
Goroyo la ogaa oo haad bay noqotay.2
    Gorayo la hubsayoo haad bay noqotay.5
Gowrac hal weeye, halka geelse gooni weeye.T
Gows la qaaday geel la qaaday ka daran.T
Gows tuug iyo gus macsiyo midna xeer uma lihin.101
Gun wax ka xan badan.Y
Gurguurashaba guryaa lagu dhistaa.33
Gurbaan dhawaaqii meel dheer buu ku habboon yahay.Y
Gurbaan garabkaaga ha ku jiro ama gacalkaaga ha kuu hayo.T
    Durbaan garabkaa ha kuugu jiro ama gacalkaa haa kuu
    sido.1
    Gurbaan gacalkaa ha kuu hayo ama garabkaaga ha kuugu
    surnaado.2
    Gurbaan ama gacantaa ha kuugu jiro ama gacalkaa ha
    kuu hayo.P
Gurbaan haddii la qaado, goob baa la tumi rabaa.T
Gurbaankii la xadaa goob lagu yeeriyo ayaa la rabaa.2   *eeg* Nin
    durbaan xaday...
Guriga ma gadine jaarkiis baan gaday.Y
    Guriga ma gadine jaarkiis baan gadeyaa.N
Guryihii isu dhow baa is guba.Y
Guul iyo halis jid bay wada maraan.Y
Guul kuma dhaaran ee gembi baan ku dhaartay.U
    Guul kuma dhaaranee gambi baan ku dhaartaa.3
    Ganbi kuma dhaaran ee guul ayaan ku dhaartay.36
Guuldarro habeenba cid bay la hoyataa.T
Guul-gaarid guul-hayn baa ka adag.Y
Guur aan guunyo lahayni waa geesi aan hub lahayn.T
Guur iyo geeddiba sahan bay ku fiican yihiin.T
Guur ma ahane garaad kuma laabna.101

Guur waa god mugdi ah oo gacan loo deystay.2
Guur waa god mugdi ah oo gacan la geliyey.2
Guur waa guur hooso, beerna waa beer hooso.T
Guur waa nasiib ee gacalkaa ha boobin.2
Guur waa sur dhuuban yahay marka hore, marka dambana wuu
sino ballaaran yahay.T
Guurku marka hore waa sino dhuuban yahay, marka
dambana waa sino ballaadhan yahay.V
Guurku marka horana waa san dhuuban yahay, marka
dambana waa sino ballaaran yahay.3
Guusha ninna lama dhalan.2
Guushaada baqo ayaa lagu dartaa.2

H

Ha ka aarsan dambiile, dambigiisaa dilee.Y
"Ha kufin","ha jabin" korriin ilmo uma roona.Y
"Ha la guuro" "intee ayaa la degaa?" ayaa ka horreyso.4
"Ha la tukado" loo kala hari waa.3
Ha laga digtoonaado afmiishaar.Y
Ha noqon malab la leefi karo, hana noqon dacar la tufi karo.T
eeg Haddii aad wada macaanaato..., Malab haddaad...
"Haa" iyo "maya" meel ma wada maraan.Y
Haadba haad kici.2,4,101
Haadka, haadba haad kici.K
Haan farammaran baa foorfoorisa.Y
Haani guntay ka tolantaa.N,Y eeg Weel gun...
Haani gun bay ka tolantaa.V
Haani guntay ka unkantaa.I
Haba kuu darraadee dad waa ina-adeerkaa.T,101
Habaar hooyo hoog baa ka danbeeyo.Y
Habaar oo dhan dhimo waaye, duco. oo dhanna dhuroow
waaye.2
Habaar waa habaar waalid.P
Habaar waxaa u daran "lixdan jir ku cayrow", "labaatan jir kaa
dhimay", "laba jir caano u waa".97

Habar allabariday mooradeeday ka aragtay.T
Habar dhali weyday aleelo ku waalatay.M,T,V,Y,5,29
Habartii dhali weydey aleelo ku waalatay.W
Habar fadhidaa legdan la fududaa.T,3
   Habar fadhidaa legdin la fudud.1
   Hawar fadhisaa legdin la fudud.4
   Habar fadhidaa legdini la fudud.Y
   Habar fadhidaa legdan la fudud.6
   Habar fadhidaa legdini wax uga fudud.N,5
   Habar fadhidaa legdani wax uga fudud.V
   Habar fadhidaa legdan la fudud yahay.P
   Habar fadhidaa baa legdin u muuqataa.101
   Nin fadhiyaa legdin la fududaaY
Habar is ummulisay ceebtana way qarsatay, ajuuradeedana way
   reebatay.35
Habar iyo hayinkeed isla raran.P
Habar roob hayaa habar walba in roob hayay mooddaa.P,7   *eeg*
Habartii dherigeedu..., (2) Habar raaskeeda...
   Habar roob uu da'ay meel kasta ramaas bay mooddaa.T
   Habar jir hayaa in lala qabo ayay mooddaa.W
Habari-korisey horey ma noqdo.T
Habartii awrka cirka aragtay ee dameerkeedii jarka ka tuurtay
   ha noqon.V
Habartii dherigeedu buuxo waxay mooddaa habar walba in
   dherigeedu buuxo.P   *eeg* Habar roob...
Habartii kimista dubtay ee tii u dambeysey ka kacday ha
   noqon.V
Habaru curadkeed cay uma quurto.T
Habeen indho ma leh.27
Habeenkaad dhereg filanayso gaajana filo.P,33
Habeenkii waa inta gacantaadu gaarto, maalintiina waa intii
   ishaadu gaarto.P   *eeg* Hadal cawo...
Habeenkii waa la gaabsadaa, maalintiina geesahaagaa la
   dayaa.T
Habrahaa markay nin xasuustaan aroos horay ka sheekeeya.Y
Hadal aadan filayn iyo fallaarba waa ku aammusiyaan.T   *eeg*
   Wax aanad filayn...

Hadal aan maahmaah lahayn waa hilib aan mindi lahayn.Y
Hadal aan maahmaah lahayni waa hilib aan mindi lahayn
ama xeedho aan af saarnayn, ama soor aan dux lahayn.N
Hadal aan murti lahayn waa hilib aan mindi lahayn.101
Hadal af dhaafay afaaf dhaaf.M,P,W,Y,7
Hadal af dhaafay afaaf dhaafyay.T
Af af soo dhaafay afaaf soo dhaaf.10
Eray af dhaafay afaaf dhaaf.N
Hadal ama "heeh" ama "haah" weeye.7
Hadal ama "hee" ama "haah" weeye.P
Hadal badan dan baa dhaanta.N,Y
Hadal badan hawl baa ka roon.T
Hadal badan hilmaan buu leeyahay.P,7
Hadal badani fariidnimo ma aha.Y
Hadal been ah dheg been ah baa lagu dhegeystaa.T
Hadal carruureed iyo haraati baarqab midna lagama kaco.78
Hadal cawo intii gacantaada ay gaarto ayaa loo sheegaa, hadal
maalinna intii ishaada ay gaarto.2 *eeg* Habeenkii waa inta ...
Hadal daan la qabtuu leeyahay, dabo la qabto ma leh.T
Hadal dabadii, hayaan dabadii iyo hambo dabadeed midna
laguma haro.77
Hadal garawsiinyaa lagaga dhergaa, hilibna biyo, hantina
naag.T
Hadal garawshiinyaa lagaga dhergaa, hilibna biyo,
hantina naag.101
Hadal garawshiinyo ayaa lagaga dhergaa, hilibna biyo.V
Hadal haamo lagama dhaansho.T,Y
Hadal haan ma buuxsho.1,3,101 *eeg* War weel...
Hadal haan ma buuxiyo.P,7
Hadal haamo ma buuxsho.101
Hadal haamo lagama buuxsho.V,W
Hadal bilaale ma buuxsho.Y
Hadal badan haan ma buuxsho.T
Hadal badani haan ma buuxsho.4
Hadal badani koob ma buuxsho.N
Hadal intuu uurkaaga ku jiro ayuu ammaanadaa yahay.T,W
Hadal intuu uurkaaga ku jiruu ammaanadaa yahay.N

Hadal intuu uurkaaga ku jiro buu ammaan kuu yahay.P,7
Hadal intuu uurkaaga ku jiro yuu ammaan kuu yahay.26
Hadal intuu afkaaga ku jiro buu ammaanadaa yahay.31
Hadal intuu afkaaga ku jiro ayuu ammaanadaada yahay.Y,74
Hadal intuu calooshaada ku jiro waa asturan yahay.C
Wixii uurkaaga ku jiraa waa ammaanadaa.C
Hadal iyo hablaba ducala'aan bay ku tarmaan.T eeg Naago iyo lo'iba...
Hadal iyo hilbaba kala qalan.M,T,V,W,30
Hadal iyo hilbana yaan lagaaga horreyn.W
Hadal iyo hilbo waa la qeexaa.P,7
Hadal lama ag joogsado ee geed baa la ag joogsadaa.P,T,7
Hadal lama wadaago ee caanaa la wadaagaa.T,7
Hadal lama wadaagee caanaa la wadaagaa.P
Hadal ma ba'na ee hadal xumaa ba'an.P
Hadal macaan miruu dhalaa.Y
Hadal markhaati leh iyo hilib mindi leh midna laguma mergado.T,W,Y eeg Hilib miid ah...
Hadal marqaati leh iyo hilib middi leh laguma mergado.P
Hadal meeshiisaa loogu tagaa.W
Hadal nin badiyey ma wada odhan, nin yareeyayna kama wada tegin.V,W
Hadal nin badiyey ma wada oran, nin yareeyeyna kama wada tegin.P,T
Hadal nin badiyeyna ma wada dhammeyn, nin yereeyeyna kama wada tegin.I
Hadal nin badiyey ma wada dhammeyn, nin in yar ka yidhina kama wada tegin.10
Hadal nin badiyeyna ma koobin, nin yareeyeyna kama tegin.89
Hadal nin yareeyeyna kama wada tegin, nin badiyeyna ma wada odhan.Y
Hadal nin si u yiri, ninna si u qaaday.1,2,15,99   eeg Hawraareey...
Hadal nin si u yidhi, ninna si u qaaday.W
Hadal ninna si u yiri, ninna si u qaaday.28

Hadal ninna si u yiri, ninna si u qaatay.30
Nin hadal si u dheh, ninna si u qaaday.4
Hadal ninkii dhahay miyaa dhaamay, mase ninkii dhabjiyay?35
Hadal oday been ma aha.Y
Hadal run baa lagu caddeeyaa, ilkana rumay.T,V,30
    Hadalna run baa lagu caddeeyaa, ilkana rumay.P
    Hadal run baa lagu caddeeyaa, ilkana rumay baa lagu
    caddeeyaa.L,W,Y
Hadal sokeeye iyo hilib idaadba waa la qaboojiyaa.T
Hadal waa bad iyo boqon.T
Hadal waa dan iyo daal.O
Hadal waa dheh ama dhegeyso.M,T,Y,5
    Hadal waa ama dheh, ama dhegeyso.P,7
Hadal waa johorad.P
Hadal waa kii gaaban ee go'an leh.30
Hadal waa kun iyo kow.W
Hadal waa mergi, hadba dhankii loo jiiduu u jiidmaa.T
    Hadal waa mergi, mergina kolba waa dhankii loo jiido.W
    Hadal waa mergoo kale hadba meel u jiidma.8
    Hadal waa margo oo kale hadba si u jiidmo.2
    Hadal waa mergi, gees walba waa ku raacaa.Y
    Hadal waa mergi.P
Hadal waa murti iyo macnala'aan.29,101
Hadal waa murti iyo yoon-yoon.L,M,P,W,7
Hadal waa qaar sare.U
Hadal waa run-kama-rayste.T,W,Y
Hadal waayeel waa guudmar.K,T
Hadal yar iyo hawl badan.P
Hadalka dhabta ah kaftan baa kaa keena.N
Hadalka runti waa intii hore.Y   *eeg* Rag waa raggii...
Hadalna "i dheh" ma ahee waa "i dhegeyso"na.N
Hadba dadkaad la socoto ayaa lagugu tiriyaa.Y
Hadba meeshaan ku ladnahay waa dhulkaygii.T
    Meeshaan ku ladnahay ayaa dal ii ah.Y
Hadba siday kula tahay u qaado.Y
Hadba sidii loo jabaa loo dhutiyaa.15
    Hadba sidii loo jabo ayaa loo dhutiyaa.T

Hadba sida loo jabaa loo dhutiyaa.P
Kolba sidii loo jabaa loo dhutiyaa.Y
Kolba sidii loo jabo ayaa loo dhutiyaa.V
Kolba sida loo jabaa loo dhutiyaa.M
Kolba sidaad u jabtaa loo dhutiyaa.W
Haddaad aragtid nin calooshu ka soo jeeddo, ha siin jid intii kii
kale aad ka aragtid.T
    Haddaad aragtid nin calooshu ka soo jeeddo, ha siin jid
    intii kii kale ka aragtid.Y
Haddaad dhimaneysid, dhareerka waa layska duwaa.T,V
    Haddaad dhimaneyso, dhareerka waa layska duwaa.2
    Haddaad dhimaneysana, dhareerka waa layska duwa.23
    Haddii la dhimaneyo, dhareerka waa layska duwaa.1
Haddaad hadal jeedin, aammusnaantaada ha dhaamo.Y
Haddaan la kala roonaan, roob ma da'o.N,T,W,44
    Haddaan la kala roonaan, roob ma da'een.O
Haddaan taag waayay, ma tab baan waayay?L
Haddaanan leg cunin, mays laqanyeeyaa?T
Hadday degdegsiinyo door dhalaan, kaadsiinyana kiish lacagay
dhalaan.T
    Haddii degdegsiiyo door dhalaan, kaadsiiyana kiish
    lacagay dhalaan.N
    Haddii degdegsiimo door dhali lahaa, kaadsiimana kiish
    lacag ah ayuu dhali lahaa.W
    Degdegsiimo hadday door dhali lahayd, kaadsiimana
    kiish lacag ah bay dhali lahayd.1
    Haddii degdegsiimo kiish lacag ah dhasho, kaadsiimo
    kiish dahab ah ayay dhashaa.34
    Hadday degdegi door dhasho, kaadsiimana kiish lacag ah
    ayay dhali lahayd.2
    Degdegsiinyo door ma dhaxaso.43
    Degdegi door ma dhasho 2
    Degdegsiimo door ma keento.12
Hadday fooli timaaddo, gudaqarsiimo hartay.T
    Hadday fooli timaaddo, gudaqarsiimo hadhay.Y
    Haddii fooli timaaddo, gudaqarsiimo hadhay.W
    Haddii fooli timaaddo, gudaqarsiinyo dhimay.3

Hadday hooyadaa dhimato, aabbahaa adeer buu kuu noqdaa.2

Hadday labo libaax igu kulmaan, ka i xigaan doortay.T

Haddii aad is ogaan lahayd intaadan hadlin!Y

Haddii aad wada macaanaato waa lagu wada muudsadaa, haddii aad wada qadhaadhaatana waa lagu wada tufaa.V *eeg* Ha noqon malab..., Malab haddaad...

Haddii aannu aammusno riyahaas sidaas laga deyn maayo, haddii aannu hadallana waa af-sallax-ku-dheg!95

    Haddaan hadlana waa af-sallax-ku-dheg, haddaan aammusana arigaas jaqda laga dayn maayo!3

    Haddaan hadalno saas iyo saas weeye, bal haddii kalana saas arka!G

Haddii dhiig yimaaddo, dhabbaqo dhimatay.94   *egg* Dhiig hadduu...

    Haddii dhiig yimaaddo, dhabbaqo meel beeshay.P

    Haddii dhiig dhaco, dhaqabo meel beeshey.6

    Hadduu dhib dhaco dhabbaqo meel beeshay.2

Haddii firo timaaddo, nin walba ishiisuu gacanta saartaa.T

Haddii geeriyi ku deyn lahayd, gabow baan ku daayeen.N

    Haddii geeri ku deyn lahayd, gabow baan ku daayeen.Y

    Hadday geeriyi ku deyso, gabow baan ku deyn.T

    Geeri haddii ay ku deyn lahayd, gabow ayaan ku deyn.V

    Geeri hadday ku deydo, gu' baanna ku deyn.6

Haddii Ilaah irrid kaa xiro, irrid kale ayuu kuu furaa.Y

Haddii kuuggu bato, maraqaa xumaada.3

Haddii lagu sheego waa lays sheelaa, haddii lagu sheelana waa lays sheegaa.T

    Haddii lagu sheego waa laysa sheelaa, haddii lagu sheelana waa laysa sheegaa.V

    Haddii lagu sheego waa laysi sheelaa, haddii lagu sheegin waa laysi sheegaa.O

Haddii qaylo wax dhiseyso, dameerka qayladiisaa daaro noo dhisi lahayd.Y

Haddii "tali" lagu yiraa, laysma taago.8

Hadduu magacu kaa xumaado, maalqabeen wax kuuma taro.N,Y

Hadduu ruux seexdo soo tooso waa kii uun.N   *eeg* Nin aad taqaannid hadaad...

Hadduu xaar xoolo lahaan lahaa, "ow jiljilocow" ayaa la oran lahaa.99

Hadduu xoog wax tarayo, maroodi duurka kuma jireen.2

Hagarla'aan hanti laguma dhaqo.T

Hal aad kuruskeeda hayso kor looma laaco.T

Hal aad naaskeeda hayso kuruskeeda lama laaco.V

Hal aad nin ku baratay kaama dhumin.T

Hal aad nin ku baratay baas ma aha.3

Hal aadan jirin ku jebisay.2

Hal aan weli kuu dhalin ilmaheeda ha tirsan.N,Y   *eeg* Quud aan jirin...

Hal bacaad lagu lisay.T

Hal booli ahi nirig xalaal ah ma dhasho.101

Hal booli ah nirig xalaal ah ma dhasho.P

Hal booli ahi xalaal ma dhasho.T

Hal xaaraan ahu ma dhasho nirig xalaal ah.8

Hal xaaraan ihi nirig xalaal ah ma dhasho.31

Hal diideysaa geed ay ku xoqato ma weydo.M,T,V,Y,5,28

Hal diiddani geed ay ku xoqoto ma weydo.24

Hal godlasho diideysaa geed ay ku xoqato ma weydo.N

Hal diqsi oo loo yeertay inta kale ayuu u yeertaa.Y

"Hal i sii" iyo "hoo" iskuma xigto.6

Hal laac aragtay lun hoose ma aragto.P   *eeg* Hasha qadowga laacaysaa...

Hal labo geed jecel dhexdood ayaa waraabe ku dilaa.T

Hasha labada geel jecel dhexdooda ayaa waraabe ku dilaa.2

Hashii labo geel jecel dhexdoodaa libaax ku cunaa.34

Baarqab laba geel jecel dhexdoodaa bahal ku cunaa.K

Hal laba geel u wada hoyataa dhexdoodaa waraabe ku haleelaa.N

Hal libaax arkaysaa ma godlato.P,V,50

Hal libaax arkeyso ma godlato.34

Hal libaax aragtaa ma godlato.2

Hal libaax aragtay ma godlato.1

Hal libaax arkeysaa sahal kuma godlato.T

Hal libaax arkeysaa say ku godlatana ma taqaan, say ku diiddana ma taqaan.101

Hal maalis ah xoolo kuuma noqoto.B
Hal maqaarka diideysaa daldalool bay ka eegtaa.N,Y
  Hashii maqaarka diideysaa daldalool bay ka daydaa.T
  Hashii maqaarka diideysaa meelo daldaloola bay ka
    eegtaa.O
Hal nin gurrani dheelmay dhinacna uma fayooba.T
  Hal nin gurrani dheelmay dhanna uma fayooba.3
  Hal laba-midigle uleeyay dhanna uma bed qabo.W
Hal soddon qadday saddex kuma dari weydo.T
  Hashii soddon qadday saddex kuma dari weyso.2
Hal walba wiilkay korisaa wedkeeda leh.31
Halaq aan la dilin geed lama saaro.73
Hali geel ma aha, geel bayse kuu geysaa.V
Halis waxaa ku jira ninkaan carrabkiisa ka adkayn.Y
Halista waxay u hoyataa guriga doqonnimada.Y
Halkuu cadar xagaa biyo dhigay cir onkoday maxaad
  moodday?101
Hangaraarac lug uma dhutiyo.2
  Hangaraarac lug keli ah uma dhutiyo.95
  Hangaraarac lug uma hitiyo.34,47
  Farabadne far uma dhutiyo.T
Hangoolka garkiisii iyo ganihiisii midba geed baan ku arkay.3
Hanti aadan lahayn hamuun kaama rogto.95 eeg Waxaadan
  lahayn laguma...
Hanti aan gacantaada ku jirinu hayb bay kaa rabtaa,
  hooyadaana ha haysee.8
Hanti addoon waa ku iibisaa, nololse ma iibiso.Y
Hanti iyo hantila'aanba xabaal waa loo siman yahay.Y
Hanti iyo qaraabo ma qarsoomaan.Y
Hanti la hel talo la hel.Y
Harag kasta la-ciddidiisaa xoqi taqaan.Y
Harag libaax haadi ma jiiddo.T
Harag sagaaro "iiga kac" mooyee, "iiga durug" ma la-
  ha.V,W,34,51
  Harag sagaaro "iiga kac" mooyee "iiga durug" ma
    leh.T,31,53
  Harag sagaaro "iiga kac" ma ahaane "iiga durug" ma
    laha.3

Harag sagaaro "iiga kac" mooyee "iiga siko" ma laha.34
Harag adhi "iiga kac" mooyee "iiga durug" ma leh.I
Harag ari "iiga kac" mooyee "iiga durug" ma leh.P
Maqaar sagaaro "iiga kac" ma ahee "iiga durug" ma leh.6
Maqaar sagaaro "iiga kac" ma ahane "iiga durug" ma
    laha.1
Harag sagaaro "iiga durug" mooyee "iiga kac" ma leh.16
Harag shabeel u huwo.N
Haruub caano ah intii la dhiibo masane qarka laguma dhego.2
Haruub la tolaba haantiisa ka weyn.T
Hasha guuxa iyo ololka inay isku darto ma ahan.2
Hasha kudna waa dilay, waxna waa u weheliyeen.V
Hasha qadowga laacaysaa qawga ka sokeeya ma aragto.13   *eeg*
Hal laac aragtay...
    Hasha qawga ma aragtee qadigay aragtaa.6
Hashii hunguri jecel geela hortiisa ayay kacdaa.T
    Hal af lulato leh geela hortiisay dhacdaa.U
Hashii labo nin isku qabato dhexdooda ayaa nin geella'aan iyo
    wiilla'aan ka raacdaa.2
Hashu geela iyadaa cuneysa, cabaadeysana.T
    Hashu ayadaa geela cuneysa, ayadaana cabaadeysa.101
    Hashu geela iyadaa cunta, iyadaana cabaadda.O
    Hashaa geela cunta, iyadana ayaa cabaadda.13
    Hashaa geela cuntoo cabaadda.L
    Hal baa geela cunta oo cabaadda.J
    Jabto iyadaa geela cuneyso, ayadaana cabaadeyso.U
Hashu maankayga gaddaye ma masaar bay liqday?U,3,101
    Hashu maankayga gadday ma masaar bay laqday?94
    Hasha maankayga gadday ma masaar bay liqday?V
    Hasha maanka gaddaye ma misaar bay laqday?2
Hawadaaduna been bay kuu sheegtaa, hantidaaduna runtay kuu
    sheegtaa.T
    Haddii hammadaadu kuu been sheegto, taagtaadaa kuu
        run sheegta.W,Y
    Hammadaadu haddii ay kuu been sheegto, taagtaada ayaa
        kuu run sheegta.V
Haween "ku diiday" loogama hadho.T

89

Haween garaadkoodu waa gabadhnimo, gabowgooduna waa gambo; ragna garaadkoodu waa gadh, gabowgooduna waa cirro.L

Haweentaad barataaba ba'an.P,T

Hawl baa hagarbax leh.L

Hawl dabadeed ayaad hangool tebtaa.28

Hawo guur iyo hammi jacayl nabad baa leh.21

Hawo iyo hoos galbeed labadaba lama gaaro.G

> Hawo iyo hoos galbeedba labadaba midna lama gaaro.H
> Hawo iyo hoos galbeedba labada midna lama gaaro.Y
> Hawo iyo hoos galbeed midna lama gaaro.T

Hawraareey, ninna si kuu yiri, ninna si kuu qaaday.3,8   *eeg* Hadal nin si...

> Hawraareey, ninba si kuu yiri.P
> Hawraareey, ninba si kuu qaad.V
> Hawraareey, ninba si kuu garay.T

Hebel culeys buu nagu hayaa.N

Hebel tan xun bay ugu baxdaa.N

Heen-heensi ama ku dhaaf, ama ku dhaan.29

> Heemis ama ku dhaan ama ku dhaaf.28

Hibo Eebbe ku siiyey habeen layskama qaado.J

Hilbo bowdo laga doortay, belaayooy, cun.T

Hilib dooro deris ma gaaro.52

Hilib geel ka-dhereggiisa ragna waa ku ruqe gooyaa, waraabana waa ku rimaa.T

Hilib geel lagama dhergase waa laga qaraaraa.N

Hilib hal diqsi baa qurmiya.Y   *eeg* Cad xumaadaa...

Hilib miid ah iyo hadal murti leh midna laguma mergado.15 *eeg* Hadal markhaati leh...

Hilib waa nin waayay iyo nin dabada ku xirtay.P

> Hilib waa nin waayay iyo nin futada ku sita.101

Hilib-baryo heen ma leh.T

Hillaac wax i tus, anna wax arkay.94

Hilmaan hadal kuma jiro.P,1,16

> Halmaan hadalka kuma jiro.T
> Hafyo hadal kuma jirto.43

Hodan iyo sabool subax bay wada guuraan.N

"Hoo" baa "hoo" keenta.N,9

"Hoo" "hoo" baa u liidata waa hooyo ku go'.3
Hoonbaro libaax bay soo waddaa.N
Hoos u guur oo hoos u guurso hoos bay kaa yeeshaa, kor u guur
  oo kor u guurso kor bay kaa yeeshaa.T
Hooyo doqon ihi habaryar bay dhaantaa.T
Hooyo waa hadi, kol ay habar indho la' kuu tahayna.N
Hooyo xaarkay dhashay "Xaayow" tiraahdaa.T
  Habar walba xaarkay dhashay "Xaayow" tiraa.1
  Habar waliba xaarkay dhigto ayay "Xaayow" leeda-
  hay.101
Horseed hagar kuma maqana.N,T,Y,3
Hortaa-jire wax weyddii, aad gadaashaa-jire wax u sheegtide.N
Hor-u-dhufaan qoodheed dhaqasho horuu leeyahay.T
Hor-ula-bood dib-u-soo-guurasho degdeg ah ayaa ku xigta.Y
Hu aanad lahayn ma huwan kartid.N
Hubkaa kaa war dheer P,3
  Illayn, hubkaa kaa war dheer.29
  Dharkaagu waa kaa dhawaaq dheer yahay.T
Hubkaaga iyo hayinkaaga midna laguma hodmo.3
  Hubkaaga laguma hodmo.O,101
Hubsiimo hal baa la siistaa.N,V,Y,1,48,101
  Hubsiino hal baa la siistaa.L,101
  Hubsiimo hal ayaa la siistaa.4
  Hubsiinyo hal baa la siistaa.26
  Wax hubso hal dhan baa la siistaa.101
  Hubsiino hal dhan baan dhaafsaday.T
  Wax hubso hal dhan baan dhaafsaday.101
  Hubsasho hal baan dhaafsaday.101
  Wax hubso hal baa la dhaafsadaa.P
Hugaagu waa kula baryo tagaa.T,16
Hunguri keli kama naxo.V
Hunguri sida kula habboon, xaraggana sida dadka la hab-
  boon.Y
Hunguri waashaa war qaba.94
Hunguri wax ka weyn la mariya wuu dillaacaa.V,W
  Hunguri wax ka weyn la mariyaa waa dillaacaa.3
  Dhuun wax ka weyn way ku dillaacdaa.8
Hunguri wed ma arko.V

Hunguri wedkii ma arko.1
Hunguri wedkii ma yaqaan.33
Gaajo wed ma aragto.T
Hungurigii badani waa qoonsimaad.Y
Hunguri-weynin hoos-ku-duleel-weynin ayuu leeyahay.2
Hunnu-hunnuna hadal ma aha, himbiriirsina wax arag ma
aha.W,Y
    Hunnu-hunnu hadal ma aha, himbiriirsina wax arag ma
    aha.V
    Hunnu-hunnu hadal ma aha, hinbiriirsina oohin ma aha.T
    Hunnu-hunnu hadal ma aha.L
Hurdo cagahay ka bilaabantaa.Y
Hurdo habaar ma kiciso.1
Hurdo habarba korin weydee ma aanay hilbo i gelin.W
Hurdo iyo geeri waa wada dhasheen.Y
Huunfeey hilib geed u saar, kana hawl yeelo.2
    Dafo hilib geed u saar, kana hawl yeelo.2

I

"I arkay" "i qarshay" bay leedahay.2
"I jiid, aan ku jiidee" waa gacmo-daalis.M,T,Y,1,2,3,9,10,15
    "Jiid, aan ku jiido" waa gacmo-daalis.N
Ido indhahood waa caricad.2
    Indho ari waa riyo.48
"Igu lahaw" saraha Xamar ayaa ku dhisan.2
"Ii cun" ayaa "ii cun" dhasha.28
Iimaan Allaa uur buuxsha.T
Iimaan waa uur muggii.Y,Y
    Iimaan badani waa uur muggiis.101
Il adag arooskeeday ka booddaa.P
    Indho-adag waa arooskeeda-ka-booddo.2
Il aqoon iyo Allaba loo siman.U
Il ibtileysan yaa belaayo tilmaanta.N,Y
Il ribix arkaysa rixin ma daydo.U,61
    Il ribix arkee rixin ma dhowrto.P

Ilaah intaan ka barto waan hoos joogay.L
Ilaah markuu wax ku siinayo "abtirso" kuma yiraahdo.Y
Ilaah nolol dadka waa ka wada simay, caqlise kama wada
simin.Y *eeg* Dadku waa isku muuq...
Ilaah xero weyn baa lagu baryaa.T
Ilaahay eray gef ah waa kaa yeeriyaa, kugumase dhaafo.T
Ilaahay weel weyn baa loo toshaa.T
Ilaahow, gar eexana ha nagaga tegin, garashana ha nagu
cadaabin.T
    Eebbow, aqoondarrana ha igu cadaabin, eexna ha iiga
    tegin.U
    Ilaahow, nin aan wax ogayn ha cadaabin.16
Ilaahow, midka tegeyana haraatidiisana dhaafi, kan soo socdana
hardidiisa.101
Ilaahow, saaxiibbaday iga ilaali, cadowgay anigaa iska
ilaalinaya e.T
Ili ayaan badanaa, agteeduna ayaan daranaa!W
Ili buuxay aragtaaye barako ma aragto.6
Ili il ma dhowrto.1
    Ilu il ma dhowrto.6
Ili kaa cawo badan.1
Ili subag ma dhuugto.Y
Ili way ayaan badan tahay, qoriga mudayase ma arag.15
    Isha qoriga mudayo ma aragto.61
    Isha waa ay nasiib badan tahay, laakiin nabarka ridi
    doona ma aragto.2
Ilig bolol ah baa af qurmiya.Y
Ilko abeeso hoos bay ka xidhiidhaan.N
    Ilko abeeso hoos bay ka xiriiraan.T
    Ilko abeeso hoostay ka xiriiraan.6
    Ilko abeeso hoosta ayay ka xariiraan.2
    Ilko abeeso hoos ka xariirsan.3,101
Ilko caanood cunto laguma calaasho.Y
Ilko wadajir bay wax ku gooyaan.N,P,T,Y,4,31,73,77
    Ilko wadajir ayay wax ku gooyaan.43
    Ilko wadajir bay wax u gooyaan.1
Illayn, naago kula tol ma aha.T
Illin la qubay deyn laguma qaan gudo.Y

Illinla'aan oogadaa ololi lahayd.Y
Ilma-adeer isma indho buuxshaan.101
Ilma-adeeri waa in is taqaanno.2
Ilmahaadoo kuu ekaada oridaada ayaa looga abaal ceshaa.73
Ilmo aabbahood kama run badna.8
Ilmo abaareed madar laguma mantaajiyo.T
Ilmo ama ul ku day, ama il.2
Ilmo dameeraad ishuu ka rar qaataa.1
Ilmo geed muuqdaa lagu geeddigeliyaa.1
    Ilmo geedba geedka xiga ayaa lagu geeddigeeyaa.4
    Ilmo geedkaas ayaa lagu geeddigeliyaa.2
Ilmo shabeel lama qaado.Y,9
    Ilmo shabeel lama xanbaarsado.T
Ilmuhu habartood bay ku ooyaan, adoogoodna waa il dayaan.T
    Ilmuhu habartood bay ku ooyaan, adoogana waa il dayaan.Y
Imaamka ina-adeerkiisaa run u sheega.T
Imaatin dambe maqnaasho baa dhaanta.101
In la filo ma xuma, in la sugaa daran.Y
In rag karo ayaa reer ka dhintaa.T
In wax la dhalo waa gaashaankii geerida.Y
Ina hooyo waa uur habreed.H
Inan afkeeda ayaa laga meheriyaa.2
Inan iyo abeeso afkooda ayaa ajala.T
    Inan iyo abeesaba afkeedaa u wad ah.3
    Inan iyo abeeso afkooday u dhintaan 1
Inan iyo ninkii aabbihii dilay way is moog yihiin.101
Inan rag hal uu kugu hadlo iyo hal uu kaa haysto labadaba leh.N
Inan sabool siil ma leh.T
Inanyahay, anigu ku sheegi maayee shan bilood yay ku sheegin.10
In-dheer-aragto rag waa ku yar tahay, naagana kuma jirto.T
Indhihii dhiman waayaa geel dhalayay ku tusaan.T   *eeg*
Cimrigaagoo dheeraadaa..., Ninkii dhiman waayaa...
Indho gardarran hadday ooyaan, kuwa gar leh maxaad mooddaa?T,3

94

Indho gardarran hadday ooyaan, kuwa gar luhuu ka sii daran.94

Indho meel dheer aan wax ka arkayn inay dhacaan ayaa ku roon.4

Indho rag in xun waa laga dhawraa.101

Indho run bay ku ooyaan, ilmahana habartood.2

    Indho run bay ku ooyaan, ilmahana hooyadood.2

    Indho run bay ku ooyaan, ilmana hooyadood.65

    Indho run bay ku ooyaan, carruurna hooyadood.42

    Indho run bay ku ooyaan.T

Indho waayeel waa wada garaad.11

Indhoolaha dhabta ah waa kii god laba goor ku dhaca.Y

Indhoole kelli hilib ugu dhan.10

Inta buufimo taal biri ma qabowdo.T

    Inta buufimo taal biri ma qaboobin.Y

Inta dhogortaadu dhan tahaa la dhawrsadaa.G,H   *eeg* Kor fayow...

    Intay dhogortaadu dhan tahaa la dhawrsadaa.T

Inta gaari la raadinayo ayaa Goonbaar wiilkeeda geela dhiciyaa.2

Inta jiilaal loo adkeysto jir roob looma adkeysto.T

    Inta jiilaal loo adkaysto jir looma adkaysto.M

Inta la nool yahay qofba qofka kale u baahan yahay.Y

Inta lays hayo laysma tabo.3

Inta magacu bi'i lahaa maalka ha ba'o.2

Inta nabaddu joogtaa ninba labo nin le'eg yahay.T

Intaad qaleysay anna waan qaybinayey.5,6

    Intaad qaleysay anna waa qaybinayey.P

    Intaad qaleysay annaa qaybinayey.P

Intaad xadi lahayd xammaalo.T

Intaadan falin ka fiirso.T,4,23,26,35,38,77

    Intaanad falin ka fiirso.N,Y

    Intaadan wax falin ka fiirso.10,17,82

    Intaadan wax falin fiirso.43

Intaan dhib-qabe hadlin ayaa dheef-qabe hadlaa.2

    Intaan riix-qabe hadlin ayaa raaxo-qabe hadlaa.2

Intay baaqan lahayd ha yaraato.M,T,Y

Intii cadaw cuni lahaa Cali ha baaseeysto.25

Intii adhi foof jiraa laga fogaadaa.N
Intii calooshu buki lahayd cagtu ha bukto.M,5
    Inta calooshu buki lahayd cagta ha bukooto.2
    Calooshu inta ay buki lahayd cagtu ha bukooto.V
    Intay laabtu buki lahayd lugtu ha bukto.T
Intii isku dan ah ayaa isku dad ah.T
Intii jar jiray quruuruxna waa jiray.5
    Intii jar jirayba quruuruxna waa jiray.M
    Intii jar jiray quruurux waa jiray.T
    Intii jar jirtay quruux waa jiray.3
    Qar intuu jiray quruuruxna waa jiray.P
Intii la cayriyo been baa u gaabisa.H,101
    Intii la eryo been baa ugu gaabisa.T
Intii nin dhibtaa wadar ma dhibto.T
Irbad la aruurshay masaar bay noqotaa.T
    Cirbad aruurtay misaaray noqotaa.Y
Irmaan wuxuu cuno ayuu dhiiqaa.2
Irrid af ma daboolee ood baa daboosha.Y
Irrid furan lama galo ee weji furan ayaa la galaa.38
Is-cajabin waa kufri hooyadii.Y
"Iska jir" fuleynnimo ma aha.Y   *eeg* Feejignaansho fuleyn-
nimo...
Iskaashato ma kufto.P,T
Isku-dayasho dameer baa ku rintay.1
    Isku-dayasho dameeraha ayaa ku rima.2
Isku dey waxay dhaantaa iska dhaaf.Y
Isma-gabe guul buu ku dambeeyaa.I
Isma-hurto waa haruub iyo haan.25
Isma-hurtooy, hays halleyn.2,54
    Isma hurto, hays hallayn.36
Is-moog aqalkay asleysaa.P
    Is-moog dhuuggii bay asleysaa.N
Isqadderis qoys kuma dagaalo.T
Is-qariye ma qufaco.Y
Ishaa macallin ah.Y
Ishii aragtay burur.N
Ishii sariir u muuqataa seexata.Y
Ishiisa-laga-arkaa ushiisa lagu tumaa.42,68

Ishiisa-laga-arke ushiisaa lagu tumaa.T
Ishii-laga-arke ushiisaa lagu tumaa.Y
Ishiisa-laga-arkaa ushiisa lagu dilaa.3,11
Ishiisa-laga-arke ayaa ushiisa lagu dilaa.2
Ishiisa-laga-arkaa ushiisa lagu garaacaa.35
Isu-qabe aan loo qabin oo isla qaayo weyn baa jira.1
Is-xasuustaa is xabaala.T
Iyamaad doorbidday: dhul abaar ah, se nabadi taal iyo dhul
barwaaqo ah, se colaadi taal?N *eeg* Dal abaar ah...

J

Jaallahaa jaallahii... *eeg* Saaxiibkaa saaxiibkiis....
Jaallahaa kuma jebiyo.N
Jawaankii buuxaa lays taajin karaa.Y *eeg* Juuni eber ah...
Jid dheer haddaad mari, jiraab sahay ku qaado.T
Jid ma qalloocna ee jidiin baa qalloocan.T
Jidh aan ciyaarini waa caabuqaa.N
Jidh walaal ma aha, jidiin baa walaal ah.K
    Jidiin baa walaal ah ee jir walaal ma ahin.P
Jiilaalka iyo ninku way legdamayaan, kolba ka naagtu raacdaa
adag.M,Y
    Jiilaal iyo ninkii way legdamayaan, kolba ka naagtu
    raacdo ayaa adag.W
    Ninka iyo jiilaalku way legdameyaan, kolba ka naagtu
    raacdo ayaa adag.T
    Ragga iyo jiilaalku way tartamaan, kay naagtu raacdo
    ayaa badiya.38
    Nin iyo jiilaal way legdamaan.P,7
Jiilaal waa ninkii-haye.M,W
Jiljileecna looma dhinto, adadaygna laguma waaro.M,W,Y
    Jiljileec laguma dhinto, adadaygna laguma waaro.V
    Jiljic looma dhinto, adaygna laguma waaro.27
    Adadaygna looma noolaado, jiljileecna looma dhinto.T
    Adadaygna laguma waaro, jileecna looma dhinto.3
Jinni ninkii keenaa baxsha.T

Jinni ninkii keenaa bixiya.1
Jinni ninkii keeno isagaa bixiya.Y
Jir bukaa jeelki leh.U
Jir qalaad waa dhul qalaad.Y
Jirkii-la-haye jiriid kama qoslo.P
    Nin jirkiisa la jarayo jiriid kama qoslo.6
Jiirkii-la-haye jidiin kama qoslo.T
Juuni eber ah ma istaago.Y *eeg* Jawaankii buuxaa...

K

Ka dar oo dibi dhal!T
Ka door ka dar bay dhashaa.N
Kaa hadal badan kaa adag.Y
Kaadi ul dheer baa layskaga duwaa.M
Kaadi-badane waa loo gogol badiyaa.M,P,V,1,1,3,15,101
Kaadsade ma kufo.K
Kaaf iyo kala dheeri, kaan u dhigtayba ma aha.L,101
    Kaaf iyo kala dheeri, kaan u dhigayba ma aha.O
    Kaaf iyo kala dheeri.V
Kab fallaareed ninba meel iska tusay, arrinina ninba meel iska
  tusay.T
Kab gantaaleed ninba si u gan.P
Kab iyo xaarkeed waa laysla xooraa.95
    Kab iyo xaarkeedba waa laysku tuuraa.V
Kabahaada iyo tolkaada lagama dhex baxo.42
Kabatole kabala'aan buu socdaa.Y
Kabbo badan iyo kadabla'aan baa is leh.3
Kabbo geel kabtin bay ku waddaa.L,101
Kabbo uur ku madal leh.T
Kabxume ma hadhee kablaawaa hadha.N,T,Y
    Kabxume ma hadho ee kablaawe ayaa hadha.V
    Kabxume ma haree kablaawaa hara.1,16,17
    Kaboole ma haree, kablaawe baa hara.P,7
Kadabkaa waa wixii karreysahaaga dhaafa.N
Ka-fiirsasho waa dharbaaxo ka hor.Y

Kaftan waayeel waa kol iyo labo.J
Kaftan-yaqaan ma halmaamo.101
Kal caano galeen kas ma galo.T,V,W,101
Xirgi caano galeen xikmadi ma gasho.F
Xirgi caano galeen kas ma leh.101
Kala fog fool iyo lulmo.T
Fool iyo lulmo kala fogaa!3
Kala go' iyo kala lulasho, kala lulashaa la qaatay.M,T,Y
Kala go' iyo kala laallaadasho, kala laallaadashaa la qaatay.W
Kala war la' nin dhergan iyo nin baahan.Y
Kal-baxnow, karriinkaaba kuma bade.9
Kalgacaylka aad dalkaaga u haysaa waa iimaanka ka badh.N
Kaljacayl waa indho la'yahay.N
Kalluun mar baa la gowracay.P,7
Kalluunka isagaa laysku jillaabaa.T
Kama-dare "dagaal" dheh.2
Kan ku dagayo kaama dheera.Y
Karis-xun iyaduna wax ku la'.V,W
Karis-xun iyana wax ku la'.M
Karis-xun iyana kaal ku la'.M,5
Karis-xun iyana ku hambo la'.T
Habar karis xun ayba kaal ku leh 56
Kartilaawe degdeg buu doorbidaa.N
Kas dumar oo kadalloob rag kaaga dambeeyey kaad ku ogeyd ma aha.T,31
Kas dumar oo kadalloob rag kaaga dambeeyey kaad ogeyd ma aha.V
Kas dumar oo kadalloob rag kaaga dambeeyey kaad ogeydba ma aha.W
Kas dumar oo kadalloob rag kaaga danbeeyey kiisii hore ma aha.81
Kas naagood oo kadalloob rag kaaga dambeeyey kaad ku ogayd ma aha.3
Kas naageed oo kadalloob rag ka danbeeyay sidaad ku ogeyd ma aha.1
Kas waayeel kabbo isma dheera.P

Kayntaas haddii aan laga guurin, gorayo heeryeysanaa way ka soo bixi.V

Kelidii-cune kelidii buu dhintaa.M,W,Y
 Keligii-cune keligii buu dhintaa.T

Khaa'in afkuu kugu dhunkado yuu kugu qaniinaa.Y
 Khaayin afkuu kugu dhunkado yuu kugu qaniinaa.N

"Khaakh" nin yirina wax ma oran, kii ka baqayna wax kama baqin.3

Khawuuro iyo nin loo wado ma la kala qariyo.4

Khayr ha falin, shar kuuma yimaaddee.T,3

Khayr wax kaama dhimee shar u toog hay.T,1,14
 Khayr wax kuma yeelee shar u toog hay.3

Kibir hoos buu kaa saaraa, meelse kuma geeyo.T
 Kibir wuxuu kaa saaraa harka, meelse kuma geeyo.Y

Kibir rag iyo korriimo naagoodba waa lagu jabaa.3
 Kibir waa lagu jabaa.16

Kibirka waa lagu kufaa, waana lagu kala jabaa.81

Kii aabbe iyo hooyo soo barbaarin habeenka iyo maalinkaa barbaariya.Y

Kismaayo kistaa ama kaskaa.T

Kitaab gurigiisii loo diiday Ilahay ayaa sayax baday.V

Kiwaawe beereey, ninba kolkiisa waaye.2

Kobtaada iyo tolkaada dhexda ayaa looga jiraa.2
 Kobtaada iyo guntaada dhexdaa looga jiraa.28

Kobtarraa godka qodda, dawacadaana libta leh.16
 Godka gobdarraa qodda, libtana dawacaa leh.27

Kol uun baa wax kaa muuqdaan oo dibindaabyadii aad wadday lagugu gartaa.N

Kolba carradii la joogo camalkeeda ayaa la yeeshaa.V

Kolba salaaddaad joogtaa la tukadaa.N

Kolka hawli soo ekaato ayaa hayeeye hoosta ka dusaa.N,Y

Kolka weylaa la helaa lo'da la maalaa.N,101

Koore la qaadayba shalmaddii raacday.T

Kor dad kabbo isma dheera.U
 Kor muslin kabbo isma dheera.3

Kor fayow baa la dhawraa.M *eeg* Inta dhogortaadu...

Kor waayeel waa wada indho.P,T,U,V,W,1,3,10

Waayeel korkiisa waa wada indho, hadduusan ahayn waa
wada kasmo.12
Ku qabataba waa la qaataa.2
Kud ka guur oo qanjo u guur.T,W
 Qanje ka guur oo kud u guur.P
 Taasi waa kud ka guur oo qanjo u guur.V
Kudkude ninkii Alla kuu jabsho cun.3
Kuftin jilib waayeel wax uga dhib leh.M,T,5
 Kuftini jilib waayeel wax uga dhib leh.5
 Kuftin jilib waayeel wax uga dhib badan.W
 Kuftini jilib waayeel wax uga daran 5
Kula-jire, kaa-jire.L
 Kula-jire kaa-jire iska jira.T
Kun qof ma barido.P
Kun saaxiib waa yar tahay, hal cadow waa badan yahay.P
"Kuu maganaan ahay" ninkii "kuu martiyaan ahay" looguma
daro.8
Kuuduudsani keyd ma dhasho.N
Kuu-sheekeeye, kaa-sheekeeye lalama sheekeysto.N,V,9

L

La hel, la hel la waa baa xigta.P,2
La jiifiyaana bannaan, la joojiyaana bannaan.P
 La jiifshaana bannaan, la joogshaana bannaan.T
 La jiifiyaana bannaan.3
Laab ka kacay, lugase kuma joogo.M,T,W
 Laab ka kacay, lugana kuma taagni.V
Laab meel dhacday lama loodiyo.T
Laabi laba u la'.M,P,V,W,Y,11
 Laabi labo u la'.T,34
Laabta low ma aha hadba la laallaabi karo.Y
Laabtana way quurtaa, farahana way dhiibaan.Y
Laafyo aadan u dhalan lix saamood ma dhaafto.15
Laako sagaaro raq mooyee ruux isma taraan.P   *eeg* Laba
sagaaro...

Laanta toosi intay curdun tahay.Y
Laba af oo isu eg baa run iyo been kala sheega.Y
Laba (Labo) aan warramin ma walaalowdo.T
Laba (Labo) afar jir ah hadba kii habartiis la jira baa adag.T
Laba Allaa qaybiyey.2
Laba bidde beerkay iska og yiiin.W
Laba (Labo) bilood oo iska baal dhasha lama arag, labo garood
oo iska baal dhashase waa la arkaa.95
Laba biyo hoostood iska haraatiday iyagaa is og.M,V,3
   Laba biyo dhexdood iska haraatiday iyaga ayaa is og.W
   Laba biyo dhexdood iska haraatiday iyagaa iska og.Y
   Labo biyo dhexdood iska haraatiday iyagaa iska kaa og.T
   Laba biyo hoostooda iska haraatiyay iyaa is og.Y
Laba biyo kulul isma qaboojiyaan.Y
Laba bukta ma is baaniyaan.Y
Laba caanadoon isma weydo.M
   Labo caanadoon isma weydo.T
Laba (Labo) caaqil way heshiisaa, labo caaqna way heshiisaa,
caaq iyo caaqilse ma heshiiyaan.T
Laba ceebood taadaa la jirtaa.M,W
Laba (Labo) ceeriin ku qaybsatay biseyl iskuma cawrido.T eeg
Dadkii hilib...
   Labo caydhiinka ku qaybsatay bisaylka iskuma
   cawrido.101
   Labo ceerin ku qaybsatay biseyl kuma qaybsato.101
   Labo ceerin ku qaybsatay bisaylka iskuma barido.95
   Labadii cayriinka ku qaybsataa biseylka kuma qaybsato.2
   Labadii ceeriinka ku qaybsataa biseyl kuma dirirto.P
Laba (Labo) collowday caano isma siiyaan.T
Laba daran mid dooro.N,P
   Labo daran mid dooro.T
Laba deeq ku heshiin weyday dood kuma heshiiso.Y
   Labo deeq ku heshiin weyday dood kuma heshiiso.T
Laba dhaxal ku dirireysa dhalasho ma fiirshaan.P
   Labo dhaxal isku haysta dhalashadooda lama eego.3
Laba faras kii isla fuulo sinta ayuu ka jeexmaa.35
Laba garood oo iska feer dhalata waa la arkaa, laba bilood oo
iska feer dhalatase lama arag.3

Laba (Labo) jir ayaa labo jir kaa seexida.73
Laba kala bariday kala war la'.1,2,26,38
   Labo kala bariday kala war la'.T,8
Laba lugood lagama dhutiyo.Y
Laba (Labo) miro gurataa ma heshiiyaan.T
Laba (Labo) nin oo debed seexday, midba gees baa debed
   ah.101
Laba (Labo) oodafo iskama abaal weydo.T
Laba qaaddo af mar ma wada qaado.Y
Laba qaawani isma qaaddo.V,1,3,82
   Laba qaawan isma qaaddo.P,2,71
   Labo qaawani isma qaaddo.T,15
   Labo qaawani ma is qaaddo.4
Laba sagaaro didmo mooyee ciidan iskuma taraan.M,W   eeg
   Laako sagaaro...
   Labo sagaaro didmo mooyee ciidan iskuma taraan.T
Laba (Labo) saxaax wadaagtay saaxiib ma noqdaan.T
Laba tallaabo dhexdood baa talo ka dhalataa.M,O,W,Y,1
   Labo tallaabo dhexdood talaa ka dhalata.101
   Laba tallaabo dhexdood talo ayaa ku jirta.35
Laba walaallo ah wad kala qaad.W
Laba walba isa saaray, laba tagoogo isma saarin.M
   Laba walba isa saarayo, laba tagoogoodse isma saaraan.V
   Laba walba isa saarayo, laba tagoogood isma saarin.W
   Laba kale isa saaray, laba tagoogo isma saarin.P
   Wax kaleba isi saaraye laba tagoogood isma saarin.P
Laba (Labo) xabxab ah gacani hal mar ma wada qaadi karto.16
Labaatanjir aan waran kaa reebin wacad kaama reebo.U   eeg
   Nin aan waran..., Nin aan shantaadu...
Labaatanjir intuu geed ka booduu talo ka boodaa.T,1   eeg Nin
   intuu geed..., Carruur intay tillaabo...
   Labaatanjir intuu geed ka boodo ayuu talo ka boodaa.2,32
   Labaatanjir intuu geed ka boodo ayay talana ka
      booddaa.76
   Labaatanjir intuu tillaabsado ayuu talo ka boodaa.101
   Nin yari geed intuu ka boodo ayuu arrin ka boo-
      daa.74,101
   Nin yari intuu geed ka booduu talo ka boodaa.W

103

Nin yari intuu geed ka boodayaba talo ayuu ka boo-dayaa.V

Nin yari intuu laan ka boodo ayuu talo ka boodaa.83

Wiil inta uu geed ka boodayo buu talo ka boodaa.U

Labada haragga ku diriraya hooyadood waa sida gacantaas.3

Labada isla garataa guurku u hagaagaa.T

Labadii mar is aragtaa mar labaadna way is aragtaa.95

Labadii si xun u sooreysataa si xun ayay u dhintaan.2

Labadii sir u heshiisaa saaq bay u collowdaa.3

Laba sir u heshiisay caad bay u collowdaa.W

Labadii warrantaa walaalowda.15

Laballaaboodshe liibaan ma gaaro.T

Labeebyo ninna ma aha, naagna ma aha.16

Labeenu subag ma aha, labaclabacna hadal ma aha.1

Labo... *eeg* Laba...

Lacag wax kasta way gooysaa, hase ahaatee aabbe iyo hooyo dib uma soo celiso.Y

Lacagna lacag bay dhashaa, injirna qandhicil.Y

La-ciyaar mukulaal ciddiyay kugu reebtaa.Y

Laf cad oo toobin lagu hayo.101

Laf iyo labo dhagax laysla waa.T

Laf dhuux leh iyo labo dhagax laysla waa.8

Laf iyo miro nimaan ilko lahayn baa Ilaah u deeqaa.Y

Laf jabtay sideedii ma noqoto.T,3

Lafina siday u jabto uma kabanto.W

Laf kaa weyni waa ku jebisaa.T

Kob kaa weyn waa ku kufisaa, laf kaa weynna waa ku jebisaa.2

Lafba lafta xigtaa lagu kabaa.10

Lafo geri ayagaa laysku jebiyaa.3

Lafo geri iyagaa laysku jebiyaa.1

Lafo geri iyagaa laysku jebshaa.B

Lafo maroodi iyagaa laysku jebshaa.T,Y

Lafo maroodi ayagaa laysku jebiyaa.11

Laga barayba laga badi.T

Lagaa baray oo lagaa badi.P

Laga baray la badi.Y

Kaa baray kaa badi.Y

Kaa bartaa kaa badiya.1
Lalama dego nin xerada kugu yareeya, martidana kugu xila.101
Lallabo waa digniin.V
Lama arag, lamana maqal waa geel labo laako dhalay.36
Lama daardaarto libaax meel ku jiifo.Y
Lama noqdo biddihii haruurka shiiday oo halkii ugu dambeeyey
    ka tegay.T
Lamahuraan waa cawska jiilaal.N,P,1,15,54
    Lamahuraan waa caws jiilaal.L,M,W,41,42
    Caws jiilaal waa lamahuraan.13
    Lagamamaarmaan waa cawska jiilaal.4
Lamahuraan waa ceel wiyeer.95
Lax dhukani abaar moog.1,95
    Lax dhukan abaar moog.2
    Lax dhukane abaar mooge.L
    Lax dhukan abaar ka dhego la'.T
    Lax dhukani col iyo abaarba moog.N,V,Y
    Lax dhukan col iyo abaar moog.28
Lax gowracan maqaar-siib kuma xanuunsato.Y
Lax iyo laxaw meel islama galaan.2
    Lax iyo laxaw meel ma wada maraan.P
    Laxaw iyo laxo meel islama galaan.6
Lax walba shillalkay is dhigtaa lagu qalaa.W
    Lax shillalkay is dhigtaa lagu qalaa.1
    Laxiba shillalkay is dhigtaa lagu qalaa.X
    Ri' waliba shillalkay is dhigtaa lagu qalaa.3
    Ri' walba shillalkay is dhigato baa lagu qalaa.12
    Ceesaan walba shillalkay is dhigtaa lagu qalaa.T
    Neef walba shillalkuu is dhigaa lagu qalaa.27
Lax waliba leggeeday xaadhataa.M,T
    Laxiba leggeed bay xaadhataa.W
Laxiba naysheeday wadataa.M,T
    Lax waliba naysheeday wadataa.W
La-yeele ma hilmaamo, laakiin yeele wuu hilmaamaa.T
    Yeelaa wuu illaawaa, la-yeelaase ma illaawo.12
Layli biyaha kashiisa ku jiruu ka didaa.M
    Layligu biyo uurkiisa ku jira ayuu ka didaa.V
    Layligu biyaha uurkiisa ku jira ayuu ka buubaa.W

Layskama dabo tagee waa layska feer tagaa.P
Leg dheelallaabo laguma cuno.3
Lexejeclo laba nin kama qosliso.51
Libaax aan dhiig dhadhamin ma ciyo habeen.Y
Libaax duqoobay daanyeer ayaa ku ciyaara.46   *eeg* Aar
  duqoobay...
Libaax laba raqood lagama wada kiciyo.M,V,W
  Libaax labo raqood lagama wada kiciyo.T
Libaax nin aan aqoon baa lax ka rita.M,T
  Libaax nimaan aqoon baa lax ka rita.15
  Libaax nin aan aqoon ayaa lax ka rita.51
  Libaax nin aan aqoon baa lax ka dhigta.1
  Libaax nimaan aqoon yaa hilbo ka rita.N,Y
  Libaax nin aan aqoon ayaa hilbo ka dhigta.2
  Libaax nin aan ogayn ayaa lax ka rita.V
  Libaax nin aan ogayn baa lax ka rita.W
Libaax nin aan garasho u lahayn baa geesaha ka taabta.Y
Libaax nin ganay iyo nin galladay kala og.T,15
  Libaax nin ganay iyo nin galladay og.34
  Libaax nin ganay iyo nin galladayna og.2
  Libaax nin gamayna og, nin galladayna og.62
  Libaax nin ganay iyo nin gallan baa og.8
  Libaax nin ganay iyo nin galladay ma mooga.P
  Libaax nin galladay iyo nin ganay ma mooga.7
  Aar nin ganay iyo nin galladay kala ogsoon.1
Libaax wadar geed lagama kiciyo.6
Libin rag kaaga dambeeyaa libin ma aha.W
"Lihi" libaax ka adag.3
Liibaani waa galabsi.V
Liibaanteed adduunyada ninna laasan maayo.W
Lillaahi iyo laqdabo meel ma wada galaan.T
Lillaahi laguma lumo.V
Lixdanjir haddii la legdo waa isaga iyo taaggii, haddii la
  khiyaameeyo waa isaga iyo ishii.V
Lixdanjir halkiisa lagama seexdo, cadkiisana lama cuno.V
Lo' iyo dumarba diiftay isku eryadaan.W
Lo' iyo naag ninkooday yaqaannaan.T
Lo' uli ma aroorisee oon baa aroorsha.6

Lo'du sac bay siddaa.3
Lo'i intay cidla' ku geyso ayay kugu cidaa.M,W
Lo'i intay cidla' ku geysay kugu cidaa.39
Lo'i inta ay cidla' ku geyso ayay kugu cidaa.V
Lo' cidla' intay ka dhigtay kugu cidaa.101
Lo'jire ushii saciisa ma disho.Y
Lo'leey waa isku taamo, haddii aanay dan kala geynin.13
Lo'yahay, nin aan ku soo fulinaynini yuu ku aroorin.M,T,Y
Lo'eey, nin aan ku soo fulinayni ayuu ku soo aroorin.V
Loo soo hoobte waa jiin webi.42
Looge looba joogee.T
Lud horaa laqanyo kicisa.T
Ludda jecli, lafta jecli.T,2
Lugna baqa ugu joog, lugna dagaal.T
Lugtaneey, marba nin ku qaad.95
Lugtii jeeni dhaaftaa way jabtaa. 6
Lugtii jeeniga dhaaftaa waa jabtaa.29
Lugtii jeeni dhaafta, laftaa jabta.W
Lugtii jeeni tallawdaa waa jabtaa.3
Lugtii jeeni ka tallawdaa waa jabtaa.U
Lugtu hadday jeeniga dhaafto way jabtaa.N
Hadday lugtu jeeniga dhaafto way jabtaa.K
Lug danbeedii lug horaada dhaaftaa waa jabtaa.1
Luqun dheeraatay madax ma dhaafto.M,T,W,Y,5,101
Luquni madax ma dhaafto.V
Qoor dheer madax ma dhaafto.P
Luun lixo aragtay lixaad ma weydo.P
Luuq-luuq-maroow laasin laamigaas tagaa.44
Luuq-luuq-maroow laasim laamilays tagaa.72
Luuq-luuq-maroow laasim laamigaas imanayaa.38
Luuq-luuq-maroow laasun laamilays maraa.77
Luuq-luuq-maroow laasin laami ayaa u danbeyso.4

M

Ma anaan garan geela ariga laayay.101
Ma aniga mindiyo la ii qarshaa laygu qali doonaa?U

"Ma arag" dhaayala'aan ayaa leh, "ma maqal"na dhegala'aan.2
Ma awal baan laba ku lulayey, mase wiliqsi baan waayey?P
Ma berri baad wax fog moodday?3
"Ma cuno" dhereg ayaa leh.2
Ma cuntamaan wax kastoo macaan.Y
Ma gablamo aqal martisoor badan.Y
Ma haan haantaa arkaysa ayaa biyo ii celin?V
Ma Jaamac Jeellaa jebis riday, mise jebin baa dhacday?T
Ma kitaab iyo harag baa isu eg, mise xaq iyo baaddil?3
Ma noola, mana dhiman.Y   *eeg* Ruux aan geeri...
"Ma rabtaa?" raqiis weeye, "ma haysaa?" qaali weeye.V
      "Ma haysaa?" qaali, "ma rabtaa?" raqiis.P
Maahmaah iyo meselba meel bay ku socdaan.34
      Maahmaahyo iyo masallo meel bay ku jeedaan.56
Maahmaahe isu maahmaahaa jira.16
Maal isku-dhaaf ma leh.Y
Maal nin leh baa dhaqa.T
Maal yar iimaankaa lagu kabaa.Y
Maalin iyo habeen kala mudan.T
Maalintii col loo joogo labo nin lalama tashado — fuley iyo
geesi ee waxaa lala tashadaa nin caaqil ah.T
      Maalintii dagaal la joogo laba nin lalama tashado —
      fulay iyo geesi ee waxaa lala tashadaa nin caaqil ah.H
      Marka colaadi jirto laba lalama tashado — geesi iyo fule,
      waxaa lala tashadaa nin caaqil ah.V
      Maalintii col la joogo fulay "inoo tali" lama yiraahdo,
      geesi "inoo tali" lama yiraahdo ee nin caqli leh baa la
      yiraahdaa "inoo tali".G
Maalintii oday-oday baa loo harsadaa, habeenkiina habar-habar
baa loo hoydaa.95
      Maalintiina oday-oday baa loo shiraa, habeynkiina habar-
      habar.K
      Waxaa loo wada socdaa maalintiina oday-oday, habeen-
      kiina habar-habar.94
      Habeenkii habar-habar, maalintiina oday-oday.V
Maalis aan wado oo mooro dameeraad aan ka baxo, dameer-
maalis baan ahay.T

Maalkaagu "hay bixin" buu ku yiraahdaa, "haddii aad i bixisana
haygu daba dhiman".P
Maamuuskeena ayaa xoolo oo dhan inoo dhaama.T
Maan dad waa mudacyo afkood.3
   Maan dad waa mudacyo caaradood.T
Maangaab iyo maanlaawe midna maanso lama weyddiiyo.16
Maangaab maalkii iyo maalintiiba laaban.N
Maangaab meel-ka-dhac waa leeyahay, meel-u-dhacse ma
laha.N
Maansada ninna waa dhaxlaa, midna dharab ayuu u helaa.35
Maantana far baan maydhayaa, ha ii fadhiyo geelu.N
Maanyo hoosteeda maad uma iman.T
Maaweelo ma bogsiiso meel ku bukta.W
Maba dhalane dhawrsan okaa!T
Maba lulatee maxay leeftaa?W
Macal-cune soo bixi doonee.M,Y,3
   Macal-cune muuqan doonee.T,W
   Macal-cune la arki doonee.2
Madaal meel u yaal buu ka beegmaa.3
Madaal mar waa sarniin, marna waa sarbeeb.34
Madax aanad lahayn miyirkiisa laysma saaro.M,T,W
   Madax aanad lahayn maankiisa laysma saaro.V
Madax ka kor meel la salaaxo ma leh.Q,9,43
   Madax meel ka sarreysa oo la salaaxo ma jirto.T
   Madax meel ka sarreyso oo la salaaxo ma jirto.2
   Madax meel ka sarreysaa oo la salaaxaa ma jirto.W
   Madax meel ka sarreysoo la salaaxaa ma leh.1
   Madax meel ka sarreysa lama salaaxo.U
   Meel madaxa ka sarreysaa oo la salaaxaa ma jirto.P
   Madax meel ka sarreysaa oo la taabtaa ma jirto.V
   Meel madax ka sarreysa oo la taabto ma jirto.C
   Madax meel ka sarreyso oo la taabto ma leh.40
Madax madow baa miyir ku dambeeyaa.P
Madax muslin iyo madax munaafaq meel bay wada yaalliin.M
Madax muuqda iyo mindi saawir ah midna lagama samro.P,Y,1
   Madax muuqda iyo middi saawir ah midna lagama
samro.3,7

Madax muuqda iyo mindi saawir ah midna lagama quusto.T
Mindi saawir ah iyo madax muuqda lagama samro.40
Mindi saawir ah iyo madax ku ag jooga midna lagama quusto.V
Madax wadkiis waa carrab.T
Madaxaaga iyo manjahaaga toona lagama boodo.N   *eeg* Dantaada iyo madaxaaga...
Madaxii loo xiirayo meel kastaa loo jeedshaa.Y
Ma-dhinte waa Alla.V
Madi isma yeelyeesho.P
Magaalo qayrkaana u cay, adna ha dayn.M,T
   Magaalo qayrkaana u cay, adiguna ha daynin.W
   Magaalo qayrkaana waa loo caayaa, adna lama daayo.I
Magac iyo lacag dadka waa dooriyaan.Y
Magac iyo masiibaba maalin bay baxaan.1
   Magac iyo masiibo maalin bay dhacaan.T
   Magac iyo musiibaba maalin ayay baxaan.2
Magac miskiin lagama aha.P
Magacaaga wax badan baa yaqaan, muuqaagana wax yar baa yaqaan.O
Magac-sami waa sidii dhalanteedka, markii loo dhowaado waa sii durkaa.Y
Magan tolkaa kula bariin iyo marti afadaadu kula soorin midna looma taag helo.V
Magefe waa Ilaah.T
Maggaabo geel gelin bay ku waddaa.P
Majo ari hawl u qaybsan.P
Malab haddaad noqoto waa lagu leefleefaa.T   *eeg* Ha noqon malab..., Haddii aad wada macaanaato...
Mallay intaas dufin aa la kariyaa.Y
Mallay maanyo ku jiro dheri looma saarto.Y
Mana-wasni, warna i raac.T
Manfacaad dhigataad maraxiisa heshaa.T
Manjo dhooqo midba mar baa la baxshaa.T
   Majo dhooqo marba mid ayaa la siibaa.36
Ma-nooge baa raxan leh, ma-quuste baa reer leh.T
Maqal-sheeg waa been-sheeg.T

Mar caloosha ayaa laga dhergaa, marna caqliga.2
Mar i dage Alle ha dago, mar labaad i dagese anaa dagan.N
Mar i dage Allah ha dago, mar labaad i dagese anaa dagan.Y
Mar i dage Alla ha dago, mar labaad i dagese anigu ayaa is dagay.23
Mar i dage Alla ha dago, laba jeer i dagana anaa is dagay.1
Mar ku dago isagaa Alle dag ah, mar labaad ku dagase adigaa Alle dag ah.12
Kol ninkii ku daga isagaa Alle dag ah, kol labaad hadduu ku dagana adigaa Alle dag ah.T
Nin mar haddii uu ku dago Alla ha dago, haddii mar labaad ku dagana adaa dagan.V
Mar i dage Alla ha dago.2
Marba meeshaad joogtid baa camalkeeda la yeeshaa.T
Mar-dhoof iyo mar-duul baa dad ugu hadal badan.T
Marka ay baahato ayay Alla taqaannaa.V
Marka horana dhib, kaddibna dheef.Y
Marka Maxamed la arkaa Shire Mire maslaxad yahay.T
Markaad carruur dhashaa ciso waalid garataa.Y
Markaad fagaaraha ka fog tahay ayay faallada ku bannaan tahay.Y
Markaad fog tahay baa faallo ku bannaan tahay.Y
Markaad kaliil aragtid roob filo.T
Markaan hilib ahaana waad i laysatay, markaan laf noqdayna waad i tuurtay.Y
Markay boogta reysataa takhsiguna tagaa.Y
Markay dhillaysi dhaaftay, dallaalay-dhillays u dallacday.Y
Markii aan tamar hayayna talo ma hayn, maantoon talo hayana tamar ma hayo.T
Markaan tabar hayay talo ma hayn, maanta oo aan talo hayo tabar ma hayo.P
Markaan naf hayayna talo ma hayn, haddoon talo hayana naf ma hayo.3
Markii naf la hayey talo lama hayn, hadda oo aan naf la haynna talaa la hayaa.26

111

Markii tabar la hayay talo lama qaban, maantoo aan tabar la hayn talo maxay tarin? 80

Markii tabar la hayay talo lama qaban, maantoo aan tabar lahayn talo maxay qaban?80

Markii bari loo booduu bugux u boodaa.T

Markii ceelalyo heshiisaa reer guri biyo cabbaa.3

Markii ceelalyo heshiiso baa reer guri biyo cabbaa.X

Markii cir da'ayo ayaa la doogtaa.8

Markii dhul dhergo yaa laga dhergaa.C

Markii geel loo heeso yuu dameerro u heesaa.T

Markii halista laga soo wada gudbo, nin kasta guul buu sheegtaa.Y

Markii madaxa meel lala helaa manjaha meel lala doontaa.T

Markii rays dhoobmaa talo dhoobantaa.B,G

Markii la xoolo beelo wadaadnimo lama sheego, markii la xoolaystase wadaadnimo waa luntaa.Y

Marmarsiinyaa muska noo galay.T

Marna beeni aqal ma dhisto.Y

Maroodi ilmihiisa inuu caano ka dherjiyay ayaa loo haystaa, inuu gaajo ku dilayna waa dhici kartaa.2

Maroodi intuu mir ka gooyo maroorkiisa ayay ka jeeban tahay.2

Maroodi intuu miro ka gooyo maroorkiisay ka go'an tahay.1

Maroodi wuxuu mir ka gooyo maroorkiisa ayay ka jeeban tahay.47

Maroodiyow, intii aad mir ka gooyso maroorkaaga ayay ka go'an tahay.8

Maroodiyow, waxaad mir ka gooyso maroorkaaduu ka jeeban yahay.34

Maroodi kaa xoog badan habaar laguma dilo.Y

Maroodi ood-jiid ayuu iska reebaa.2

Maroodiga iliggiisaa dhaamo.Y

Maroodigaba kama daalo ilig dheer inuu.sido.Y

Maroodigu takarta saaran ma arkee kan kale tan saaran ayuu arkaa.T

Maroodigu takarta saaran ma arkee tan kale saaran buu arkaa.X

Maroodigu takarta saaran ma arkee ta kale saaran buu arkaa.W

Maroodigu takarta saaran ma arkee kan kale ta saaran buu arkaa.11

Maroodigu takarta saaran ma arkee ta kaluu arkaa.33

Maroodigu takarta saaran ma arkee kan kale takarta saaran buu arkaa.3

Maroodigu takarta saaran ma arkee maroodiga kale tan saaran buu arkaa.P

Maroodigu takarta ku joogta ma arkee tan kan kale ku joogtuu arkaa.N,Y

Maroodigu takarta fuushan ma arko ee ta fuushan maroodiga kale ayuu arkaa.V

Maroodi takarta saaran ma arko, laakiin tan kale takarta saaran ayuu arkaa.2

Maroodi takarta saaran ma arko ee kan kale tan saaran buu arkaa.1

Marti badan iyo baryo badanba waa laysku nacaa.N

Marti iyo meydba waa la muquunshaa.M,T,W

Meyd iyo martiba waa loo taliyaa.3

Mayd iyo martiba waa loo dadaalaa.3

Marti loo qaday in lala qabo ayay mooddaa.M,T,V

Marti loo qaday in lala qabay mooddaa.W

Marti soori mooyaane su'aal ma leh.Y

Martida hore martida dambay ka naxdaa.T

Martida hore reerkaa ka naxa, martida dambana iyadaa iska naxda.101

Martiyeey, war-qab ogow.3

Mas abur dhalay iyo abur mas dhalay.W

Mas baa abur dhala.11

Mas madaxaa laga dilaa.T,W

Masaar geed ma gooysee geed kalaa ku gooya.6   *eeg* Dhirta masaartii...

Masaari geed ma gooyso ee geed kalaa ku gooya.1

Masaar geed ma gooyso ee geed kalaase ku gooya.T

Masaar geed ma gooyso ee geed kale ayaa geed gooya.13

Masaar geed ma gooyso ee geed ayaa geed kale gooyo.2

Masayr dawo ma leh.Y

Masayrrow maskax ma leh.T
Maskaxdu miyir bay u magan tahay.P
Masku intuusan kugu candhuufin ayaa lagu candhuufaa.T
    Masku intuusan kugu candhuufin baa lagu candhuufaa.3
    Mas intuusan kugu candhuufin baa lagu candhuufaa.P
    Aburku intaanu candhuufta kugu tufin baa lagu tufaa.J
Masugto meher ma leh, ninkeedana marqaati ma galo.2
    Makorato meher ma leh, ninkeeduna markhaati ma galo.T
    Masugto meher ma leh.P
Mataano jecel bay isu qaadaan, tabardarrana way isula dhacaan.75
    Mataano kalgacayl ayay isku qaadeen, tabardarrana way iskula kufeen.46
Ma-tabcade ma taanaado.16
Matag meeshaad doonayso kuguma simo.M,Y
    Mantag meeshaad doonayso kuguma simo.5
    Matag meesha aad rabto kuma gaarsiiyo.P
    Matag iyo fooli midna meel kuguma simo.V
    Matag meel kuguma simo.W
"Maxaad qabtaa?" qalbigay u roon tahay.O
Maxay ku nuugtaa, maxayse ka nuugtaa?15
    Maxay ka nuugtaa, maxayse ku nuugtaa?P
    Maxay ku nuugtaa ama ka nuugtaa?T
"May tidhi?" waa kayd rag.F
Meel aan danaysi ku jirin dembi ma jiro.T
Meel aan rag joogin Rabbi ma joogo.37
Meel aanad seexanayn laguma luloodo M,T,W
    Meel aanad seexanayn laguma lulmoodo.M,Y
    Meel aadan ku hurdaynin laguma kamayoodo.75
Meel aar ka kacay atoor fadhfadhiisay.T
    Meel aar ka kacay atoor fadhfadhiistay.W
Meel biyo badan ninkii dego waa inuu dabaal barto.Y
Meel boqor joogo gacantaadaa la ilaashaa, meel caalin joogana carrabkaaga, meel weli joogana niyadaada.V
    Meel boqor joogo gacantaadaa la ilaashadaa, meel caalin joogana carrabkaaga, meel weli joogana qalbigaaga.F
Meel carabi kaa xigto maro marani ha kaa xigto.66

Meel caws lihi abaar ma aha.T
Meel col maray caymo ma leh.X,3
Meel dayax joogo xiddigo wax kama ifiyaan.3
Meel dooro ka yeertay duur ma ahan.2
Meel gacal gaaro gacan ma gaarto.1
Meel hal lagu qalay mana hilib yara, mana hadal yara.P,7
Meel hal lagu qalay ma hadal yara, mana hilib yara.L
Meel "hoo" u baahan hadal wax kama taro.P,1,3,4,99,101
Meel "hoo" u baahan hadal waxba kama taro.6,35,54
Meel "hoo" u baahan hadal wax kama keeno.62
Meel "hoo" doonaysa hadal wax kama taro.M,T,50
Meel "hoo" doonaysa hadal waxba kama taro.F,V,W
Meel "hoo" doonaysa hadal wax kuma taro, meel hadal
doonaysana "hoo" wax kuma tarto.G,Y
Meel hadal u baahan "hoo" wax kama tarto.P
Xaajo "hoo" u baahan hadal wax kama taro.54
Meel il laga la'yahay haddaad tagto, il baa layska ridaa.1,3,7
Meel il laga la'yahay haddaad tagto, ilnaa layska ridaa.P
Dhul lagu indho la'yahay haddaad tagto, indhahaa layska
ridaa.N,Y
Haddaad tagtid waddan il laga la'yahay, il baa layska
ridaa.101
Haddii aad timaaddo meel dadku il qudh ah leeyahay,
adna mid iska rid.V
Haddaad magaalo laga wada il la'yahay timaaddo, il baa
layska ridaa.Y
Haddaad magaalo laga wada il la'yahay timaaddo, il baa
layska tuura.T
Meel lagaa jecel yahay haddaad ka tagtid, meel lagaa neceb
yahay ayaad tagtaa.T,4
Meel lagaa jecel yahay haddii aad ka tagto, meel lagaa
neceb yahay ayaad tagtaa.2
Meel lagaa jecel yahay haddaad ka tagto, meel lagaa
neceb yahaad tagtaa.P
Meel lagaa jecel yahay haddii aad ka tagto, meel lagaa
neceb yahaad tagtaa.1
Meel ugaas lagaaga yaqaan haddii aad ka tagto, meel
lagaa neceb yahay ayaad tagtaa.2

Meel leg lagu cunay lafo laguma ruugo.T
Meel maskax looga baahan yahay murug wax kama taro.Y
Meel mir ku da'ay mooro kuma baaba'do.T
Meel saantaadu ku badan tahay suuraddaadaa ku lunta.1
Meel siday u taallo ayaa loola yaallaa.T
    Meel siday u taal baa loola yaal.1
    Meel say u taal ayaa loola yaal.2
    Meel waliba siday u taal ayaa loola yaal.6
Meesha kama-tage, waxna kama-tare.T,U
Meeshaad ku qoydid ayaa lagu qalalsadaa.T
    Meeshii lagu qoyo waa laga qalalsadaa.Y
Meeshaad madaxaaga geysid waa laga muuqdaa.Y
Meeshaad madaxeeda tahay manjaheeda layskama dhigo.T
    Meeshaad madaxeeda tahay majaheeda layskama dhigo.P
    Meel aad madaxeeda tahay majaheeda layskama dhigo.2
    Arrin aad madaxeeda tahay mijaheed lama noqdo.78
Meeshaad nin ka qaadaneysid nin baad kaga tegaysaa.T
    Meeshaad nin ka qaadanaysaba nin baad kaga tegaysaa.K
Meeshii aabbahaa rati uga dheeliyo adigana wuu kaaga
   dheeliyaa.8
Meeshii cirka laga filayay yaa ciiryaamo ka timid.T
    Meeshii roob laga sugayay ayaa ceeryaamo ka timid.8
Meeshii ciyaar jirto carruurna ka eeg.Y
Meeshii dhiig ku daato mandheer baa la dhigaa.101
Meeshii iftiin soo galo mugdi wuu ka baxaa.T
Meeshii Ilaahay wax ka wado dameerahaa weylo dhala.95
Meeshii madax jiro ayay majo u laabmaan.40
Meeshii xinjir lagu bururiyo xab ayaa lagu bururiyaa.V
Meeshii xoolo maraan baa xeer maraa.3
Meher garoob iyo makhrib daruur lehba waa la dib dhigaa.3
Meyd la sido mindi-gelin ma dhibsado.Y
Meydka waa la aasaa, warse waa aasmi kari waayaa.Y
Mid aan dhergi jirin markuu dhergo, calooshii-la-ciyaar buu
   noqdaa.Y
Midgaan kabo tol, kana kabo la'.T
Midho daray duudduub baa lagu liqaa.M
    Midho daray duudduub baa lagu laqaa.30
    Midhaha darayga duudduub ayaa lagu liqaa.V

Miraha darayga duudduub ayaa lagu laqaa.2
Miro berde duudduub ayaa loo liqaa.101
Midho berde duudduubkaa lagu liqaa.N
Miro berde canyayuub baa lagu liqaa.3
Miro berde canyayuub baa loo cunaa.P
Hadal sokeeye iyo midho berdaba duudduubkaa lagu
   laqaa.95
Midiidin qoodh ma aha.M,W,5
   Midiidin qoor ma aha.3
Miidaani dhego ma leh, haddii meleg dhawaaqayo.T
   Haddii malag dhawaaqayo, miidaani dhego ma leh.67
Milil dushii lama dhayo.M,5
   Milil dushiisa lama dhayo.W
Min haddaad soo gasho meela-daydaye lama noqdo, manfac
   haddii lagu siiyana murdiye lama noqdo.M,Y
   Min haddaad gasho meela-daydaye lama noqdo, manfac
      haddii lagu siiyana murdiye lama noqdo.T
   Manfac haddii lagu siiyo murdiye lama noqdo, min
      haddaad gasho meela-daydaye lama noqdo.W
Mindi calool gashay, "maxay u gashay?" lama yiraa, "seen u
   daaweynaa?" baa la yiraa.T
Mindi haddii aan meel la dhigin ma mirirto.Y
Mindi ma dilin, carrabkiisaa dilay.Y
Mindidaba waqtigaa aftira.Y
Miraba nin guraa magoolkooda leh.101
Miraha lafta leh iyo ruuxa ammaanta badan isku si baa looga
   digtoonaadaa.Y
Mirahaad dhaqataad maraxooda heshaa.T
Miro gunti ku jira miro geed saaran looma daadiyo.P,101
   Miro gunti ku jira miro geed saaran looma daadsho.T
   Miro gunti ku jira kuwa geed saaran looma
      daadsho.16,50
   Miro guntiga ku jira miro geed saaran looma qubo.10
   Miro gunti kuugu jira miro geed saaran looma
      daadsho.48
   Miro guntiga kuugu jira kuwa geed kaa saaran looma
      daadsho.12
   Miro gunti ku jira miro geed ku yaal looma daadsho.1

Miro gunti ku jira miro geed ku yaalla looma daadiyo.4
Midho gunti ku jira kuwo geed ku yaal looma
daadsho.101
Miro geed saaran miro guntiga kuugu jira looma
daadsho.Y
Midho geed saaran midho gunti ku jira looma
daadiyo.M,W
Midho geed saaran midho guntiga kuugu jira looma
daadsho.N
Miro gacanta kuugu jira kuwo geed saaran looma
dhaafo.101
Miro faraq ku jira miro geed saaran looma daadsho.G
Miro guntigaaga ku jira qaar geed saaran ha u daadin.V
Miro kaa fog baa kharaar lagu tilmaamaa.Y *eeg* (2)Tukulush...
Miro waxaa u kharaar ah kuwaan la gaarayn.Y
Misaaro lays barbarsafay iskuma dhacaan.Y
Misbaax mininkaaga u baahan minin dadow lama geeyo.T
Musbaax mininkaaga u baahan yahay minin kale looma
daaro.2
Miskiin baa misko la fuulaa leh.P,T,U,7
Miskiin misko la cuskado ma laha.V
Mudac iyo mindi midba meel mudan.T
Muddo maalin ka yar iyo marti nin ka yar midna lama
arag.M,Y
Marti nin ka yar iyo muddo maalin ka yar midna lama
arag.W
Mugdi habeen ma aha ee waa meel aadan aqoonin.6
Mugdi ma aha habeen ee waa meel aadan aqoonin.36
Mugdi cawo ma aha ee waa meel aadan aqoon.1
Mukulaal hilib-siin la baray ma qabsato hawsheeda.Y
Mukulaal ma mooga meeshii laga maamulayo.Y
Mukulaal markuu kacaa doolli kala didaa.Y
Mukulaal mininkeeda joogtaa miciyo libaax bay leeda-
hay.T,5,23 *eeg* Dawac aqalkiisa....
Mukulaal mininkeeda joogtaa miciyo libaaxay leeda-
hay.17
Mukulaal mininkeeda joogto miciyo libaaxay leedahay.47

Mukulaal mininkeeda joogto miciyo libaax ayay leedahay.2

Mukulaal mininkeedii joogtaa miciyo libaax bay leedahay.48

Mukulaal minankeeda joogtaa miciyo libaax bay leedahay.P,X,3

Mukulaal minankeeda joogtaa mici libaax bay leedahay.N,Y

Mukulaal minankeeda fadhidaa miciyo libaax bay leedahay.V

Mukulaal minankeeda joogtaa libaax bay is mooddaa.N

Mukulaal mininkeeday mici libaax ku leedahay.37

Mukulaasha doolliga danteeday u dabataa.Y

Mulac carruurta ciyaar bay u dishaa, isagana waa ka naf.7

Mulac carruurtu cayaar bay u dishaa, asna waa ka naf.P

Mulac carruurtu waxay u dishaa cayaar, isna waa u qur goyn.27

Mulaca carruurtu ciyaar bay u dhishaa, isna waa u qur goyn.3

Mulac waa u qur goyn, carruurna waa u qosol.T *eeg* Wiilkana waa...

Mundul gubtay mundullo kale kama naxo.T

Mundul tiirkiisa masayr baa dumiya.Y

Muraadka magaalo kaa gala, muraayad baa ka xigta.W

Muraadkaaga waa ku keenaa ee kuma sheego.35

Murtidu waa hodantinnimo, odhaahdeedna waa deeq.N,Y

Muruqa laba suul leh ninba si ku ah.N,P

Muslin-dhiboow maqrib aas dhintaa.37

Muslinow run sheeg, muslinowna run uga qaado.H

Musuqmaasuq waa malah-malah meheraddii.N

Muufo hadday kuugu xumaato, macsharaa loo beddeshaa.72

Muus marti ma sooro.T

N

Naag ama ha ku dhasho ama ha kuu dhaxdo.11

Naag been waa lagu soo xero geliyaa, runna waa lagu dhaqaa.1

Naago been baa lagu soo xero geliyaa, runna waa lagu dhaqaa.L

Naag been waa lagu xero keenaa, runtana waa lagu dhaqaa.2

Naag been waa lagu soo guri geliyaa, runna waa lagu dhaqaa.T

Naagta been waa lagu soo guri geliyaa, runna waa lagu dhaqaa.101

Naag feedh qalloocan baa laga abuuray.11

Naag iyo xoolo hadba waa kii reerka u horreeya.L

Naag kun baa koodisa iyo kow, kowgaana guursada.T

    Naag kun iyo kow bay koodisaa, kowgayna kala baxdaa.1

    Naag kun baa shukaansata, kowna way ka guursataa.11

    Gabar kun baa shukaansata, kowna waa guursataa.3

Naag la furay fadhi uma yaal, kii furayna fadqalalow.T,3

Naag nin aan u samrin kama ilmo dhalo.11

    Naago nin aan u samrin kama ilmo dhalo.26

    Naago nin u fiirsaday ilmo kama dhalo.3

Naag nin aanay rabin laguma karo, ninkay rabtana lagama karo.11

Naag nin dhali karaa dhaqi kara.T

    Naag nin dhali karaa dhaqa.1

    Naagi nin dhali karay la dhaqmi kartaa.49

    Naagi nin dhali kara way la dhaqan doontaa.49

    Ninkii ku dhali karaa ku dhaqi kara.L

Naag ninkii xariir u gogla xanan bay u gogoshaa, ninkii xanan u goglana xariir bay u gogoshaa.1

    Naaguhu ninkii xanan u gogla xariir bay u goglaan, ninkii xariir u goglana xanan bay u goglaan.3

Naag reerkay labaatanjirka dhistay lixdanjirkay dumisaa, ninna reerkiis labaatanjirka dumiyase lixdanjirkuu dhisaa.62

Naag waa balaayo loo baahan yahay.11,52

    Naagi waa belaayo loo baahan yahay.48

    Naago waa balaayo loo baahan yahay.3

    Haween waa belaayo loo baahan yahay.T

    Haween waa balaayo loo baahan yahay.P

Naag waa dhallaan raas weyn.11

Naagaha iyo carruurtaba sasabo ayaa lagu wadaa.V

Naagi nin ay taqaan nin ma mooddo.1 *eeg* Naago nin ay
yaqaannaan...
>Naagi nin ay taqaanno nin ma mooddo.101
>Naago nimay yaqaannaan rag ma moodaan.49
>Naago nimay yaqaannaan nin ma moodaan.31

Naagi nin qaawiya kama quusato.49
>Naag nin qaawiyey kama quusato.11
>Naago nin qaawiyey iyo nin yaraan koriyey midna kama
>quustaan.W

Naagi ninkay jeceshahay "nacasyahow" tiraa.1
Naagi waa miro geed saaran.32
Naagi waa tii hadalkaaga maqasha, hantidaadana dhawrta.7
>Naagu waa tii hadalkaaga maqasha, hantidaadana
>dhowrta.P
>Naagi waa tii hadalkaaga yeesha, hantidaadana
>dhowrta.52
>Naag waa tii hadalkaaga yeesha, hantidaadana dhawrta.52
>Naagi waa ta halkaagana maqasha, hantidaadana kuu
>dhawrta.T
>Naagi waa tii halkaaga maqasha, hantidaadana dhaqaa-
>leysa.63
>Naago waxaa u fiican tii halkaagana maqasha, hanti-
>daadana kuu ilaalisa.3

Naagi yaraan guur kuma laha, ragna ficil yaraan kuma laha.32
Naagla'aan waa nafla'aan.P
>Naagla'aani waa nafla'aan.T
>Naagla'aan waa nololla'aan.11

Naago abaal ha gelin, amaahse ha u diidin.W
Naago ama u samir, ama ka samir.T,9
>Naago ama ka samir, ama u samir.3
>Naago ka samir ama u samir.26
>Naag ama ka samir, ama u samir.11
>Naag ka samir ama u samir.1
>Naag ama u samar, ama ka samar.P
>Naagi waa ka samir ama u samir.63
>Naag waa ka sabar ama u sabar.52
>Dumar ama u samir, ama ka samir.N,30
>Dumar waa ka samir ama u samir.W

Naago ba'ooda ayay ka sheekeeyaan, ragna badhaadhihiisa.V
eeg Rag bi'iisuu...
Naago fool waa illaawaan.T
    Naago fool waa illoobaan.3
Naago geel ka baxsaday nabastooday ka dayaan.T   *eeg* Hal
geel nimay...
Naago hiil ha ka sugin.26
Naago hoosiis bay har moodaan.3
    Naago hoosiis ayay hadh moodaan.V
Naago iyo riyo toona looma dhutiyo.27
Naago iyo riyoba diifta ayay isku eryadaan.V
Naago nin ay legdaan kama kacaan.T,W   *eeg* Doqon iyo
naag...
    Naago nimay legdaan kama kacaan.27
    Naagi nimay legado kama kacdo.49
    Naagi ninkay legado kama kacdo.V
Naago nin ay yaqaanniin col ma moodaan.M,Y,5   *eeg* Naagi
nin ay taqaanno...
    Naago nin ay yaqaannaan col ma moodaan.W
    Naago ninkay yaqaanniin col ma moodaan.T
    Naag nin ay taqaanno col ma mooddo.11
    Naagu nin ay taqaan col ma mooddo.P
Naago ragna waa u wada ciidaan, geela u wada caano.41
Naago waxaa u liita cirteed-bogato iyo casar-seexato.V *eeg*
Rag waxaa u liita calooshii..., (3) Naagaha laba...
    Naagaha cirkeed-bogatiyo casar-seexataa u daran, rag-
gana calooshii-la-cayaar iyo ciil-kama-baxaa u daran.94
Naago yaraan ma leh.P,7
    Naago yaryaraysi ma leh.31
    Naago yaryaraysi ma laha.V
    Naag iyo dheri yaryaraysi ma leh.49
    Dheri iyo naago toona yaryaraysi ma laha.W
    Naago yaraan kuma awr qaadi waayaan, xaarna yaraan
kuma uri waayo.29
Naagta carrabkeeda waa seef marna aan mirirayn.Y
Naagta gaaridda ah gurigeedaa lagu gartaa.Y
Naagta soomaaliyeed ee afka carabta taqaan waa dhillo.Y
Naagtaadoo kaa warrantay waa maradaadoo kaa warrantay.1

"Naagtayda iyo tolkayga way xun yihiin" midna lama yiraahdo.T

"Tolkay baa xun" iyo "naagtaydaa ii daran" midna shir lalama yimaaddo.3

Naagtii ninkeeda diidda nin kale ayay hoosta ku waddaa.8

Naagtu markay guriga ka maqan tahay labada indhood buu la'yahay gurigu, laakiin ninku markuu maqan yahay il buu la'yahay gurigu.11

Naaska uu iga taabtay walaalkay mar walba waa saan ka dhigtaa.80

Naaska walaalkay taabtay kolba waa sidaan ka dhigtaa.N

Naaska walaalkaa qabto kolba waa sidaad ka dhigataa.V

Naaska walaalkaa taabtaa hadba waa sidaad ka dhigataa.95

Naaska ina-adeerkay qabta hadba waa saan ka dhigto.27

Nabad baa caano macaan.T

Nabad markay jirto caanaha waa dhay.Y

Nabad doon oo cuqaal iyo culimo u dir haddaad ku weydo, waran caaradii waa lagamamaarmaan; dab doon oo aroos iyo aqal ummuleed ka day haddaad ku weydo, madagi waa lagamamaarmaan.101

Nabad go'day ma xidhanto.T

Nabad iyo colaadba carrab baa keena.Y

Nabaddaada waa carrabkaaga.Y

"Nabad" iyo "nabad" ayaa shaah iyo is-wareysi ku yimaad-daan.Y

Nabad la tuugay nabad ma aha.1

Nabad waa la dhistaa, colaadna waa la kala dhaqaaqaa.21

Nabad waa lagu hirtaa, colaadna waa laga haajiraa.21

Nabad waa lagu tarmaa, colaadna waa lagu tirmaa.21

Nabadgelyala'aan lama ledo.N,Y

Nabadi waa dheef lagu naaxo, nin dhug laana og.21

Nabadi waa geel xeradi iyo rag gogoshi.21

Nabadi waa sahaydaadood suxul ku sidato.N,Y

Nabar doogi ma hadho.N

Nabar la filayay naxdin ma leh.T,Y

Nabsi bil ha jiro, boqolse ha jiro, ishaa baalkeed ka dhaw.N

Nabsi naar ka kulul.1

Nabniin naarta waa ka kulul yahay.T
Nacas nacas dhalay.U
Nacas waran sita waran buu is moodaa.Y
Nacas-iska-yeel laguma nabdoobo.Y
Nacasnimo doqon wejigiisaa laga akhristaa.Y
Nacayb ishaa laga gartaa.Y
Nacnaci ninkeed dilootay.T
Naf Ilaahay leh looma dardaarweriyo.3
    Nin Ilaah leh looma dardaarweriyo.20
Naf walba naftaada laga maseeyaa.T
Nafeey, nin ku doonay ku waa.94
Nafta geed ma surna.T
Naftaada ka qaad, naf walaalkaa sii.P
Nafti-gabe naf kale ma kalkaalo.T
    Naftiis-gabe naf kale ma kalkaalo.U
Naftii Ilaahay bixinayo ninna ma joojin karo, tii uusan dilaynna
    libaax labadiisa daan ayuu ka badbaadiyaa.T
Naftu nin u roon raacday.3
Naftu orod bay kugu aammintaa.P,1
    Nafta orod bay kugu aammintaa.2
    Naftaa orod bay kugu aammintaa.3
Nasiib baa nasiib keena.Y
Nasiib layskuma dheefo, dadaal baa lagu daraa.Y
Nasiib markuu Ilaah qaybinayo kan hurdo waa ka boodaa.Y
Nasiib waxaa ah dibigoo kuu dhalo.Y
Naxariisla'aan waa naar gabalkeed.1
Naxariistaba marmar bay kaa dartaa.Y
Neef ari ah Xamar waa ku keenaa, neef geel ahna kaama
    cesho.T
Neef gowracsan geedo kama waabto.1
    Neef la gowracay geedna kama waabto.T
Nimaad... *eeg* Nin aad...
Nimaan... *eeg* Nin aan...
Nimankii doorshaan horseed u yahay xaar bay dardaraan.T
Nimba... *eeg* Ninba...
Nin aad dhashay kuma dhalin.T,W,1,14,26,56
    Nimaad dhashay kuma dhalin.P,V,2,4,6,33
Nin aad fadhi kaga adag tahay looma sare joogsado.T,Y,1,9

Nin aad fadhiga uga adag tahay looma sare joogsado.Y
Ninkaad kaga adag tahay fadhiga looma sare joogsado.A
Nin aad fadhi kaga adag tahay looma sare kaco.101
Nin aad fadhiga uga adag tahay looma istaago.14
Nin aad (Nimaad) gacan ka baqaysid baac buu kaa baqayaa.3
  eeg Ninkaad taako....
Nin aad (Nimaad) jeceshahay ceebtiisu kuuma muuqato.N,Y
Nin aad (Nimaad) jeceshahay eydiisana jeclow.T
    Ninkii aad jeceshahay eeygiisaa la jeclaadaa.P
    Ninkaad jeceshahay eeygiisana waa la jeclaadaa, ninkaad
    neceb tahayna eeygiisana waa la necbaadaa.2
Nin aad kabtiisa toleysid oo karfantaada tolaya.101   *eeg* Nin
  baad baantiisa...
    Nimaad kabtiisa toleysid oo kafantaada tolaya.N
    Nin baad kabihiisa toleysaa oo kafantaada tolaya.T
Nin aad la talisay ku tuhunsay, nin aad tuugtayna ku
  tanaadsay.1
Nin aad looggiisa waddo oo laabkaaga wadaa jira.101
Nin aad (Nimaad) taqaan waad la joogtaa.H
Nin aad taqaan "yaad tahay?" lama yiraahdo.14,28,31
    Nimaad taqaan "yaad tahay?" lama yiraahdo.4,23
    Nin aad taqaannid "yaad tahay?" lama yiraahdo.T
    Nin aad taqaan "yaad tahay?" lama yiraa.1
    Nin aad taqaannid "yaad tahay?" mala yiraahdo.37
Nin aad taqaannid haddaad marada ka soo rogtid waa kiisii.T
  eeg Hadduu ruux seexdo...
Nin aad (Nimaad) taqaannid kaama maqna.3
Nin aad u qurux badan naagtaada uga cabso, nin aad u fool
  xunna naftaada uga cabso.42
Nin aad waxar ka dooneysid weyl baa la weyddiistaa.T
Nin aammusan ama waa nacab, ama waa nacas.2
Nin aan aarsan aabbe ma dhalin.T   *eeg* Nin aan (Nimaan)
  diririni...
    Nin aan (Nimaan) aarsan uur hooyadii ayuu ku jiraa.2
Nin aan aarsan waa ibtiloobaa.Y
Nin aan bakhtiinini ma baxnaanin.M
Nin aan baqin waa loo baqaa.P,1,28   *eeg* Ninka aan biqin...
    Nin aan biqin waa loo baqaa.14

125

Nin aan isu baqin waa loo baqaa.T
Ninkaan baqin waa loo baqaa.Y
Nin aan cilmi lahayn waa carruur.Y
Nin aan (Nimaan) diririni habari ma dhalin.88   *eeg* Nin aan
aarsan...
Nin aan dhaxal reebin waa dharas.Y
Ninkaan dhaxal reebin waa dharas.A
Nin aan (Nimaan) dhididini ma dhergo.T,9
Nimaan dhididin ma dhergo.42
Nin aan dhididin ma dhergo.P
Nimaan dhididin ma helo dheef.S
Nin aan (Nimaan) dhul marini dhaayo ma leh.A,T,17,23,28
Nimaan dhul marin dhaayo ma leh.2
Nimaan dhul marinu dhaayo ma leh.H
Nimaan dhul marini dhaayo la'.Y,10
Nimaan dhul marin dhaayo la'.L,101
Nin aan dhul marini dhaayo ma leh.F,P,1,16
Nin aan dhul marini dhaayo la'.M,W
Nin aan dhul marini dhaayo ma arag.101
Nin aan (Nimaan) dulqaadasho lahayni waa geel aan horweyn
lahayn.N
Nimaan dilqaadasho lahayni waa geel aan horweyn
lahayn.Y
Nin aan fahmin hadal feero ku jira kan faruuryaha saaranna ma
fahmo.1
Nimaan hadal feero ku jiro garan mid faruuryo saaranna
ma garto.25
Hadal uur ku jira nin aan garan ma garto mid af ka soo
baxay.28
Nin aan guursanini gogol fiican ma seexdo.T
Nin aan guursanini gurbood ma dhalo.T
Nin aan hadlin habartiina wax ma siiso.Y,45
Nimaan hadlin habartiina wax ma siiso.T
Nin aan hadlan habartiina wax ma siiso.V
Nimaan hadlan habartiina wax ma siiso.9
Nin aan hadlin hooyadiis wax ma siiso.28
Ninkaan hadlan hooyana wax ma siiso.I
Nin aan hanti lahayn dumar ma haweystaan.Y

Nin aan haween lahayni hawl kama nasto.T
Nin aan (Nimaan) hawraartiisa hore ku deeqini hadalkiisa dambe kuuma dhadhamo.N
Nin aan intaada kuu dhowrin intiisa kuma siiyo.L
Nin aan ku aqoon kuma tixgeliyo.P
   Nin aan (Nimaan) ku aqooni kuma temmedo.N
Nin aan (Nimaan) kula jirin wuu kaa jiraa.41
Nin aan kuu furi doonin yuusan kuu rarin.T,1,8   *eeg* Ninkaan kuu xiiri...
   Nimaan kuu furi doonin yuusan kuu rarin.2
   Nin aan kuu furi doonin yuu kuu rarin.P
   Nin aan kuu furayn yuusan kuu rarin.75
   Nin aan kuu furayn yuu kuu rarin.V
   Nin aan kuu furaynini yuu kuu rarin.W
   Nimaan kuu furi doonin yaanu kuu xidhin.33
   Nin aan kuu rarin yuusan kuu furin.26
   Nin aan kuu rari doonin yuu kuu furin.38
Nin aan kuu tudhayn ha ka talo qaadan.V
Nin aan (Nimaan) nixini kalgacayl ma geysto.N,Y
Nin aan (Nimaan) rabbaayad qaadan Rabbigii ma garto.N
Nin aan qooq dilin maroodi ma dilo.K,M,P,T,V,W,5   *eeg* Qooq ma jabee...
   Nin aan qooq dilin libaax ma dilo.Y
   Nimaan kibir jebin maroodi ma jebiyo.3
Nin aan quus aqooni isagaa iska quusta.H
   Nin aan quus aqooni isagaa quus ah.101
   Nin aan quus aqoonini isagaa quus ah.101
Nin aan run sheegin been baa u qarsan.1
   Qofkaan run kuu sheegin been baa u qarsoon.101
   Run ninkii sheegi waayo beenaa u kaydsan.67
Nin aan shantaadu kaa reebin sharci kaama reebo.T,31   *eeg* Nin aan waran..., Labaatanjir aan waran...
   Nin aan shantaada kaa reebin sharci kaama reebo.62
   Nimaan shantaada kaa reebin sharci kaama reebo.6
   Nin aan shantu kaa reebin sharci kaama reebo.14
   Nin aan shani kaa reebin sharci kaama reebo.16
   Nin aan shantaada kaa celin sharci kaama celiyo.25
   Nin aan shantaadu kaa celin sharci kaama celiyo.1

Nin aan shantu kaa celin sharci kaama celiyo.48
Ninkaan shantaada kaa reebin sharci kaama reebo.55
Shanta nimaadan iskaaga dhicin sharci kaama reebo.2
Nin aan shaqaysan shaahi waa ka xaaraan.P   *eeg* Ninkii
shaqaysta...
Nimaan shaqaysan shaah waa ka xaaraan.81
Ninkaan shaqaysan shaah waa ka xaaraan.Y
Nin aan shaqayn shaahi waa ka xaaraan.T
Nin aan talin jirtin hadduu taliyo, nin aan tegi jirin baa taga; nin
aan qaybin jirin hadduu qaybiyo, nin aan qadi jirin baa qada.P
Nimaan talin jirin hadduu taliyo, nimaan tegi jirin baa
taga; nimaan qaybin jirin hadduu qaybiyo, nimaan qadi
jirin baa qada.3
Nimaan talin jirin hadduu taliyo, nimaan tegi jirin ayaa
taga; nimaan wax qaybin jirin hadduu qaybsho, nimaan
qadi jirin ayaa qada.T
Nin aan talin jirin hadduu taliyo, nin aan tegi jirin baa
taga.1
Nin aan talin jirin hadduu taliyo, nin aan tegi jirin ayaa
taga.61
Nin aan talin jirin haddii uu taliyo, nin aan tegi jirin ayaa
taga.86
Nin aan talin jirin hadduu taliyo, nin aan tegi lahayn ayaa
taga.28
Nin aan talin jirin markuu taliyo, nin aan tegi jirin ayaa
taga.33
Nin aan qaybin jirin haddii uu qaybiyo, nin aan qadi jirin
baa qada.48
Nin aan tashan looma tasho.O
Nin aan tashan waa loo taliyaa.28
Nin aan (Nimaan) waran kaa reebin weedhi kaama reebto.27
eeg Nin aan shantaadu..., Labaatanjir aan waran...
Nin aan (Nimaan) warankaagu gelin warkaagu ma galo.T,Y
Nimaan warankaa gelin warkaa ma galo.L
Nin aan warankaagu gelin weedhaadu ma gasho.M,101
Nimaan warankaagu gaarin wedhaadu ma gaarto.27
Nin aan (Nimaan) wax garan lalama garramo.T

128

Nin aan (Nimaan) wax jooga garani waxa soo socda ma garto.N,Y
    Nin aan waxa jooga garani waxa soo socda ma garto.T
    Nin aan waxa jooga garanini waxa soo socda ma garto.W
Nin aan (Nimaan) waxa soo socda garani waxa jooga ma garto.9
    Nin aan waxa soo socda garan waxa jooga ma garto.5
    Nin aan waxa soo socda garanini waxa jooga ma garto.M
    Nimaan waxa soo socda ka talin waxa jooga kama taliyo.3
Nin aan weedh sugini waran ma sugo.M
    Nin aan weedh sugini waranna ma sugo.31
    Nin aan weer sugini waran ma sugo.T
    Nimaan weer sugini waran ma sugo.9
    Nimaan weedh kaa sugin waran kaama sugo.33
    Nin aan weedhaada sugini warankaaga ma sugo.W
    Nimaan hadal sugini waran ma sugo.3
    Hadal nin aan sugini waran ma sugo.28
Nin aan (Nimaan) xishoonini waa ximaar.T
    Nin aan xishoonin waa dameer.Y
Nin aan (Nimaan) yaab arag yaab loogama sheekeeyo.T
Nin aanad saacad ku baran sannad kuma baratid.W,Y   *eeg*
    Ninkaad beri...,   Ninkaad gelin...
    Nin aadan saacad ku baran sannad kuma baratid.31
    Ninkaad saacad ku baran wayso sannad kuma baratid.2
    Ninkaad saacad ku baran weydid sannad kuma baratid.O
Nin abeeso dilay waa nin afartan gaal dilay.Y
Nin abkaa iyo asuulkaa yaqaan yaa lafahaaga astura.94
    Ninkii luddaada yaqaan baa lafahaaga astura.2
Nin adoogiis jiro aw ma noqdo.T
Nin af leh ayaa abaar ka baxa.M,T,W,5
    Nin af leh ayaa abaar ka baxo.5
    Nin af leh yaa abaar ka baxa.Y
Nin af macaan ma magacbeelo.Y
Nin "ani" yiri dad iska sooc.T,Y,2,31,45
    Nin "ani" yidhi dad iska reeb.V,W
    Nin "aniga" yiri rag iska saar.14
Nin arrintiisa rartay waa nin orgi rartay.L,M,Y

Nin baa nin dhala.P
Nin baad baantiisa dhigeysaa, booranna kuu qodeya.T
 Nin baad bantiisa dhigeysidna booran kuu qodaya.101
Nin baad kaydkiisa dhigaysaa oo kafantaadana tolaya.Y
eeg Nin aad kabtiisa...
 Nin baad kaydkiisa dhigaysaa oo kafantaada to-
 laya.101
Nin baahan baad looma tilmaamo.1
Nin baahani dab kama baydho.N,Y
Nin baahi qaba faqa lagama qarsado.T
 Nin baahan xanta lagama qarsado.3
Nin bad arkay wax arag, wax u sheegana ma yaqaan.U
Nin badwinnimo ogaa ilbaxnimadu kama degto.H,101
Nin barbar beeray isagay gubtaa.101
Nin barxaday baq.P,T
 Nin barxaday baq wuxuu ka baqayba.3
Nin been badan mar bay run ku baaqataa.43
 Nin beenlow ah rumaa ku baaqata.62
Nin been badani isagaa u dhinta.T
Nin been yaqaan waa nin fal yaqaan.9,45,59
 Nin been yaqaani waa nin fal yaqaan.101
 Beenlow waa falalow.T
 Beenaale waa falalow.V
Nin buka nin baahan barax looguma dhiibo.T,2
 Nin baahan nin buka barax looguma dhiibo.1
Nin bukaa boqol u tali.B,K,T,V,101 *eeg* Nin jirran...
 Nin bukaa boqol u talisay.P,31
Nin bukaa ma billa.9,101
 Nin bukaa ma bilna.T
Nin candhuuf kugu tufay calooshiisuu ku tusay ee wax kuuma
yeelin.T *eeg* Nin ciid...
Nin cararay col ma ka reebo.62
Nin carooday laga badi.T
Nin carunkaa raba caano kuma hakado.1
Nin ceeriin u yaal ayuu bisayl deeqaa.B
Nin ciid kugu shubay calooshiisu ku tusay e wax kuma yeelin.3
eeg Nin candhuuf...

130

Nin ciid kugu xaaray kaama dhibin ee wixii calooshiisa
ku jiray ayuu ku tusay.43
Nin ciil qaba lagama adkaan.P,T
Nin ciladhaan ah iyo naag caro ah midna khayr ma sheegaan.6
Nin cir weyn cawo noolba qadsan.2,6
    Nin cir weyn cawo noolba qatan.T
    Nin cir weyn cawo oon ahba qatan.15
    Nin cir weyn cawaba qadsan.1
Nin colaadaada rabaa caanahaaga ma arko.2
Nin colani bannaan ma dego.98
Nin daad qaaday xunbo cuskay.F,G,H,T,W,Y,1,14,15,23,30,
34,83,101
    Nin daad qaaday xumbo cuskay.M,V,9,11,41,101
    Nin biyo qaadeen xumbo cuskay.J,3
    Nin badi qaadday xumbo cuskay.P,7
Nin daar ku jiro daruur ma arko.Y
Nin dab ku gubtay danbas dab buu moodaa.T   *eeg* Dabkaad
kulkiisa...
    Ninkii dab ku gubtaa dambasna dab mooda.37
    Dab nin ku gubtaa dambas ka cabsada.Y
Nin dal waayay duunyo waa.N
Nin damac badan beenaale ayaa wixiisa leh.V
Nin dantiisa ku tashaday rag ka teg.3
Nin dhabtiisa lagu hurdaa ma hurdo.Y   *eeg* Nin lagu
seexdow...
Nin dhashay ama dhimay, ama dhidid.S
Nin dhergaa wacallo dhala.29
Nin dhergan dariiq dheer buu soorta la soo maraa.Y
Nin dhergan nin baahan kama naxo.1
Nin dhintay iyo dhoobay nin u kacay wax isma dhaamaan.16
Nin dhintay kabihiisaa dhaama.H,T,Y,9,45,101
    Nin dhintay kabihiisa baa dhaama.J
Nin dhumaya dhug ma leh.P
Nin dhurwaa u carooday isagaa dhoorku daali.T
Nin doona dad wada qumman dadla'aan buu mutaa.N,Y   *eeg*
Ninkii wax wada...
    Nin rag wada fiican doonay ragla'aan buu dhacaa.T
    Nin tol wada fiican doonay tolla'aan ayuu soo baxaa.V

Nin doqon wax taray waa nin danbas haraatiyey.T
Nin dumaashidii ari la jira daniba waa u geyn.99
Nin durbaan qaaday ilaaq dalbay.M,V,5
   Nin durbaan qaaday cilaaq dalbay.N,Y
   Nin durbaan tuntay cilaaq dalbay.W
Nin durbaan xaday xaggee ku tumaa?T   eeg Gurbaankii la
   xadaa...
   Nin durbaan xaday halkuu ku tumi?V
Nin faas lihi qoryo ma waayo.T,3
   Nin faas leh qoryo ma waayo.P,Y
Nin fadhi xun filfiliq baa guba.1
Nin fadhigaaga arkaya looma sare joogsado.M,T
   Nin fadhigaaga arkaya looma sare kaco.W
   Nin fadhiga kugu arkaya looma sare joogsado.3
   Nin fadhi kugu arka looma sare joogsado.101
   Ninka fadhigaaga arkaya laysma sare taago.V
   Nin fadhigaada u jeedo looma is taago.2
   Nin fadhiga kugu arki waayo looma sare kaco.46
   Nin fadhi kugu arki waayay looma sare kaco.1
   Nin fadhi kuugu jeeda looma sare joogsado.U
   Nin jiifkaada u jeeda jooggaada laguma daro.62
   Ruuxii jiifka kuugu jeeda istaagga layskuma tuso.34
   Ninkii jooggaaga arki waayo jiifkaaga ma arkayo.37
   Nin ku arkaya looma sare joogsado.31,50
Nin fadhiya baa fuullaan u muuqdaa.T
Nin fadhiya lama legdo.P,3
Nin fadhiya soor buu kaa filanayaa, nin socdana war.T,Y
   Nin fadhiyana soor buu kaa filanayaa, nin soconayana
   war.101
Nin farsamo-xumi gacmihiisuu canaantaa.T,Y
Nin faruuran foori ma karo, fiiqna haba sheegin.1
Nin faruuray ah siraad ma bakhtiyo.Y
Nin fiicanba nin baa ka sii fiican.T,Y
   Nin fiicanba nin baa ka fiican.101
Nin fiiro gaaban "facaaga sheeg" baa la yiraa.T
Nin gaabani oraahdiisa la gaaban.3
Nin gaajo ka soo gudbay ayaa gaajo ka gaashaanta.Y
Nin gabari u joogto guunyo kama maqna.T

132

Nin gabban jiray looma gabbado.P *eeg* Nin geed geli jiray...
Nin gar eexo galay Rabbina ku og, ku ka galayna ku og, ku u
galayna ku og.T
> Markhaati been ah nimaad u furtay isna kugu og, Ilaahna
> kugu og.3
Nin gardarran ma guuleysto.P,2
> Gardarro ninkeeda ma guuleysto.42
> Gardarroole garab ma leh, kii ku gardarroodana guul
> kama helo.101
Nin geed geli jiray geed looma galo.3,20   *eeg* Nin gabban
jiray...
> Nin geed geli jiray looma geed galo.T
> Geed ninkii geli jiray geed looma galo.44
> Nin geed geli jiray looma galo.2
> Nin god geli jiray looma galo.11
Nin geed idin dhex maray geeriyuna oodday.101
> Nin geed idin kala dhex maray geerina oodday.101
Nin geed u buuxo ayaa gari u go'daa.T
Nin geel laa gabar la siiyaa.T
Nin geel lumay baadigoobayaa weel buu ka eegaa.Y *eeg* Nin
hali...
> Nin geel lumay baadigoobayaa, wax kale daaye, weel buu
> ka eegaa.Y
Nin geel raaci jiray oo geel kale u tegay hashaa magaceed buu
korodhsaday.M
Nin geeliisii dhacay lagama dhacsho.P
Nin geeliisii la qaaday waax oggol oo falladh oggol oo
farammadhnaan oggol.W
Nin goommoon garashadiisa iyo nin gafsan qabtintiisa
meeshaan lahayn waa laga haajiraa.73 *eeg* Nin qaldan...
Nin gu' kaa weyn garashana kaa weyn.Q,9,45   *eeg* Nin il
gulucdeed....
> Nin gu' kaa weyn garaadna kaa weyn.101
> Nin gu' kaa weyni garaadna kaa weyn.Y
> Nin gu' kaa weyni garaad kaa weyn.101
> Nin gu' kaa weynu garaad kaa badan.101
Nin gu' kaa weyni gu' baas kaa weyn.T,101
> Nin gu' kaa weyn gu' baas kaa weyn.Y

Nin gu' kaa weyni waa nin gu' baas kaa weyn.V
Nin gu' kaa weyn il guruxeedna kaa weyn.P   eeg Nin il gulucdeed...
  Nin gu' kaa weyn il gurixeedna kaa weyn.31
  Nin gu' kaa weyni il guruxeed kaa weyn.T
  Nin gu' kaa weyn il guruxeed kaa weyn.15
  Nin gu' kaa weyni il gulucdeedna kaa weyn.3
Nin gunti xumi inuu wax qarsanayaa la moodaa.M,T,W,5
  Nin hullaab xumi wax inuu qarsaneyaa la moodaa.Q,9,45
  Nin hullaab xun in uu wax qarsanayaa la moodaa.1
Nin guri muraayad ah ku jiraa dhagax ma tuuro.3
  Nin gurigiisu muraayad yahay tuur ma bilaabo.14
Nin guunyo leh oo guursan waayay goob xun buu u halis yahay.L
Nin guursaday xuunsho xoolo mood.M,T   eeg Ninna xuunsho...
  Nin guursaday xuunshana xoolo mood.W
Nin guusha laga helay gilgilasho kama baqo.Y
Nin haan wax ku dhamay wuxuu dhamo iyo wuxuu reebo midna ma yaqaan.3
Nin habaaran ma harsado.T
  Nin habaarani ma harsado.4
  Nin habaaranu ma harsado.8
  Nin habaar qabaa ma harsado.6
Nin habari dhashay hal ma seegi waayo.M,T,V,W,5,20
Nin habari dhashay hal ma sheegi waayo.L
Nin habartii ka guuray habaryartii uma negaado.V
  Nin habaryartiis ka guuray hooyadiis uma negaado.53
  Ninkii hooyadiis guri uga guuray soddohdiis uguma negaado.8
Nin habeenkii codkaaga yaqaanna, maalintiina raadkaaga yaqaanna lalama colloobo.T
Nin hadal badan "habartay wasay" waa laga maqlaa.T
  Nin hadal badan "hooyaday ayaa ii.bannaan" waa yiraa.2
Nin hadduu is waalo waa laysla waalaa.T,Y
  Nin hadduu is waalo waa lala waashaa.101
Nin hali ka maqan tahay haan gorof ahna gacantuu geliyaa.1
eeg Naago geel...

Hal geel nimay ka maqan tahay haan ayuu gacanta geliyaa.4

Nin hali ka maqan tahay haanna waa haabtaa.T

Nin hayn yari ma xil baxo.V

Nin hoostiisa dayaa hareertiisa ma dayo.M,T,Y

Nin hoostiisa dayaa hareerkiisa ma dayo.5

Nin hooyadiis cirid u jiiday ayeeyadiis hoos ma geeyo.3   *eeg*

Nin ku dilay..., Waraabe hooyadiis...

Nin hurdaa la kiciyaa.O   *eeg* Nin jiifa...

Nin il gulucdeed kaa weyn garasho ayuu ku dheer yahay.2   *eeg*

Nin gu' kaa weyn...

Nin il la' Ilaah kuma mahadiyo ilaa indhoole ka hor yimaaddo.Y

Nin Ilaahi meel tiray wuxuu u tiray buu qabaa.T

Nin ilko weyni hadduu go'ayana inuu qoslayaa la moodaa.M,Y

Nin ilko weyni hadduu go'ayo in uu qoslayaa la moodaa.1

Nin ilko waaweyn hadduu dhinto, inuu qoslayaa la moodaa.3

Nin foolal waaweyni hadduu bakhtiyana inuu qoslayo ayaa la moodaa.10

Nin in la dhegeysto doonayo gurbaankiisa lama gambado.Y

Nin intaas cuno waa calooshiisa, intaas cararana waa cagahiisa.54

Nin intuu geed ka boodo ayay arrini ka booddaa.5   *eeg*

Labaatanjir intuu...

Nin intuu geed ka boodo arrini way ka booddaa.L

Nin intuu geed ka boodayo arrini way ka booddaa.M

Nin intuu geed ka boodo ayuu talana ka boodaa.H

Nin intuu ul ka boodaba eray waa ka boodaa.101

Nin intuu hamminayuu nin hodmaa.62

Nin is faanshay fallar baa maqan.P,T

Nin is faanshay falladh baa maqan.N

Nin faan badan fallar baa maqan.3

Nin is faanshay waa ri' is nuugtay.N,T,U,2,9,16,31,42,99

Nin is ammaanay waa ri' is nuugtay.W,Y,101

Rag is faanshay waa ri' is nuugtay.15

Nin is faanshay waxaa ka roon ri' is nuugtay.1

Nin iyo naagtii colna ma aha, nabadna ma aha.M,T,W,Y

Nin iyo naagtiis colna ma aha, heshiisna ma aha.1
Nin iyo naagtiis marin kaagama bannaana.T
Nin iyo qabkiis.T,Y,101
Nin iyo wadkii wacad leh.U
Nin iyo wedkii wacad leh.T
Nin iyo xilkii is tus, isagana tag.G,Y
Nin iyo xididkiis is tus oo isaga tag.T
Xidid is tus, una kala tag.V
Nin jiifa ayaa la toosiyaa mooyee lama toosin karo nin soo
jeeda.4 *eeg* Nin hurdaa...
Nin jirran macallinkiis badan.2 *eeg* Nin bukaa boqol...
Nin kaa dheer wax looma tilmaamo, nin kaa weynna wax
looma sheego.11
Nin kaa weyn lama wacdiyo, nin kaa dheerna wax lama
tuso.41
Nin kaa hadal badan dhaxalka aabbahaa ayuu kaa qadiyaa.32
Nin kaa hadal badan dhaxalkii aabbahaa kaa qadi.99
Nin kaa hadal badan dhaxalka aabbahaana waa kula
qaybsadaa.2
Nin kaa hadal badani dhaxal aabbahaana wuu ku
dhaafsiiyaa.Y
Nin kaa dood badani dhaxal adoogaana wuu ku
dhaafsiyaa.T
Nin kaa hadal badani haddii uu hadalka kaaga horreeyo waa ku
qadiyaa, haddii uu hadalka kaaga dambeeyana waa ku
baabi'iyaa.101
Nin kaa sii socda "halna waan kuu qali lahaa" baa lagu
yiraahdaa.T,Y
Nin kaa sii socda "halna waan kuu qali lahaa" baa la
yidhaahdaa.101
Marti kaa sii socota "wan baan kuu qali" ayaa la
yidhaahdaa.I
Nin kaa amar weyn hortaa buu ulmaa.11
Nin kaa xoog badan hortaa ayuu xanaaqaa.2,32
Nin kaa xoog badan hortaa buu xanaaqaa.3
Ninkii kaa xoog badan hortaada ayuu xanaaqaa.42
Nin xoog badani hortaa buu xanaqaa.T
Nin kaa adag hortaa buu dhirfaa.39

Nin kaama adkaan jeeruu adiyo dadka iskiin nacsiiyo.T
Nin kasta gefkiisa, neef kasta takartiisa.Y
Nin kasta meesha bukta isagaa og.Y
Nin kastaba naag baa fure u ah.Y
Nin kastoo waalanba marmar baa loo baahdaa.Y
Nin kelidii tashaday waa nin orgi rartay.T,V
Nin keligiis warramay iyo nin dhulka gamay ma gefin.E
Nin kelyo daran ayaa kaadiyi dishaa.T
    Nin kelyo daran baa kaadiyi dishaa.101
Nin ku dilay hadh kuuma jiido.23,30   *eeg* Nin hooyadiis...,
  Waraabe hooyadiis...
    Nin ku dilay hoos kuma jiiddo.P
    Nin qorrax kugu dilay hoos kuuma jiido.T
    Ninkii qorrax kugu dilay hoos kuuma jiido.Y
Nin ku jecel jiirkaa laga yaqaan iyo la-jooggiisa.6
Nin ku jeceli weyd kaama laqanyaysiin waayo.T
Nin ku siray wax kuu sheeg.N,P,1,46
    Nin ku siray wax kuu sheeg, nin wax ku siiyeyna kuu
    faan.101
    Nin ku siiyey kuu faan, nin ku sirayna wax kuu sheeg.L
Nin kula taliyey kuuma hanbeyn.N
Nin kuu digay kuma dilin.G,L,N,P,1,3,4,9,11,14,23,31,38,43,
  45,48,76
    Nin kuu digay kuma dilin, nin ku dagay baa ku dilay.62
Nin la dabo socdo waddo ma kala doorto.Y
Nin la dulleystay dad ma toosiyo.Y
Nin la dhacay yuu ku dhicin. O
Nin la sugayow, maxaad sugi?24
Nin la toobayo in la tiifayo waa og yahay.3
Nin la tumay ayay talo gaadhay.V
Nin labeeyey ma talin.3
Nin labo-jir u fuushan yahay lama xanto.P,29
Nin lagu seexdow, ha seexan.N,T,W *eeg* Nin dhabtiisa...
Nin libaax ka cabsanaya ilmihiisa uma ugaarto.Y
Nin loo talin jiray yuu kuu talin.16
Nin loo tumay looma talin.M,W,Y
Nin maalin ma gaartid, ninna sanad ma gaartid, ninna weligaa
  ma gaartid.2 *eeg* (3) Saddex ma gaadhid...

Nin madax ahi ma lur yara.N

Nin madax ku socda iyo nin manjo ku socda waa isku diimaan.T

Nin madaxa buu ka cirroobaa, ninna maanka.T

Nin magaalada ku dudow, yaa ku og?

 Nin magaalo ku dudayow, yaaba ku og?16

Nin maqan geed qari.T,3

 Nin maqan geed baa qariya, geerina waa u dheeraad.62

Nin maqan tabiddii waa nin jooga ceebtii.1

 Meel nin maqan lagu tabo waa nin joogo ceebtii.2

Nin maqani waa ma-seegaan.V

Nin maqnaantiisu wax ku yeesha geeridiisa maxaad mooddaa?3

Nin mar haddii uu waasho, "wuu ladnaaday" mooyee "wuu bogsaday" lama odhan karo.V

Nin meel u muuqato meeli ka qarsoon.1

Nin meel uusan aqoon geed ka fuulay dhulkii buu ka fogaadaye waxba uma kordhin.3

Nin miishaar qaataa miskiin ma aha.T

Nin miyir qabaa marti soora.P

 Miyir-qabe ayaa martida soora.8

Nin muumin ah isku god labo kol lagama qaniino.T

 Ruux muumin ah god laba jeer lagama wada qaniino.N

 Caaqilka isla god qur ah laba jeer lagama qaniino.12

Nin naago ka dabo liicaya "gun guddoon" laguma yiraahdo.T

Nin naagtaada raba gabadhaada kuma qanco.8

 Ninkii naagtaada rabo "gabadhaydaan ku siiyey" ma yeelo.6

Nin nin ka baqayaa libaax kama baqo.3

Nin ninkiisa xun ka tegay nin ninkiisii xumaa watuu u tagaa.3

Nin oomman "biyahan hoo" baa deeqda.P,3 *eeg* Dhego oommani...

 Nin oomman "hoo biyaa" deeqaa.N

 Nin haraad qaba "hoo biyahan" uun buu maqli karaa.V

Nin oomman biyo looma tilmaamo.1

Nin qaldan qabashadi iyo nin qumman quwaynti iyo nin qolman wax-siinti baa tol ku dhaqmaa.K *eeg* Nin goommoon...

Nin qaldan qabashadi, nin qumman quweynti iyo nin qatan wax-siinti buu tol ku dhaqmaa.101

Nin qandhaday quudkiisa waa qabyaa.35

Nin qaroon hela iyo nin quwaax hela, carro waa quudee ha la qarafsado.T

Nin qooqaa wacallo dhala.94

Nin qooqanaa wacallo dhala.1

Nin qosol badan iyo nin qoonsimaad badan way is qab dhaafaan.T,Y eeg (3) Saddex ma heshiiyaan...

Nin qosol badan iyo nin qoonsimaad badani way is qab dhaafaan.101

Nin qoyani biyo iskama dhowro.T,V,W,15,16

Nin qoyani biyo iskama dhawro.M,N,Y,9,45,101

Nin qoyan biyo iskama dhowro.1

Nin qoyan biyo iskama dhawro.14

Nin qaawani biyo iskama duwo.3

Nin qummani qaabdarro ma keeno.101

Nin rag ah geeri iyo nolol buu u dhexeeyaa.T

Nin rag ah habartiina waan u hayay, wuxuu "walaalow" kaga roon yahay waan waayay.T eeg Rag waxaad "walaal"...

Nin ragi "walaal" wuxuu ku dhaamo la waa.Y

Rag "walaalow" wuxuu ka dhaamo la waa.27

Rag wax walba ku sameeyey, "walaal" wax uu ku dhaamaa ma jiraan.100

Rag waday-wadayoo "walaalow" wuxuu ku dhaamo waayey.W

Nin rag ah looma duur xulo.T,Y,101

Nin rag ah naagtiisaa ka adag, nacasna isagaa ka adag.T

Nin rag ah geeri iyo nolol labadaba waa lagu arkaa.101

Nin rag ahi geeri iyo nolol labadaba waa lagu arkaa.H

Nin rag ah nolol iyo geeri labadaba ayaa lagu arkaa.101

Nin rag ah waa kii ku dila ama ku nooleeya.T

Nin rag ah waa la dirtaa, waxse looma sheego.N,88

Nin rag ah waa loo wada col.T

Nin rag ahi ma hoogo.T

Nin rag ahi waa kii mar kufoo haddana kaca.T

Nin ragi waa kii kacaa kufa.N

Nin ragi waa kii kacee haddana kufa.Y

Nin rag ahna hadalka waa loo saraa, doqonna waa loo saafaa.T
eeg Ninka rag ah daaqsiin geel...
Nin ragi raadkiisu toosan.N
Nin ragina waa og yahay, doqonna loo sheegi maayo!T
Nin reer u weyn iyo naag naago ka ummulisay midna sida uu
wax u og yahay uma sheego.M,V,Y,5 *eeg* Sida wax loo og
yahay...

> Nin reer u weyn iyo naag naago ka ummulisay midna
> siday wax u og yihiin uma sheegaan.W,10
> Nin dad u weyn iyo naag ummuliso ah sida ay wax u og
> yihiin wax uma sheegaan.2
> Nin weyn iyo ummuliso siday wax u og yihiin wax uma
> sheegaan.P,7
> Oday reer u weyn iyo ummulisaba say wax u og yihiin
> uma sheegaan.U
> Naag ummuliso ah iyo nin reer u weyni midna sida uu
> wax u og yahay uma sheego.T
> Ummuliso siday wax u aragto wax uma sheegto.1

Nin reer u weyn waa mus dambeed.V
Nin roon ma raago.2
Nin sabraa sad leh.G,101

> Nin samraa sed leh.P
> Nin sabraa sadkiis ma waayo.T,Y
> Nin sabraa sedkiis ma waayo.Y
> Nin sabray sadkii ma waayo.G
> Nin sabra ayaa sadkiis hela.2
> Ninkii sabraa sed hela.17
> Samraa sadkii hela.W
> Samre ayaa sed hela.8
> Saburaa sed weyn hela.T

Nin salaan badani waa sabool ama waa wadaad, ama waa
ciidan, ama waa beenaale.T

> Nin salaan badani amba waa wadaad, amba waa sabool,
> amba khaa'in.V
> Ninka salaanta badani waa sabool ama waa wadaad, ama
> waa addoon, ama waa beenaale.Y

Nin shimbiro gaadaya waraf ma tuuro.P,T,3

> Nin shimbiro gaadaya waraf ma gamo.1

Nin shimbiro gaadaya waraf ma rido.99

Nin sigtay ma nabad gelin.T

    Nin sigtay ma noola.4

Nin soori kaa qaadday waa nin seefi kaa qaadday.J,P,20,101
eeg (2) Nin seef...

    Nin hunguri kaa qaadday waa nin seefi kaa qaadday.N

    Nin ay soori kaa qaadday waa nin ay seefi qaadday.43

    Nin soori qaadday waa nin seefi qaadday.W,15

    Nin soori kaa qaadday nin seefi kaa qaadday baa ka roon.Y,3

    Nin soori qaadday nin seefi qaadday baa ka roon.T

    Nin sooru qaadday nin seefu qaadday baa ka roon.H

    Nin seefi qaadday waa ka fiican yahay nin sooru qaadday.G

    Ninkii soori kaa qaaddo iyo ninkii seefi kaa qaaddo waxaa la qaatay ninkii ay seefta kaa qaaddo.2

    Nin soori qaadday iyo nin seefi qaadday kee roon?32

    Nin seefi qaadday iyo nin soori qaadday kee daran?28

Nin subag dilay su'aal ma leh.6

Nin taag daran tartan ka dheer.86

Nin taako ku dhawra dhudhun baa la dhawraa.T

Nin tagoogi lammaanaaday taladi lammaanaatay.3

Nin taladiisu isagay tiirisaa, ninna taladiisu isagay tirtaa.T

Nin talo ma yaqaan ee gun baa talo taqaan.T,Y,101

Nin tuug qarsaday waa nin maradiisa dab ku guntay.3

Nin tuur lihi tab uu u seexdo ma waayo.M,W,41

    Nin tuur leh isagaa yaqaan tabuu u seexdo.101

    Nin tuur lihi isagaa yaqaan tabta uu u seexdo.101

    Nin tuur leh si uu u seexdo asaga ayaa yaqaan.75

    Nin tuur leh si uu u seexdo asigaa yaqaan.4

    Nin tuur leh suu u seexdo isaga ayaa yaqaan.2

    Nin tuur leh suu u seexdo isagaa yaqaan.P

    Nin tuur leh siduu u seexdo asagaa yaqaan.14

    Nin tuur leh isagaa yaqaanna siduu u seexdo.101

    Nin tuur lihi suu u seexdo isagaa yaqaan.16

    Nin tuur lihi siduu u seexdo isagaa yaqaan.1

    Nin tuur lihi si uu u seexdo waa yaqaan.9

    Nin tuur lihi siduu u seexdo wuu yaqaan.57

Nin tuur lihi isagaa kaa yaqaan siduu u seexdo.T,Y
Nin tuur leh suu u seexdo asaa kaa yaqaan.99
Nin tuur leh siduu u jiifo waa yaqaan.86
Ninka tuurta leh siduu u seexdo isaga ayaa yaqaan.V
Nin waa inta naagta ka soo harta.L
   Nin waa intii naag ka soo hartay.P
Nin waal, ninna waani.T
Nin waalan hadduu aammuso, kuwa miyirka leh baa lagu
tirshaa.Y
Nin waalan hadduu qoslo, nin fayownaa qosla.1
   Ninka waalan hadduu qoslo, ka miyirka qabana waa ku
   daraa.T
   Hadduu nin waalan qoslo, kuwa fiyowna waa ay
   qoslaan.2
Nin waalan waa kan isu muuqan.Y
Nin waalan waano diid.P
   Nin waalan baan waano celin.Y
Nin waalan walaalkiisa u miyir qaba.3
Nin waalani webi taraar.P
Nin waalani wuxuu ka hadlaaba waa yeelkii.20
Nin waallaan jiray waalli loogama sheekeeyo.1,9,23,40,45,101
   Nin waalnaan jiray waalli loogama sheekeeyo.T
Nin wadkiis galay looma taag helo.T,Y
   Nin wedkiis galay looma maaro helo.101
Nin walba geedkuu beertuu mirihiisa gurtaa.14
Nin walba kitaab qummane ah ayaa qoorta ugu jira.M,101
   Nin walba kitaab qummanaa qoorta ugu jira.Y
   Nin walba kitaab qummane ah ayaa qoorta loo sudhay.W
   Nin walba qummanihiisaa qoorta ugu jira.T
   Nin kasta qummanihisaa qoorta ugu jiro.Y
   Nin kasta qumminihiisa ayaa qoorta ugu xiran.4
   Nin walba qummane ayaa qoorta u xidhan.5
Nin walba siduu yahay ayaa loola socdaa.T
Nin walba wuxuu geysto ayaa loo gudaa.14
Nin walbow naftaa, Nebiyow ummaddaa.T
Nin waliba abaalkiis in la mariyo buu leeyahay.T
Nin waliba gurigiisuu ku dhergaa.Y,101

Nin waliba hashiisu inay nirig dhasho buu rabaa, awr uu rartana
wuu doonaa; nin waliba xaaskiisu inay wiil dhasho buu rabaa,
wiilkiisana gabadh uu u guuriyo buu doonaa.83
Nin waliba intuu kaskiisu yahay ayuu kor tagaa.L,Y,101
   Ninba kaskii buu kor tagaa.94
Nin waliba midduu caashaqaa waa u Cambaraluul.T
   Ruux waliba tuu caashaqaa waa u Cambaradhoole.N
Nin waliba wixii uu dhigtuu u aayaa.T
   Nin waliba wuxuu dhigtuu u aayaa.101
   Qof waliba wuxuu dhigtuu dheefsadaa.9
Nin waliba wuxuu cunuu daacaa.T,101
Nin waliba wuxuu galabsadaa loo gorgoriyaa.T
Nin waliba wuxuu yahay ayuu ku moodaa.T,101
Nin waliba wuxuu yuhuu u dhurtaa.T,Y
   Nin waliba wuxuu yahay ayuu u dhurtaa.101
Nin wax kuu sheegay adna kaa sheeg.41
Nin waxarro raacay ama il la'aa, ama il beel.99
Nin weji beelay waxba uma harin.Y
Nin weyn wax looma tilmaamo.N   *eeg* Nin kaa dheer...
Nin weyni goor waa beryo waa gartaa.T
Nin weyni wedkii waa yaqaan.M,T,5
   Nin weyni wadkii waa yaqaan.N,W
   Nin weyni wadkiisa waa yaqaan.3
   Nin weyn wadkiisa waa yaqaan.46
   Nin weyni wedkii wuu yaqaan.101
   Waayeel wadkiisa wuu yaqaan.1
Nin wixii dhibaa labo ma dhibo.T
   Wixii nin dhibaa tol ma dhibo.34
Nin wuxuu xarrago moodaa nin kale xumaan moodaa.T
   Nin wuxuu xil moodo baa nin xarrago moodaa.P
Nin wuxuu yiri diiday wax uu dhalayna waa diidaa.T
Nin xalaal haystaa xaaraan ma doonto.T
Nin Xamar u jeeda iyo nin Xarar-dheere u jeeda xaglahooda
yaa isu muuqda.94
Nin xan kuu keenay taadana sheeg.T   *eeg* Nin wax kuu
sheegay...
Nin xandho ka maqan tahay iyo nin ragannimo ka maqan tahay
ma heshiin karayaan.8

Nin xasillan xafar ma rido.P
Nin xasilloon xagaa ma rido.1
Nin xil qaaday eed qaad.14,29,30,52
Xil nin qaaday eed qaad.V
Nin xoog leh ayay xaajo u toostaa.36
Nin xoog leh ayaa xaajo u toostaa.2
Nin xoog lihi cay diid.16
Nin xoolihiisii la qaaday "ayaan-daranow" mooyee "orod-daranow" lama yidhaahdo.M,5
Nin geeliisii la qaaday "ayaan-daranow" mooyee "orod-daranow" lama yidhaa.W
Nin geeliisii lala tegay "soo orod" lama yiraahdo.3
Nin xoolo dhaqay waraabana u dhaq.V
Nin yaraan ku loofaray wuxuu lumiyay raacdeeye.K
Nin yari waa nin ban soo ordaya.V,W,Y
Nin yari waa nin ban soo rooraya.M
Nin yari waa nin bannaan soo ordaya.101
Nin yari waa qof bannaan soo ordaya.10
Nin yari waa sidii nin bannaan soo ordaya.T
Ninba ceesaantii ceel keen.94
Ninba ceesaantiis ceel keen.26
Ninba ceesaantii ceel keentay.18
Nin baa ceesaantii ceel gee.P
Ninba ceesaantii baa ceelka geysa.1
Nin walba ceesaantii ceel keen.W
Nin walba ceesaantii ceelka keentay.M
Ninba coodkuu dhaqduu caanihiisa dhamaa.T
Ninba dhan u dhaq.2
Ninba dhuuniguu cuno buu dhiiggiisa leeyahay.T
Ninba gar u badi.T
Ninba gurigii gaado ku leh.T
Nimba gurigiisa gaado ku leh.3
Ninba gurigiisuu ku gam'aa.T
Ninba intuu cunuu ciidamiyaa.15,41
Nin intuu cunuu ciidamiyaa.4
Nin waliba intuu cunuu ciidamiyaa.T,101
Nin walba intuu cunuu ciidanshaa.1
Ninba kaskiisuu hadlaa.T

Nin kastaa kaskii buu hadlaa.31
Ninba ra'yigiis ayuu hadlaa.40
Ninba maro huwan.15
Ninba meesha laga hayo hay ama haabay.T
Ninba meeshii bugtaa isagay belbeshaa.N,Y,95
Ninba nin baa ka war weyn.4
Ninba nin la yaab.20
Ninba taagtii bay qodax ugu tagtaa.T
Ninba taagtiis bay qodaxi kula tagtaa.15
Ninba taagtii bay qodaxdu ku tagtaa.1
Nin waliba intay taagtiisu tahay ayaa qodaxdu ugu tagtaa.Y
Nin kasta intay tabartiisa le'eg tahay ayaa qodax ugu tagtaa.43
Ninba tabartii ha tillaabsado.T
Nimba taagtiis ha tillaabsado.3
Ninba tubtuu maruu tilmaamaa.T
Tub ninkii qaado ayaa tilmaama.65
Ninba waa kol e mus ma kula koray?N
Ninba wax caashaq.5
Ninba wixii uu jiifiyo yuu soo toosiyaa.26
Ninba wuxuu cunaa camankiisa ka muuqda.Y
Ninba wuxuu dad kale yeelo isagaa is yeela.N,Y
Ninba wuxuu doonuu doorbidaa.P
Ninba (Nimba) wuxuu doonuu garaadkiisa leeyahay.N,Y
Ninba wuxuu qabo Qardho la iman.T
Ninba wuxuu qabo Qardhuu keeni.P
Ninba (Nimba) xeeladii ku xoogsay.3
Ninka aan biqin waa laga baqaa.V *eeg* Nin aan baqin...
Ninka aan tukan soorta ha la cunin oo ha la fariisan oo ha salaamin.Y
Ninka cadba camalkiisa caddeeyee waa ciise.101
Ninka hooyadiis hadh seexiyaa aayadii wax tara.11
Ninka ninka ka adag ma mooga.Y
Ninka rag ah daaqsin geel ayaa hadalka loo mariyaa, doqontana haan gadaankeed ayaa loo saaraa.K *eeg* Nin rag ahna...
Nin aan wax aqoon qaanso gurgurkeed baa wax loo saaraa, nin wax yaqaannase daaqsin geel baa wax loo marshaa.N

Ninka sac naag u tahay waa dibi.Y

Ninkaad barashadii rabtid ama jid la mar, ama jabad la deg, ama jidiin la quudo.T

Hebel aad baratide jid ma la martay, jabad ma la gashay, jidiin ma la cuntay?N,Y

Ninkaas jid ma la martay, jidiin ma la cuntay, jabadse ma la degtay?V

"Waa aqaan" lama yiraahdo nin aadan jidiin la wadaagin ama aadan jabad la dugsan, ama aadan jid la qaadin.56

Ninkaad beri ku baran weydid bil kuma baratid.T   eeg Nin aanad saacad...

Nin aad beri ku baran weyday boqol laguma barto.59

Ninkaad gelin ku baran weydid gu' kuma baratid.T   eeg Nin aanad saacad...

Ninkaad is kabo le'eg tihiin ayaa lays raacaa.T,Y

Ninka is kabo le'eg tihiin baa lays raacaa.101

Ninkaad kabo ka tolanaysid kuwiisaa la eegaa.T

Ninkaad kabo ka tolanayso kuwiisaa la fiiriyaa.3

Ninkaad kabo ka tolanayso kabahiisa ayaa la dayaa.2

Ninkaad kabaha ka tolanayso kabihiisaa la eegaa.30

Ninkaad taako ka baqayso tallaabo buu kaa baqayaa.T   eeg Nin aad (Nimaad) gacan...

Ninkaad tahay aan kuu sheegee ninkaad la jirtid ii sheeg.N,Y

Ii sheeg qofkaad raacdid, qofkaad tahay ayaan kuu sheegeyaa e.T

Ninkaad wax ku qarsan lahayd wax lagama qarsado.T

Ninka aad wax ku qarsan lahayd wax lagama qarsado.M

Nin aad wax ku qarsan lahayd wax lagama qarsado.W

Ninkaan col lahayn baan derbi lahayn.Y

Ninkaan dantiisa ogeyn Alle iyo Rasuulba waa ka furtay.2

Ninkaan jecel ahay meygaag ayaan maydhax uga diiraa, ninkase aan neceb ahay galool ayaan maydhax uga waayaa.V

Ninkaan kuu xiiri doonin yuuna kuu qoyn.T   eeg Nin aan kuu furi...

Ninkaan salka dhigi karin madaxa uma dego.Y

Ninkaan waalidkii wax tusin adduunkaa wax tusa Y

Ninkaan wax uun ku joogin waxba uma hagaagaan.T

Ninkaas ma qalin, qaaxadiisaanse ku jiraa.T

Ninkaas ma aan qalin, qaaxadiisaanse ku jiraa.101
Ninkaas ma aqaan, laakiin qaaxadiisa baan ku jiraa.Y
Ninkii aabbihii ka weyn waa wacal.2
Ilmo aabbahood ka weynu waa wacal.8
Ninkii aabbihii ku caasiyo carruurtiisuu ka arkaa.Y
Ninkii aan naxariisan Eebbe uma naxariisto.T
Ninkii aqal madow dhexdii farta taagay "far-taag" baa la
yidhi.V
Ninkii asagoon waxba dhalin dhinta waa loo darsaday; kii hal
cunug ka taga loomana darsan, lagamana reysan; kii labo ka
tagana waaba laga reystay.2
Ninkii boqolka soomay oo bakhtiga ku affuray.T
Boqol-soomow baqti ku affuray.17
Ninkii burcad madax saartaa cadceed kuma socdo.Y
Ninkii caano geel dhamin nin ma aha.Y
Ninkii damac weyn damac buu u dhintaa.Y
Ninkii dameer aqal dushii saaro soo-dejintiisana waa mid laga
sugayo.Y
Ninkii dameer kuu soo raro waa inaad rati u rartaa.Y
Ninkii dameer rarta abkiisii inuu geel lahaan jiray lama
moodo.T
Ninkii dameernimo yeelo rarid buu mutaa.Y
Ninkii deyn cunay baluu ka dibbiray.T,3
Ninkii dhaydiisu deeqdo biyo kuma barxo.T
Ninkii dhiman waayaa tu walba wuu arkaa.V   eeg Indhihii
dhiman waayaa..., Cimrigaagoo dheeraadaa...
Ninkii diin diin kale fuulaya arkaa xoolo badan buu helaa.Y
Ninkii dunida joogow, maxaa aragti kuu laaban?L
Ninkii farsamo xumi futaduu is gooyaa.T
Ninkii Ilaah neceb yahay wuxuu siiyaa afo dhibley ah.Y
Ninkii is kala daadsho dooradaa ku kor tumato.Y
Ninkii keligii wax dila jir baa sheega, labadii wax dishana
midkood ayaa sheega.2
Ninkii "kir" ku yiraa," kir" iska dheh.E,T
Ninkii ku dhaamaa saaxiib laga dhigtaa.Y
Ninkii laba naag qabaa afar gacmood dilaan.Y
Ninkii labaatan jir ku seexda lixdan jir buu ku ordaa.P
Ninkii labo waddo doonayo midna ma gaaro.Y

Ninkii laga nabadgalo baa nabadgala.T
Ninkii madasha igu arkay, Ilaahow, yuusan minanka iigu imanin!T
Ninkii manqo dadaad korsadow mindiyo tumo, kii manqo xoolaad korsadowna mudacyo tumo.T
> Ninkii maato dad koriyow middiyo tumo, ninkii maato duunyo korshowna weelal tumo.14

Ninkii mindi qaaday maxaad baa ugu horreeyey.T
Ninkii mooro lo'aad cawannimo galay sac hadduu maalay waa maalay, hadduusan maalinna waa maalay.T
Ninkii qayrkii loo xiirayow, adna soo qoyso.T
> Ninkii qayrkii loo xiirayow, soo qoyso adiguna.2
> Ninka qayrkiis loo xiirayow, adna soo qoyso.H
> Nin qayrkii loo xiirayow, adna soo qoyso.14
> Nin qayrkii loo xiirayow, adiguna soo qoyso.78
> Nin qayrkiis loo xiirayow, soo qoyso.101
> Nin qayrkii loo xiirow, soo qoyso.O
> Ninkii walaalkii loo xiirow, soo qoyso.P

Ninkii raba colkiisa inay guuleystaan laba iyo toban goobood oo lagu guuleystay ayuu u sheegaa, kan raba inay jabaanna laba iyo toban goobood oo lagu jabay ayuu uga sheekeeyaa.2
Ninkii rafaado waa reeroobaa.37
Ninkii reerkiisa kaa sooraa waa nin, ninkii reer kale kaa sooraana waa nimanyaal.T
> Ninkii reerkiisa kaa soora "rag" dheh, ninkii reer kale kaa soorana "rag ka rooni" dheh.8
> Nin gurigiisa ka sooray "nin" dheh, nin guri kale kaa soorayna "nimanyaal" dheh.95
> Ninkii gurigiisa ka soorana "nin" dheh, kii guryo kale kaa soorana "nimanyaal" dheh.N

Ninkii sare candhuuf u tufo hoos bay ugu soo noqotaa.Y
Ninkii seexdaa sicii dibi dhalay.N,P,5
> Ninkii seexdaa siciis dibi dhalay.Y,3
> Ninkii seexdaa siciis dibi dhal.T .
> Ninkii seexday ayuu sacii dibi dhalay.V
> Nin seexdaa sicii dibi dhal.1
> Nin seexday sacii dibi dhal.4
> Nin hurdaa siciis dibi dhal.101

Ninkii seexdaa saciis weyl dhalay.101
Nin maqan saciis dibi dhal.C
Nin maqan sicii dibi ayuu dhalaa.2
Ninkii shaqaysta ayaa shaah cabba.8 *eeg* Nin aan shaqaysan...
Ninkii sirtiisa la bixin waayo saaxiibkii baa la dayaa.1
Ninkii soo joog laga waayo soo jiifo ayaa laga helaa.28,38
Ninkii soo joog laga waayo soo jiifaa laga helaa.37
Ninkii soo joog laga waayo soo jiifsaa laga helaa.T,1
Ninkii soo joog laga waayo soo jiifshaa laga helaa.17
Ninkii soo joog laga waayey soo jiifsaa laga helaa.48
Ninkii soo joog laga waayo isagoo jiif baa laga helaa.Y
Nin soo joog laga waayay soo jiifaa laga helaa.4
Qofkii soo joog laga waayo soo jiifo ayaa laga helaa.38
Qofkii soo joog laga waayo soo jiifsaa laga helaa.P,14
Soo joog ninkii laga waayo soo jiifo ayaa laga helaa.2
Soo joogso qofka laga waayo soo jiifso ayaa laga helaa.V
Ninkii sun ku siiya subag baa la siiyaa.T,101
Ninkii tacabkaaga ku dheela tacabkiisa ayaa lagu dheelaa.T
Ninkii tiisa daryeelaa tu kalana ku dara.T
Ninkii tiisaba daryeelaa tu kale ku dara.101
Ninkii tiisa meel u hela ayaa tu kale ku dara.86
Nin tiisa daweeyaa tu kale ku dara.1
Ninkii tuug qarsho waa tuug.Y
Ninkii ukun xado ratina waa u bareeraa.Y
Ninkii waraabe la saaxiibo xooluhuu halis u noqdaa.Y
Ninkii wax caado ka dhigta waxay la noqotaa in lagu wada
raacsan yahay.Y
Ninkii wax wada qumman doonaa waxla'aan buu dhaxlaa.T
eeg Nin doona dad...
Ninkii weyshaada dilo aduu ku dan leeyahay.Y
Ninkii wixiisa kuu diidaa waxaaga ayuu kuu dhaqaaleeyey.2
Ninkii wixiisa kuu diidaa waa loo tacbadaa, ninkii gabadhiisa
kuu diidana waa laga toloobaa.2
Ninkii xagaa ka ordo xilna waa galay, xaglahana waa ka
qoyay.2
Ninkii xigaalo kuu sheegta xabaalahaa la tusaa, ninkii xoolo
kuu sheegtana hooskiisa.T
Ninkii xoog laa xaq leh.T

Ninkii xoog leh baa xabagta goosta.3
Ninku mas qaniinay baa mulac ka baqa.Y
Ninna dabiicaddii lama doorin karo.N,Y *eeg* Dad dabiicad...
Ninna dhabarkiisa ma arko, dhibaatana halkaas bay taal.Y
Ninna ha yaraysan, nin kastaba maalin buu nasiibsadaa.Y
Ninna hooskiisa kama dheereeyo.Y
Ninna intuu kuu jiro kuuma soo dhaafo.101
Ninna korkiisa biyo kama hagrado.M,T,U,W,Y,5,101
    Qofna korkiisaa biyo kama hagrado.3
Ninna ma oga itaalka nolosha.Y
Ninna maankiisa ma saluugo.M,T,W,Y,5
Ninna malaxdii u macaan.64
Ninna waa u qosol, ninna waa u qurgoyn.T
Ninna waddankiisa looma dhaamo.N,Y
Ninna xididkii uma xoolo yara.1
Ninna xuunsho xoolo ma moodo.P *eeg* Nin guursaday...
Ninowna, faraskaaga yuuna kula gaabin!T
Nolol ma dooni, dad iyo dugaagba iska jir.Y
Nolosha ma laha kan sita, illinna dib uma soo celiso.Y
Noloshana gabar ha ku weheliso, geeri wiil ha kaa haro.Y
Noloshu waa sida dabka, marka hore qiiq, ugu dambana
    dambas.Y

O

Oday gar loo xilsaaray waa carrab ilko dhex yaal.Y
Oday ma wax-walba-ogaal baa, mise waa Alla-ka-yare?101
Oday tali tiisna ha ku watee.3
Oday waa abees.T,V
Oday waa fir raac, wiilna waa fool raac.1
Oday "waan ladnahay" ka maqli maysid, nin baayacmushtariya-
    na "waan macaashay" ka maqli maysid.9
Ood is wada qabsatay maroodina way qarisaa.Y
Ooddii liicda ayaa bahalkeed bataa.30
Oodi ab ka dhow.N,101
Oodi qaadis iyo jiidis waa isku guri geyn.N,T,1,2,15,27,89
    Oodi qaadis iyo jiidis waa isla guri geyntii.51

Ood qaad iyo jiid waa isla guri geyn.P
Oodu qaadid iyo jiidid waa isla meel geyn.B
Oodi jiidis iyo qaadis waa isla guri geyn.70
Oodi jiidis iyo qaadis waa isla guryo geyn.V
Ood haddii la jiido iyo haddii la qaado waa isla guri
geyntii.101
Oodo dhacameed siday u kala sarreeyaan baa loo kala
guraa.N,T *eeg* Canjeelo siday...
Oodo dhacameed siday u kala sarreeyaan ayaa loo kala
guraa.51,57
Oodo dhacameed siday u kala sarreeyaan ayaa loo
guraa.K
Ood dhacameed siday u kala sarreyso baa loo kala
guraa.101
Ood dhacameed siday u kala sarreysaa loo guraa.27
Ooduhu siday u kala sarreeyaan ayaa loo kala guraa.101
Oodu siday u kala sarreyso ayaa loo kala qaadaa.H
Ood say u kala sarreyso ayaa loo kala qaadaa.2
Oodi siday u kala sarreysaa loo kala qaadaa.1
Dhacamo sida ay u kala sarreeyaan ayaa loo kala guraa.V
Dhacani say u kala korreysaa loo kala khaadaa.69
Oodu siday isu xigtay isu xoqdaa.94
Oohin iyo aroos ammaah weeye.T
Oohintu orgiga ka weyn.L
Or la qaadaba jiibkiisaan aqaan.3

Q

Qaade iyo qarshe waa isku mid.Y
Qaalin aan da'deeda gaarin dibi lagulama degdego.T
Qaalin raroo qaanla'aan guur.N
Qaani ma qudhunto.20
Qaani ma qurunto.P
Qaani ma qurunto, cid qaadata inay waydo ma ahe.3
Qaani ma qurunto, ninkeed qaata inay weydo ma ahe.101
Qabiilo meel nin ka joogana kama maqna, meel laba ka
joogtana waa ku dhan tahay.3

Qabiilo ninka gunaanad yaqaan isagaa gunaanad seega.3

> Dad nin keli ah ka gunaanad yaqaan way gunaanad seegaan.P

> Ninkii qabiil dhan keligii yaasiinka yaqaan, qabiilka oo idil yaasiinka ma gaarsiiyo, isna yaasiinla'aan ayuu dhintaa.2

Qabri iyo ninkii loo wadaa lama kala qariyo.2

Qabri qori-saarid mooyee qori-ka-qaadis ma leh.2

> Qabri qori-saarid ma ahee qori-ka-naqid ma leh.55

> Qabri qori-saarid ma ahane qori-ka-qaadid ma laha.1

Qabsin caano geel bartay iyo qanduur sino baratay midna qawqawda ma daayo.J

Qabuuro ceebeed lama arag.2

Qalbi aadane waa miskiin.T

Qalbi dad waa qoryo isku iftiima.E

Qaliif qaangaar ma sugo.T

Qandi uu ku rido iyo qiil uu ku bannaystaba wadaad baa leh.W,Y

> Qandi uu ku rito iyo qiil uu ku bannaystaba wadaad baa leh.M

> Wadaad qandi uu wax ku rito iyo qiil uu bannaysto ma waayo.6

Qaraabo ama is xannaaneysay ama is xabaalo qodeysay.1

Qarar baan isu tegin, dadse waa kuwii kulma.Y

Qatanaan reer waa la galaa, qaawanaanse lama galo.M,T,W

Qawl nin weyn ka dhacay waa qolof geed ka dhacday.T

> Qawl waayeel ka dhacay waa geed qolof ka soo go'day.2

> Nin weyn oo hadal ka dhacay waa geed qolofi ka dhacday.N,Y

Qawlla'aan waa diinla'aan.T

Qaybshaa ma qado.P,T

Qaybshe qad ama qaaday.M,Y,5

> Qaybshe ama qad, ama qaaday.W

> Qaybshaa ama qad, ama qooro weynaa.T

> Nin wax qaybshay qad ama qooro kuusnow.2

Qaydhiin iyo bisayl wixii u dhexeeyaa waa yacyacood.W,5

> Qaydhiin iyo bisayl wixii ka dhexeeyaa waa yacya-cood.M,N

Cayriin iyo bisayl wixii ka dhexeeyaa waa yacyacood.T

Bisayl iyo ceedhiin wixii u dhexeeyaa waa yacyacood.N

Qayl ma hadhsado, hooyadiina ma hadhiyo.41   *eeg* Dameerka yari ma nasto...

Wayl ma hadhsado, hooyadiina ma hadhiyo.41

Qaylo gar dhoweysay.P,T,Y,3

Qaylo waa cid keen.M,Y,5

Qiiqa wuxuu sheegaa dab.Y

Qof hurda mallay ma dabto.101

Qof la waanshay wehel kuuma noqoto.42

Qof waliba wuxuu doonayo caqligeed buu leeyahay.3

Qofkaadan qaniini karin ilkaha lama tuso.Y

Qofkii dadka sharaftooda dhowraa sharaftiisa la dhowraa.Y

Qofkii isha daba dadkaa arka, kii uurkana Eebbe.T

Qofka isha daba aadmiga ayaa arkaya, ka uurka dabana Ilaahay.V

Ninkii isha daba aadmigaa arka, kii uurka dabana Ilaahay baa arka.26

Qofku waa meel madhan.N

Qofna qawlkiisuu hadlaa, qorina qiiqiisuu uraa.T

Qofna qawlkiisuu hadlaa, qorina qaaciisuu uraa.3

Qofna qawlkii, qorina qiiqii.18

Qolo qasaarto waxa u ah qolo kale waxay u tahay faa'iido.T

Qoob lo'aad aroor looma tilmaamo.T   *eeg* Carrab lo'aad...

Qoodhi qardabo iskama dayso.M,W,5

Qooq ma jabee ninkiisaa jaba.T   *eeg* Nin aan qooq...

Qooq ma jabo ee ninkiisaa jaba.1

Khooq ma jabo ee ninkiisa ayaa jaba.4

Kibir ma jabee ninkiisa ayaa jaba.68

Qoori fagaaray ku warsheekootaa.3

Qoori xero kuma wada heshiiso.T

Qoor-qabad xooluhu biyo kuma cabbaan.2

Sagaaro qoor-qabad biyo kuma cabto.16

Qori aad tuurtay qajaftiisa lagama naxo.54

Qori aad jebisay shanqartiisa kama naxdid.1

Qori iyo qiiqiisa waa laysla tuuraa.T

Qori iyo qiicii waa laysla tuuraa.1

Qori iyo qaaciisaba waa laysla tuuraa.2

Qorina keligiis ma belbelo.T
Qoryo aadistooda isku-duwid baa horreysa.Y
Qosol aan qaayo lahayn qiimodarri buu muujiyaa.Y
Qosol ama faq noqoy, ama fagaare tag.T
Qosol badani qoonsimaad buu leeyahay.Y,9
    Qosol badani waa qoonsimaad.T
Qosol waa cadaygii afka.Y
Qosolba hiillo waa galaa.2
Qoysataye yaa kuu qoor jaraa?1
Qufac iyo qosol ma qarsoomaan.6
Qun-yar-socde qodaxi ma muddo.M,N,T,V,W,Y,6,33
Qur go'day iyo roob galbeed midna ma soo noqdaan.T
Quraanyo aruurtay bulac bay jiiddaa.T
    Quraasho aruurtay bulac waa jiiddaa.1
Qurux af bay ku taal.P
Quruxdu dunida waa ka bar.G
Quud aan jirin qoryo u guro.P,T,3,4
    Quud aan jirin qoryo ha u guran.N,Y
    Quud aan jirin qoryo looma gurto.N

R

Raad arooryo dib looma raaco.94
    Raad arooryo gadaal looma raaco.P
    Raad arooryo dib looma qaado.3
    Raad subax dib looma raaco.29
    Saan subxeed gadaal looma raaco.42
    Saan hiiradeed gadaal looma raaco.2
Raad beenlow waa la raad joogaa.Y
Raawis reerkiisa looma dhaamo.M,T
Rabbi talo ku filan.P
Rabbi iyo rag baa jira.W
"Rabbi ka cabso" iyo "rag iska celi" meel ma wada galaan.46
    "Rabbi ka baq" iyo "rag iska riix" meel islama gasho.28
Rabbi-yaqaan waa wad-yaqaan.V
Rabid iyo rajo waa weel aan buuxsamayn.Y

Rag aammusay iyo riyo aammusay labaduba reerkoodii ga-be.T,W,Y
> Rag aammusay iyo riyo aammusay labadooduba reer-koodii gabe.M
> Rag aammusay iyo riyo aammusayba reerkoodii ga-be.V,X
> Rag aammusay iyo riyo aammusay reerkoodii gabe.P
> Oday hadli waayey iyo riyo ciyi waayay labaduna halkoodii gabe.27
Rag aan madax lahayn iyo reer aan gaadiid lahayn midna ma reeyo.T
Rag bi'iisuu ka sheekeeyaa, haweenna badhaadhahooda.T *eeg* Naago ba'ooda...
> Nin bi'ihiisa buu ka sheekeeyaa, naagna baraaraheeda.1
> Naagana santooday ka sheekeeyaan, ragna xuntiisa.3
Rag ciil cadaab ka doortay.P,T
> Rag ciil cadaab ka dooray.1
> Rag ciilkii cadaab ayuu ka doortay.35
> Rag ciil cadaab ayuu ka doortaa.2
> Nin rag ihi ciil cadaabkii buu ka doortay.3
> Nin ciilkii cadaabtii ka dooray.26
Rag diyadiisa waa la bixiyaa, laakiin daamankiisa lama bixiyo.2
Rag gogol xun iyo waraabe god xunba gugooda ma gaaraan.42
Rag gogoshii waa godobla'aan.T,W
Rag habeen buu is dhaafay.T
Rag hadal san baa gaadha, hungurise ma gaadho.N
Rag hareertaadaa laga dayaa.M
Rag heybaddii waa hub.1
Rag "i daa" kuguma daayo ee "aan is deyno" ayuu kugu daayaa.T
> Rag "i daa" kuguma daayo ee "aan is deynuu" kugu daayaa.1
> Rag "aan is deyno" mooyee "i daa" kuguma daayo.2
> Nin rag ah "i daa" kuguma daayee wuxuu ku daayaa la tusaa.11
Rag is galay kala gallad la'.M,W,1
Rag is gurayee.L,94

Rag isma yaqaan, waase is baran.14
Rag jidiin baa walaaleeya ee jiir ma walaaleeyo.56
Rag labaatan jir ayuu ku ballamay.34
    Rag labaatan jir ayaa u ballama.2
Rag lacag waa abuuraa, lacagtuse rag ma abuurto.Y
Rag lama maleeyo.M,W
Rag maalin way is bartaan, maalinna way kala tagaan.T
Rag muraadli'i meel waa u maraa, muraadli'ise meel uma fadhiyo.M,W,Y
Rag naagaa is dhaafshay.T
    Rag naagaa is dhaafiyey.P
Rag qabri iyo qawl baa ka hara.T
Rag reemay run ayaa la farayaa.V
Rag talo kama dhammaato.T,V
Rag waa arrin-keen ama aqbal-keen.L   *eeg* Ama talo keen...,
(3) Rag waa labo: ama talo...
Rag waa fulay fulay baqsaday.3
Rag waa kaad tahay kiisa kale.U
Rag waa raggii hore, hadalna waa intuu yiri.P,T,2,14   *eeg*
Hadalka runti...
    Rag waa raggii hore, hadalla waa intuu yidhi.M
    Ragna waa raggii hore, hadalna waa intuu yidhi.K,W
    Rag waa raggii hore, hadalna waa kii uu yiri.U
    Ragna wuxuu ahaa kii hore, hadalna kii uu yiri.U
    Rag waa raggii hore, warna warkuu yiri.34
    Dad waa kii hore, hadalna waa kuu yiri.28
    Hadal waa kii hore, dadna waa kii yiri.8
Rag waa shaah, dumarna waa sheeko.T
Rag waran baa walaaleeya.95
Rag "wax ma taqaannid" lama yiraahdo ee "isku si wax uma naqaanno" ayaa la yiraahdaa.56
Rag waxaa u fiican nin tolkiis u nacas ah, shisheeyahana u nacab ah, gurigiisana u naag ah.B,L
Rag waxaa u liita calooshii-la-cayaar iyo ciil-kama-baxe, haweenkana casarkii-seexato.D   *eeg* Naagaha waxaa..., (3) Naagaha laba ayaa ugu xun....
    Rag waxaa u liita calooshii-la-ciyaar iyo ciil-kama-kore.V

156

Ragna calooshii-la-cayaar baa u liita, naagana cirkeed-bogato.3

Rag waxaa u liita nin jooga oo aan tirsanayn iyo nin maqan oo aan la tabin.56 *eeg* (3) Rag waxaa ugu daran saddex nin...

Rag waxaa xumaantiisa ah inkir iyo asaraar, naagana waxaa u daran tag ama joog.94

Rag waxaad "walaal" uga weydid waran ugama heshid.T *eeg* Nin rag ah habartiina...

Rag waxaad "walaal" uga weyday waran ugama heshid.101

Rag waxaan naftiisa ahaynba wuu maareeyaa.T

Rag wuxuu kugu bartuu kugu dilaa.M

Rag wuxuu yiri rag baa diida.101

Rag xantii ma mooga, xuuradiise waa moog yahay.1

Nin xantiisa waa maqlaa, xuuradiisase ma maqlo.L

Rag yaraan ma leh.14

Rag yaryaraysi ma leh.I

Ragannimo "dantaa moogi" ayay ku jirtaa.M,V,W,Y

Ragannimo meel cidhiidhi ah bay ku jirtaa.W

Ragga runta kama nixiso.59

Raggana dhugga, ratiga ilkahaa laga eegaa.Y

Raggu dhiiggiisa kama tillaabsado.101

Raggu markay wada joogaan naagahay hadal hayaan, naaguhuna markay wada joogaan raggay hadal hayaan.T

Raggu riyo ma liso, reerkiisana ma mooga.8

Raggu waa nin naag guursaday iyo nin "naa! naa!" kororsaday.T

Rag waa nin naag guursaday iyo nin naakirad guursaday.P

Nin waa nin naag guursaday iyo nin "naa! naa!" guursaday.10

Raggu wuxuu ku taaho waa u tagyaa.43

Ragla'aani wax kuma yeesho ee rag-xumaa wax ku yeesha.T

Ragla'aani wax kuma yeeshee rag-xumaa wax ku yeesha.W

Ragla'aani wax kuma yeesho ee rag-xumaan baa wax ku yeesha.M

Ragna qawl baa xira, naagana meher baa xira.3

Nin waxaa xira qowlkiisa, naagna nikaax.52
Ragow barasho, geelow rarasho.14
Rajay laba eeddo lagu dhaafay dabkuu ku dhacaa.Y
Raq walaalkaa kuugu daran yahay kama dheregtid.3
Raqba waa ku raggeed.T,V,W
 Raqba waa ku raggeeda.L,N,P
 Raqiba waa raggeeda.M
 Raqba ku raggeed.94
Rati hal waa loo tuhin karaa, ninse naag looma tuhin karo.T
Rati lama rartee ninkiisaa la rartaa.1
Ratiga iyo ninka hoggaankaa u dhexeeya.C,L
 Ratiga iyo ninka wada hoggaankaa u dhexeeya.82
 Rati iyo ninka wado hoggaanka ayaa ka dhexeeya.2
Ratiga weyn meeshuu cariiri ku maro qurbacu orod ayuu ku
 mara.2
Ratiga yari ratiga weyn saanqaadkiisuu leeyahay.1 *eeg* Awrba
 awrka ka horreeya...
Ratigii haddaad rari kari weydo, heeryo rati looma eedo.Y
Ratigoo dhumay reeryo lama raadsho.Y
Ratigu rarxumadii ma reeryo-cun buu ku darsaday?T
Raxan maroodi ismana dhex marto, in la dhex marana ma
 oggola.T
 Raxan maroodi sima jecla, in la dhex marana ma rabo.27
Reer degayana tus baa loo tuuraa, rag is hayana eray baa lagu
 tuuraa.N
Reer haddii uu hallaabi rabo, habar baa hoggaanka u qabata.1
Reer kala guuryoo ninba naagtii raacday.T
 Reer kala guurayoo ninba naagtiisii raacday.P
Reer miyi maahmaah ayay wax isugu sheegaan, reer magaalna
 kaftan.2
Reer nabad ah looma talin waayo.3
Reer wax wada cunayo xeradoodu ma qabowdo.Y
Reerkaan doonayey roob igu eri.M,T,W
 Meel aan doonayo roob igu eri.V
Reero ballanla'aan way wada degaan, ballanla'aanse ma kala
 guuraan.V
Reero haddii aad midho u doonato oo muqmad ku siiyo,
 midhihii uun baad doonaysaa.V

Ri' waalan ridaada laguma xirto.Y
Rida adhi ka-hartada-ah shabeelka la hara.Y
Rida ammaanada ah lagama sooco arigaada.Y
Rida lugteeda ayay shabeel ku doonataa.2
    Riyo ayagaa shabeel lugahooda ku doonta.3
Riibi geed ma daaqo, lagamana daaqo.P,1,15
Riyo hadday dub leeyihiin, dabadooday ku qarin lahaa-yeen.M,W
    Riyo haddii ay dub leeyihiin, dabadood ayay ku qarin lahaayeen.V
Riyo lugahoodaa shalaw u soo duwa.W
    Riyo lugtoodaa shalaw u soo duwda.M
    Riyaba lugtoodaa shalaw u soo jiidda.N
    Riyo lugtooda ayay shalaw ku doontaan.V·
    Riyo iyagaa lugtooda xas la doonta.T
Riyuhu gar leh, rida madowna gar leh.2
Roob intuu da'ayaa la hoorsadaa.27
Roob waa raaxo, waana rasi.T
    Rasi iyo reynba roob baa leh.2
Roonaa Rabbaa og.P,1
    Roonaana Rabbaa og.101
    Si roonba Rabbaa og.V
Rugtaada iyo runtaadaba dadka looma sheego.T
Run ay beeni kaa dheereysay.V
Run Ilaah baa kugu jecel.T
Run iyo beeni kala raad leh.T,V,W,Y
    Run iyo been kala raad leh.P,7,59
Run iyo ilkaba waa la caddeeyaa.T,1,2,3,9,33
    Run iyo ilko waa la caddeeyaa.59
Run iyo roob lagama raysto.P,33,62
    Run iyo roobba lagama reysto.7
Run sheeg waa ceeb sheeg.2,3
Run sheeg, wax kuu markhaati fura ma waydide.3
Runi rag kama nixiso.T
    Runta ragga kama nixiso.2
Runi rag waa ka nixisaa, waxse ma yeesho.N,Y
    Runi ragga way ka nixisaa, waxse ma yeesho.V
    Runtu ragga way ka nixisaa, mase disho.M

Runtu ragga ma dishee way ka nixisaa.W
Run-sheege waa ruux in la dhaariyo ka badbaaday.Y
Runta Rabbigaa jecel, beentana sheyddaankaa jecel, kaftankana
waa kol iyo laba.61
Runta sheeg, "beentaa" ha la moodee.T
Runtaada sheeg, "beentaa" ha la moodee.3
Runtaada hore beentaada dambay u roon tahay.T
Runtii-sheege waa Rabbi-ka-yaabe.P
Ruqo ninkii lahaa dabada kaga joogaa ma kacdo.T
Ruqe ninkii lahaa dabada kaga joogaa ma kaco.M
Ruqo ninkii lahaa dabada hayo ma kacdo.V
Ruqe ninkii lahaa dabo jiidayaa ma kaco.W
Ruux aan geeri iyo nolol midna ahayn.N
Ruux aan sal lahaynin sedkii laallan.N,Y
Ruux aan xumaanta iska dhega tiri karin wanaag badan lama
kulmo.Y
Ruux kasta runta waa jecel yahay, ruux kastaase ma sheego.Y
Ruux kasta ruux kale awgiis loo dhalay.Y
Ruux kuu digay kuuma hambeyn.N
Ruux saddex maalmood qatan looma cabsadee waa laga
cabsadaa.Y
Ruux waliba wuxuu hooyadii la yahay hal madheedh ah.N,Y
Ruuxa dantiis garan waayaa dano dad kalena ma garto.Y *eeg*
Ruuxa runta la wareegayo karfantiisuu la wareegaa.Y
Ruuxba dhiishuu ruxduu caanaheeda dhamaa.N,Y,101
Ruuxba wuxuu dhitaystuu sharcigu "dhaanso" yidhaahdaa.N,Y
Ruuxii aroos kasta goobjoog ka ah ayaa geeri kastana laga
helaa.Y
Ruuxii dabka qaataa qiiqana haysta.Y
Ruuxii gafafkiisa iska indhasarcaadiyaa arka dambiyada dadka
kale.Y
Ruuxii hoos wax ka doonayo waa inuu hoos dhugtaa.Y
Ruuxii illaawa meeshuu ku simbiriirixday meeshuu ku dhacuu
xasuustaa.Y
Ruuxii qodax dhigayo kabala'aan yuu socon.Y
Ruuxii soo daahaa danbiga la saaraa.Y
Ruuxii urayo wixiisana waa uraan.Y
Ruuxii waqtiga ku carooda caradaa ku dheeraata.Y

Ruuxii wax kasta doonayo waxba ma gaaro.Y
Ruuxna siduu isu yaqaan ma ahee waa sida loo yaqaan.N,Y

S

Saan aadan u dhalan labo socod lama qaadid.88
Saan saan ku gud, saxanna saxan ku gud.T
  Salaan salaan ku gud, saxanna saxan.2
Saan socotay si walba mudan.T
Saannu yeellaba saannu eedne.95
Saaxiibka maantay waa cadowgaada berri.P
Saaxiibkaa ama saanec kuu ahaa, ama sabab kuu ahaa.T *eeg*
 Saaxiibkaa mar...
  Saaxiibkaa ama kuu sahan ahaa, ama kuu sabab ahaa.W
Saaxiibkaa hadduu malab yahay, ha wada leefin.T *eeg*
 Saaxiibkaaga macaan...
Saaxiibkaa iyo deriskaa midkoodna kuma caddeeyo, kumana
 madoobeeyo ee sida ay yihiin bay kaa dhigaan.T
Saaxiibkaa mar waa kuu sahan, mar waa kuu sahay, marna waa
 kuu sabab.T *eeg* Saaxiibkaa ama...
  Saaxiibkaa mar waa sedkaa, marna waa sababtaa.1
Saaxiibkaa saaxiibkiis waa saaxiibkaa, cadowgaaga cadowgii-
 sana waa saaxiibkaa, cadowgaaga saaxiibkiis waa cadow-
 gaaga.2
  Jaallaha jaallahii waa jaallahaa, jaallaha cadowgiina waa
   cadowgaa.N
  Jaallahaa jaallahii waa jaallahaa.N
  Cadowgaaga cadowgiisa waa saaxiibkaa.43
  Cadowgaa cadowgii waa saaxiibkaa.3
Saaxiibkaa waxaad taqaan sida aad yeeli lahayd ee suu ku yeeli
 lahaa ma taqaannid.2
Saaxiibkaaga macaan mar lama wada laysto.Y *eeg* Saaxiibkaa
 hadduu malab...
Sab dheregtay iyo dameerraba sagax ma daayaan.28
Saboolka iyo geerida aqal bay wada degaan.Y
Sac ma gadmo ee suuq baa gadmo.2
Sac maalin buu hal gooyaa.T *eeg* Geel maalin...

Sac madoobe oo laf diiday ma dilna.T
Sac madoobow, haraati guulkii ceelkay kaaga horreysaa.34
Sac madow caanihiisa wax caddeeyey cibaaro ma ahoo?84
Sac weyshii uma hambeeyo.41
Saca geesaha weyni lo'da hadhka uma daayo, ismana
hadhsado.V
> Saca geesaha weyn lo'da hoos waa ka saaraa, ugumana
> haro.2
> Saca geesaha weynu weylaha ayuu geedka ka baxshaa,
> asna kuma harsado.8
Saca weysha hana ka qalin, ha una dhigin.V
Sacaad hor u iibisay dhiil lalama dabo socdo.Y
Sacab haddaan wax ku jirin, maxaa habeenkii loo tumaa?T,3
> Sacab haddii ayna xeeladi ku jirin, maxaa habeenkii loo
> garaacaa?V
> Maxaa sacabka loo tumaa habeenkii, haddii aan wax ku
> hoos jirin?U
> Dhaantada haddaan wax ku jirin, maxaa habeenkii loo
> tumaa?32
> Sacab haddii aan wax ku jirin habeen lama tumeen.1
Sacna laba seben si ma wada aha.39
Sadaqadaada-barte ayaa sababadaada iska leh.2
Sadaqadi reer ma bi'iso.Y
Sadaqadii sokeeye dhaafto sooma noqoto.2
Saddex sabti isku si uma wada yaallaan.2
> Saddex sabti si iskulama taallo.101
Safar ama socod hay, ama sicir hay.T
Safar baa lagu jiraa "sideen wax yeelnaa?"71
Safar kala talo ah reerkoodu waa boob.3
"Safar muxuu u maqnaa?" lama yiraahdo ee "muxuu keenay?"
ayaa la yiraahdaa.T
Safar suus ayuu u safraa.2
Safarow waxna gado, waxna garo.B
Sagaaro iyo bud in yar baa laysla helaa.W
Sagaaro laba tun oo la kala qalo ma leh.W,16,30
> Sagaaro laba tun oo la kala qalo ma laha.V,3
> Sagaaro labo tun oo la kala qalo ma leh.T
> Sagaaro laba tun oo la kala qaybsho ma leh.P

Sagaaro labo tun oo la kala qaybsho ma leh.7
Sagaaro tun la qalo ayay leedahay ee laba tun oo la qalo ma laha.13
Sagaaro tun la kala qalo ma leh.Y
Sagaaro tun la qaybiyo ma laha.1
Sagaaro miyirkeeda qabta masaajid Aylo aadi mayso.34
Sagaaro wed ka aalaysaa masaajid Eyle ma gasho.T
Sagaaro xaar muuqda ayay aasaastaa.V
Sagaaro xaar muuqday aasaastaa.W
Sagaaro digo muuqata ayay qarisaa.53
Sagaaro xaar bay aastaa la wada arkayo.101
Sagaaro saalo la wada arkayay aastaa.T
Sahal oo madax diiday wax sahlani ma hayo.W
Sahal soor laguma helo.62
Sakhaawe ma deego.T
Sakhi lama cadaabo.T
Sal fadhiyaa suuf gura.29
Salaad nin qalleeyey sii daa.N
Salaad walba siday tahay ayaa loo tukadaa.101
Salaad walba waqtigeedaa la tukadaa.N,V,Y
Salaad walba xilligeeda ayaa la tukadaa.T
Salaadi ma jirine wadaadka futadiisa in la arkaa idmanayd.3
Salaadi siday kuu qabataa loo tukadaa.6
Salaadi say kuu qabato ayaa loo tukadaa.2
Salaadiba say kuu qabsataa loo tukadaa.3
"Salaam calaykum" haddii ayna xumaanin, "calaykum as-salaam" ma xumaanayso.T
Salal laguma fadhiyee soor baa lagu fadhiyaa.T
Saluugaa sad baa ka dhaca.P
Saluugaa sedkiis waa la cunaa.T
Samafale sedkii ma lumo.N
Samataliye sedkii waa janno.N,T,Y
Samir tabarwaa baa jira.P
Samo ha falin, xumo kuuma yimaaddaane.16
Samo lama wada laysan karo.N,Y
Saqiir naageed sirla'aan ma dhinto.T,1,36
Saqiir naageed sirla'aan ma dhimato.2
Sareedo way badnayd, nolol ayaa ka badatay.V

Sayr tegayey ayaan soor ka reebayey.28
Sed aadan lahayn sabab buu leeyahay.1
Seyn lo'aad ama xumbo ku jirtay, ama xaar ku jirtay.T
　　Seyn lo'aad marna xoor bay ku jirtaa, marna xaar.2
Shabeel aanad dilin haraggii lama iibiyo.N
　　Shabeel aanad dilin haraggii ha iibin.Y
"Shabeel baan la legdamay, mana dhuusin" "been" dheh.2
Shabeel caar-caar lagama waayo.V
Shabeelka ilmihiisu waa giiran yihiin.T
Shakaalka waxaa faraska loogu xidhaa sheedda ha kaaga
　　muuqdo, shirka waxaa loo tagaa runta ha laysugu sheego,
　　sheyddaanka waxaa laysaga naaraa sharkiisa ka nabad gal.V
Shalaad dhalataye waa la shubi jiray.T
Shalay ma horreyso, waa dambeysaa.4
Shan beri shiikh laguma noqdo.T
　　Shan maalmood sheekh laguma noqdo.1
Shan nin oo marti qayb leh shanshaa ka go'da, shan nin oon
　　marti qayb lahaynna shan shanshaa ka go'da.T,W
　　Shan nin oo marti soor leh shansho ayaa ka baxda, shan
　　　　nin oo marti soor lahaynna shan shansho ayaa ka
　　　　baxda.V
　　Shan nin oo isku talo ah waxaa ka go'da hal shansho,
　　　　shan nin oo kala talo ahna waxaa ka go'da shan
　　　　shansho.13
　　Shan nin oo isku talo ah shanshaa ka baxda, shan nin oo
　　　　kala talo ahna shan shanshaa ka baxda.R
　　Shan nin oo kala talo ahna shan shanshaa ka baxda, shan
　　　　nin oo isku talo ahna hal shanshaa ka baxda.3
　　Shan nin oo maqaalufo leh shansho qudhaa ka go'da,
　　　　shan aan maqaalufo lahaynna shan.101
　　Shan nin oo muwaafaqo leh shansho qudhaa ka go'da,
　　　　shan aan muwaafaqo lahaynna shan.101
Shanfaroodle waa nin iyo qabkii.F
Shantaada farood waxay ku geliyaan shan sheekh kaama
　　saaraan.2　eeg Fari intay...
Sharad Eebbe lama galo, haddii la galana lama gogto.T
Sharafbeele shey qalaad buu isku shuqliyaa.Y
Sharku yaryaraysi ma leh.N,Y

Sharta indhahaa laga akhristaa.Y
Shayddaanka waxaa ka daran shayddaan-u-yaal.Y
Sheeg-sheeg aadami uurkaaguu shayddaan geliyaa.1
Sheeko habeen dharaartii bay shaki baxdaa.Y
Shiddola'aan waa la naaxaa.T
    Shiddo-yari waa la naaxaa.3
Shifo hore ayaa duco looga quustay.V
Shiishle war ma galo.18
Shillal qiiq lagama waayo.V
Shimbir aad haysato waxay kuu dhaantaa laba maqan.P
Shimbir baal laga rifay ma buubto.T
Shimbirba shimbirkiisuu la duulaa.T,W,1,9
    Shimbir waliba shimbirkiisuu la duulaa.N,Y
    Shinbirba shinbirkiisa ayuu la duulaa.V
    Shinbirba shinbirteed ayay la duushaa.2
Shimbiri codkeeday cidaa.17
Shimbiri laba geed kama wada berdeysato.N
    Shinbiri laba geed kama wada berdeysan karto.V
    Shimbiri labo geed ma wada gurto.T
Shimbiri mar bay dab qaadday, markiina min Allay gubtay.N
    Shimbiri maalin bay dab qaadday oo maalintiina min Alla
      ayay gubtay.W
    Shinbiri maalin ayay dab qaadday, maalintiina min Alla
      ayay gubtay.V
    Shimbiri maalin bay dab qaadday, maalintiina buulkii
      habarteeday gubtay.16
    Shimbiri mar bay dab qaadday, markiina buulkii habar-
      teed bay ku gubtay.T
    Shinbiru mar ayay dab qaadday, markiina gurigii
      hooyadeed ayay ku dhejisay.8
    Shimbir maalin bay dab qaadday, aqalkeedii iyo aqalkii
      habarteed bay ku gubtay.P
Shimbirkii haad-haad badan mar uun buu madax goon leh ku
  degaa.4
Shimbiro berde kama samraan.3
Shinbirtii cirka ku duusha anfaqeeda dhulka weeye.2
    Shinbirtii cirka ku duusha irsaqeeda dhulka weeye.2

Shimbir haddii ay buubto oo buubto, anfaqeeda dhulka ma ahoo?84
Shimbir kasta oo buubto risiqeeda dhulkaas yaal.Y
Shinnidu markay is qoontaa reerkeeda la helaa.3
Shinni markay is qabato ayaa malabkeeda la helaa.78
Shir looma wada uunsiyo.N,T,V
Shisheeye shiil duxa ma leh.3,101
   Shisheeye shiile duxa ma leh.T
   Shisheeye sheedo duxa ma laha.V
Si xun wax u sheeg sixiroowna ka daran.2
Sibraar sahay ma aha.T,W
Sida baarka loo xoqo moyda looma xoqo.2
Sida loo kala xaar weyn yahay looma kala xoog weyna.T
Sida wax loo og yahay looma wada sheego.Y
Sidaad dooneyso haddaad weydo, sidaad ka badin weyso ayaa la yeelaa.2
   Sidaad dooneyso haddaad weydo, sidaad ka badin weyso baa la yeelaa.P
   Sida aad rabtid haddii aad weydo, saad ka badin weydo ayaa la yeelaa.T
   Sidaad dooneyso hadday ahaan weydo, yeel sidii laga badin waayo.Y
   Haddaad waxaad jeceshahay weydo, waxaad ka fursan weydo baa la yeelaa.K
Sidaan kuugu lisay iiguma hambaynin.T
   Sidaan kuugu lisay iiguma aad hambeyn.W
   Saan kuugu lisay iiguma aad hanbeynin.69
   Ninyahow, sidii aan kuugu lisay iiguma soo hambeyn.8
   Wiilyahow, sidaan kuugu lisay iiguma aad hanbeyn.N
Siday u geeso weyn tahay uma badiso.T
   Lo'du siday u geeso weyn tahay uma caano badna.101
Sidee xeego loo xagtaa, ilkana u nabadgalaan?T,15
   Sidee xeego loo xagtaa, ilkana ku nabadgalaan?L
   Sidee baa xeego loo xagtaa, ilkana ku nabadgalaan?P
   Sidee xeego loo xagtaa, ilkana ku nabadgalaan, caloolna wax ku tagaan?2
Sidii god la qoday sugid badanaa!Y
Sinji ma doorsoomo.T

Sir naageed lama salgaaro.T,1,2,11,71
 Sir naageed lagama salgaaro.77
Siri talo ma noqoto.3
Sir-ma-qabe Alla wata wehel uma baahna.1
Sir-ma-qabe Allaa u sahan ah.T,V,W,1,4,31,101
 Sir-ma-qabe Allaa u sahan maqan.P
Sir-ma-qabe saab baa biyo u cesha.3,101
 Sir-ma-qabe saab ayaa biyo u cesho.43
 Sir-ma-qabe saab baa biyo u celiya.101
 Sir-ma-qabe saab baa biyo u celiyo.6
 Sir-ma-qabe saab ayaa biyo u celiyaan.2
Sirrow ma hodmo.T
 Sirraa ma hodmo.W
Sirtaada dabeysha ku asturo intaad naagtaada ku kaydsan
 lahayd.Y
Sirtaada naag looma sheegto.P,Y
Sirtaada waxaad xukuntaa intaadan sheegin, mar hadday kaa
 baxsato iyadaa ku xukunto.Y
Sixirrow saaxiib ma dhowro.2
So' sagaaro ninkii saluuga saanteedaa la tusaa.T
Socdaal-marti wejiga lagama eegee calooshaa laga eegaa.Y
Soco weyneye aan orodno.28
Socodka waa hore, sahaydana waa dib.V
Socod-xume wuu fadhi xumeeyaa.75
Socod-xumi ayaa minin jinni ku geysa.T
Sod la garaacay ayaa saabkiisa la ogaaday.2
Soddohdaa waa lala hadlaa, wax xunse lama yidhaa.W,Y
 Soddohdaa waa lala hadlaa, wax xunse lama yiraahdo.T
"Soo noqo" nin weynina samir buu u qaataa, nin yarina sed.101
Soomaalidu been waa sheegtaa, beense ma maahmaahdo.K,T,Y
 Soomaalidu been way sheegtaa, beense ma maah-
  maahdo.V,W
 Soomaalidu been way sheegtaa, laakiin ma maah-
  maahdo.11
 Soomaali been ma maahmaahdo.P,77
Soori "cun" iyo "cun" bay ku macaan tahay.W
 Cunto "cun" iyo "cun" bay ku wanaagsan tahay.V
 Soori isla-cunid bay ku macaan tahay.T

Soori waa saxaro.A,Y

Soortaan ka dhergi doono sansaankeedaan ka gartaa.94 *eeg*
Wixii araggiisu...

Sooryadaan ka dhergahayo sansaankeedaan aqaan.3

Sow sagaaro ima barato?G,98,101

Subagga wuxuu ku dhashaa "adaa mudan" iyo "adaa mudan".2

Subax iyo sadar, subax baa badan.T,3 *eeg* Wow Qur'aan...

Suge ma dhinto ee dharare ayaa dhinta.Y

Suri waa nin ku jabsi, sagaarana waa laba nin ku dubad, sagaal
halaadna waa saddex nin ku maal.101

Suul faro ka gaaban.P

Suul faro kuma jiro.3

T

Tababbar bidixda intay midig ku fiyowdahay.Y

Tabar ninkii leh baa talo la weyddiiyaa.16

Tabarta dumar waa afka.Y

Tabba taab baa lagu gaaraa.O,101

Tab-hayow, lagaa tab hayee.101

Tagoog ari ka tuuqso, taadana ka wado.101

Tagoog ka tuuqso, taadana ka wado.29

Tagoog muruqa kala bax, lib iyo abaalna ha uga hayn.2

Tagoog oday waa tub lagu kulmo.1

Tagto daayoo timaaddo hay.T,U,X

Tagto daa ee timaaddo hay.U

Tagto daaye timaaddo hay.Y

Tagto daaye timaaddo qabo.6

Tagto daayoo timaaddo ogow.W

Tagtay dhaafoo timaaddo qabo.N

Tan tagtay daa, tan joogta qabo.P

Talada dadkana qaado, taadana ku soco.Y

Taladaan la ruugin waa lagu rafaadaa.12;81

Taladii xumaata iyo gudniinkii xumaadaba dib ayaa loogu
noqdaa.V

Talo adeer baa u adag, tirana toban.E

Talo adigaa ku nool ee iyadu kuguma noola.L,W,7,101

168

Talo adigaa ku nool ee ayadu kuguma noola.P
Talo adiga ayaa ku nool ee iyada kuguma noolo.2
Talo adaa ku nool ee iyadu kuguma noola.N,1
Talada adiga ayaa ku nool ee iyadu kuguma noola.V
Talada adigaa ku nool ee iyadu kuguma noola.3
Waano adiga ayaa ku nool ee ayadu kuguma noola.101
Talo colaadeed nin qudh ah ayaa loo dhiibaa.V
Talo dumar taagdarro ayay u dhacdaa.V
Talo isuma kaa sheegto.N,P,V
Talo kastoo yeel tillaabala'aan bay ku dhigtaa.Y
Talo labo madax bay dhex martaa.Y
Talo mar lama wada helo.Y
Talo nin kuma filna, labana ku heshiin weyday.P
    Talo ninna kama filna labana ku heshiin weyday.7
Talo oday iyo taag barbaar.U
Talo tol oo la diidaa tagoog jabtay leedahay.T
    Talo la diidaa tagoog jabtay leedahay.101
Talo waa mar aad garan weydo iyo mar aad gaari weydo.P,7
    Talo waa mar aad garan weydo iyo mar aad gaadhi
    weydo.33
    Talo waa mar aad garan weyday iyo mar aad gaari
    weyday.52,101
    Talo waa mar aad gaadhi weyday iyo mar aad garan
    weyday.W
    Talo waa mar aan garan waayey iyo mid aan gaari
    waayay.63
Talo xiin roob uun baan ku garan lahaa.V
Talo-qabeen waa maalqabeen.V
Talo-walaal-diide tagoog buu ku jabaa.101
Talo-walaal-diide turunturro ma huro.P,T
    Talo-walaalkii-diide taranturro ma huro.44
    Talo-walaalkii-diide waa taranturroodaa.1
Talo-xume tol ma badiyo.17,27
Talo-xumo talo ma badiso.1,2
Talo-xumo talo-wanaag baa lagu bartaa.T,Y
Talo-xumo tog bay kaa riddaa.T
Talo-xumo waa luggooyo.X
Tifiq-tifiq biyo ah baa weelka buuxsha.Y

Tigaadi daw kama baxsana.N
Tikhsi iyo qurun meel bay wada galaan.Y
Timaha waxay wajiga uga bixi waayeen waa sarriigta.2
Timir laf baa ku jirta.M,N,T,V,W,Y
    Timirba laf baa ku jirta.38
Timiri waa boqorkii miraha.Y
Timirtii horaba dab loo waa.P,T,1
    Timirtii hore ayaa dab loo waayay.2
Tiro badi hadal waa lagu qiimo tirmaa.Y
Toddoba ayaa talo ka dhalataa.101
Tog biyo leh tubtiis toosan.T
Togba taagtii buu rogmadaa.M,T,W,1,31
    Togba taagii ayuu rogmadaa.V,10
    Tog waliba taagtiisuu rogmadaa.95
Tol iyo fardo, tol baan doortay.T
Tol shir waayay shaasho kama baxo.V
Tol waa hal la qalay.T
Tol waa nin qumman qabanqaabadiis iyo nin qalloocan
    qabanqaabadiis.T
Tol waa qobtol.V
Tol waa tog.27
Tol waa tolane.T,V,3
Tol xeer lihi caydh ma leh.T,101
Tolkaa eexo laguma dilo.V
Tolkaa kuma gabee afkaagu yuu ku gabin.26   *eeg* Anigu ku
    sheegi maayo...
Tolkaa taagtaa looguma taliyo.V
Tolkaaga iyo kabahaagaba dhexdaa looga jiraa.1
Tolkay saan maalinba mid u nacayay ayaan wada nacay.94
Tooggo meel bay kaa riddaa.M,W
Toojo nin leh uun baa maali kara.V
Tuhun waa sed.N,W
Tuke nasiib uu caano ku helo waa leeyahay, nasiib uu ku
    dhamase ma leh.3
    Tuke way dhib yar tahay siduu caano u raqo, wayse dhib
        badan tahay siduu u cabbo.27
Turunturro, awalba horaan u socday.T
    Turanturro, awal baan horay u socday.3

Turunturrooy, awalba horaan u sii socday.41
Tusmo waa la kala leeyahay.V
Tuug hurdo waa mid horaan wax u qaatay.Y
Tuug intaadan "tuug" dhihin ayuu "tuug" ku yiraahdaa.4
    Tuug intaadan "tuug" dhihin ayuu "tuug" ku yiraa.1
    Tuug intaadan "tuug" dhihin ayuu "tuug" ku dhahaa.2
Tuug iyo taajir ma tashataan.62
Tuug la qabtay tabar ma leh.T
Tuug la qabtay talo ma laha.W,2,3
Tuug tubtuu qaado ayuu tilmaamaa.4
Tuug tuug buu ku moodaa.P,7
Tuug tuug ma xado.P,1,23
    Labo tuug isma xaddo.T
Tuug wax ka tuhun badan.T,Y
Tuug waxaa ah kii wax lagu qabto.Y
Tuuge lama tuugo ee taajirkaa loo tagaa.T
Tuugmo dadaad tuur bay kuu yeeshaa.2
    Tuugmo aadane tuur bay kuu yeeshaa.P
Tuugo kula taal tab kaama weydo.P,T
    Tuugo kula taal tabtaa ma weydo.2
Tuugow, hillaaca yaa kula ogaa?T
    Tuugow, hillaac yaa kula hayay?3
Tuugsi waa tabarta cayrta.Y
Tuuke habartii ilxayr kalama baxo.T

U

Ugaadha tii hor booddaa ma badiso.N
Ul dameer ku dhacday aakhiray ku sugtaa.P
Ul jiiftaa ma jabto.M,T,V,5,10
Ul qalloocan ma yeelato hoos toosan.Y
Ul waa ishii indhoolaha.Y
Uli waa qabowdaa, eray xumise ma qaboobo.N,Y
Umal raagay iyo ul girir leh baa feero jebiya.T
Umal yaxaas laga qabo biyo webi baa lagu nabar dhabaa.T
    Ciil yaxaas loo qabo ayaa webi loo uleeyaa.2
Usha intay qoyan tahay baa la toosiyaa.Y

Usha ninka dadka u dheer ayay dhifataa.2
Usha xashka ku dhufo wixii ku jiraaba ha ka soo baxeene.U,Y
    Usha xaska ku dhufo, wixii ku jiraaba ha ka soo
    baxeene.T
    Usha xashka ku dhufo wixii ku jiraa ha soo baxeen.101
Ushadaa nin aad ka qaadan kartid ayaa loo dhiibtaa.40
    Ushaada nimaad ka qaadan kartid ayaa loo dhiibtaa.4
    Ushaada nimaad ka qaadan karto ayaa loo dhiibtaa.T
    Ushaada ninkaad ka qaadan karto ayaa loo dhiibtaa.2
Ushii aan ul lagu jinsho lahayn waa dheeraataa ama waa
    gaabnaataa.4
Uskagba uskag baa saara.T
Uuleey kan ugu horreeya ayaa laga dilaa.2
Uur habreed waa ugxan.3
Uur hooyo waa igadh tumaal.V
Uurjiif habartii ku gowracan.B,C,P,3
    Uurkujir hooyadiisa ayuu ku gowracan yahay.35
Uurkiisu iyo afkiisu isma laha.N

W

Waa awr heeryadiisii cunaya oo kale.N
Waa baryay maalin buu dhalaa.40
Waa baryaba taladiisuu leeyahay.88
Waa biyo col dhaanshay.N,V
Waa biyo sare tegay.V
Waa calaacashoo timo ka soo baxaan.N
Waa dameer ruuxii sarriig ka maran.Y
"Waa kacay" ha oran, haddaadan cagahaaga ku taagnayn.Y
Waa ku dhalay ee "i soo raac" ma jirto.2
"Waa kufay" waxba ma aha ee "waa kici waayay" baa daran.Y
"Waa lay caayay" ceeb baa kaa raacda.T,V
Waa magac beelaa ninkii meel kasta markhaati ka ah.Y
"Waa rabaa" roob baa lagu waayay.2
Waa reer ninna dhisaya, ninna duminaya.N
Waa sidii waraabe waxartii laysay, oohinna ku dartay.Y
Waabaayo mas baa masayr dhaanta.Y

"Waad waalan tahay" walaalkaa baa laga helaa.1
Waagii baryaaba wax uun buu la baryaa.2
Waagii kuu baryaaba waayo leh.N
Waajib aad gudatay waa qaan kaa hadhay.N,Y
Waalid raagay wacays ma reebo.3
Waalidku carruurta ma kala jecla ee iyagaa is kala jecleysiiya.T
    Ilmahaaga kala ma jeclid ee ayaga ayaa iskaa jecleysiiya.2
Waalidku xaq leh, walaalkuna xaq leh.64
Waallida nin soo maraa laga wareystaa.20
"Waan baahan ahay" bakhtiga looma cuno.T,2
    "Waan baahan ahay" bakhti looma cuno.4
    "Waan baahan ahay" baqti looma cuno.28
    "Waad baahan tahay" looma bahal cuno.5
    "Waad baahan tahay" looma bahallo cuno.M,W
    "Waad baahan tahay" bakhtiga looma cuno.3
"Waan dhihi rabay" "waan dhihi rabaa" ayaa ka roon.T
Waano abuuris baa ka horraysay.T,Y,3,82
Waano dhalan baa ka adag.M,V,W,Y
Waari mayside war ha kaa haro.P,T
Waayaha waa sidii faraha, midna midda kale uma eka.Y
Waayeel "afkaaga fur, ilkahaaga aan tiriyee" lama yiraahdo.T
    Waayeel "afkaaga kala qaad" lama yiraa "aan ilkahaaga
        tiriyee".1
    Waayeel "afkaaga soo duw" lama yiraahdo.3
    Waayeel "afkaaga soo duw" looga roon.3
    Waayeel "afkaaga fur" looma roona.U
    "Ilkahaaga ii fur, aan tiriyo" lama helo.12
Waayeel baa war toosan loogu tagaa.Y
Waayeel hortiisaa loogu caano barxaa.3
    Waayeel hortiisaa caanaha loogu barxaa.82
    Waayeel caanaha hortiisa ayaa loogu barxaa.2
    Waayeel caano hortoodaa lagu barxaa.1
Waayeel iyo waaya-arag.Y
Waayeel "tag" lama yidhaa ee wax uu ku tago ayaa la
tusaa.M,V,Y
    Waayeel "tag" lama yidhaa ee wuxuu ku tago ayaa la
        tusaa.W
    Waayeel "tag" lama yiraa ee wuxuu ku tagaa la tusaa.1

Waayeel "tag" lama yiraahdee wuxuu ku tagaa la tusaa.T
Waayeel "tag" lama yiraahdo ee wax uu ku tagaa la tusaa.U
Waayeel "tag" lama yiraahdo ee wuxuu ku tago ayaa la tusaa.23
Waayeel "tag" lama dhaho ee wuxuu ku tago ayaa la tusaa.8
Waayeel "tag" lama dhehee wuxuu ku tagaa la tusaa.48
Nin weyn "tag" lama yidhaahdee wuxuu ku tagaa la tusaa.N,101
Nin weyn "tag" lama yiraahdee wuxuu ku tagaa la tusaa.9
Nin weyni "tag" lama yiraahdo ee wuxuu ku tagaa la tusiyaa.12
Nin "tag" lama yiraahdo ee wuxuu ku tagaa la tusaa.P
Waayeel waa waqti xun joog.56
Waayeel warkiisa haddii la maqli lahaa, waraabe wuxuu cuno ma heleen.65
Haddii talo waayeel la yeelo, lax waraabe ma cuneen.44
Waayeel warkiisa kaftan buu ku dhammeystaa.101
Waayeel dhabtiisa kaftan ku laasay.K
Rag kaftan bay hadalka u dhammeystaan.1
Waayeel warkiisa wax baa ku hoos jira.Y
Waayeel xanuunsaday xil ma garto.P,1,7
Waayeel xanaaqay xil ma garto.32
Waayeelka indhaha kula raaco waa mid wax kaa baryayo.Y
Wacad ha gelin, haddaad gashana ha furin.101
Wacad ha qaadin, haddaad qaaddana ha furin, wedkaaga noqon dooneena lama ogee.101
Wadaad abaar jooga injir lagama qabto.T
Wadaad jiilaal injirtiisa lagama qabto.3
Culimo jiilaal joogta injir lagama qabto.V
Culimo jiilaal injir lagama qabto.W
Wadaad iyo dhurwaa iyaga ayaa kaa og meesha dheeftu ku jirto.32 *eeg* Waraabe halka...
Wadaadku sadaqada la siineyo sansaankeeda buu ka arkaa.101
Wadaan reerkeedii gabtaa reer kale uma ciidamiso.2
Wadaanta isha ka qalloocataa faylka ayay la tagtaa.T
Wadaanta isha ka xumataa faylka ayay la tagtaa.V

Wadajir waa lagu guuleystaa, kala-tagna waa lagu jabaa.12
Wadajirku waa awood cadowgu kaaga baqo.101
Wada-joog looma dardaaran la'aado.3
    Wadajir ma loo dardaaran la'aado.1
Wadar iyo waaxid, waaxid baa waalan.T
Wadatashi wax lalama sooro.T
Waddada naarta waa carrabka dumarka.Y
Waddo lama hargalo, waadi lama seexdo, war lama dhaafo.3
Waddo waxaa dhab loo bartaa markii laga dhumo.Y
Wadiiqada yari waddada weyn bay ku gaarsiisaa.T,Y
    Wadiiqada yar waddada weyn bay kugu riddaa.W
    Wadiiqaha yari waddada weyn buu kugu ridaa.3
    Wadiiqada yari wadiiqada weyn yay kugu riddaa.N
    Wadiiqadu waddada weyn bay kugu riddaa.M
    Waddada yari waddada weyn ayay kugu riddaa.V
    Dhabbo yar dhabbo weyn buu kuu geeyaa.P
Wadne kula tol ma aha.T
Wahsi iyo warla'aan ayaa lagu kala dhaqan yahay.94
Walaal biri ma goyso, biyana kaama mayraan.2
Walaal jacayl wed kama reebo.Y
Walaal kaa fog deriskaa kuu dhaama.Y
Walaal waa garab.T,Y
"Walaalkaa baa xoolo leh" waa dhegta raaxadeeda.2
Walaalkaa haddii candhuftaadu gaarto, gacantaadu ha la jirto.G,3
    Walaalkaa haddii candhuufadaadu gaarto, calaacashaadu
      ha la jirto.B
    Ninka candhuuftaadu gaadho gacantaadu ha gaadho.V
Walaalkaa maragga ku fur, magtana la bixi.L
    Walaalkaa maragga ku fur, magtase la bixi.U
Walaalki-dhale, wiilki-dhale iyo wedki-dhale.T
    Nin walaalkiis dhalay iyo nin wiilkiis dhalay iyo nin
      wadkiis dhalay.101
Walaalo cartanleeye oo haddana caano wadaage.T
Walaalo dagaallamayo lama dhex galo.Y
    Dagaal walaal lama dhex galo, berri heshiiyaanna lama
      oga.Y
Walaalo is jeceli waa xoolo bataan oo xabaalo yaraystaan,
    walaalo is necebi waa xoolo yaraystaan oo xabaalo bataan.T

Walaalo isku xumaaday waa xoolo yareeyaan, waana xabaalo badiyaan.2

Walaalo xafiiltamay way xabaalo badiyaan oo ay xoolo yareeyaan.V

Walaasha iskuma hubtide seeddigaa ha coleysan.11

Wallee biyow, ama laydin lul oo subag dhashe, ama laydiin ma noqdo.3

Wallee, reerkaan ogaa ma guuro.W   *eeg* (2) Dacawadii reerka...

Wan weyn bari ku shub.T

Wan weyn bari sii, tumaal u afee waa biyo harraaday.T

Wan weyni jeer la gowraco indhihiisu cirka ma arkaan.M,T

   Wan weyn jeer la gowraco indhihiisu cirka ma arkaan.2,3

   Wan weyni jeer oo la gowraco indhihiisu cirka ma arkaan.Y

   Wan weyn jeer oo la gowraco indhihiisu cirka ma arkaan.5

   Wan weyn ilaa la gowraco indhihiisu cirka ma arkaan.V

   Wan weyn iyada oo la gowraco mooyee indhihiisu cirka ma eegaan.23

   Wan ilaa la gowraco indhihiisu cirka ma arkaan.1

   Dibi in la gowraco ma ahee indhihiisa cirka ma arkaan.Y

Wanaagga waa la xasuustaa, xumaantaase ka xasuus dheer.Y

Waqti kaa lumaa murugguu reebaa.N,Y

Waqti kaa tegay tiigsimaad ma leh.N,Y

Waqti waliba da' la filuu leeyahay.N

War aan murti lahayn waa laga aammusaa.Y

War baa u gaajo kulul.101

War belaayo gowso waaweynaa!N

War dabaraac daal baa ka danbeeya.Y

War dafoor buu ku yaal.T,101

War indhaa dhaama.101

War iyo dabba dabayshaa qaadda.Y

War iyo wax la cuno baa lagu nool yahay.T

   War iyo wax la cunto baa lagu nool yahay.101

   Warsi iyo wax la cuno baa lagu nool yahay.H

   Wax la cuno iyo war baa lagu nool yahay.H

War jiraaba cakaaruu iman.M,N,Y,5

War jiraa cakaaruu iman.T
War ku dhaafay dhego ma leh.T
War kugu saabsan habeen kaama dhaxo.Y
War la qabaa xiiso ma leh.M,T,Y,5
    War la qabo xiiso ma leh.P
War madaxa waa galaa, mase duleesho.Y
War nimaan loo diran baa sida.N,Y
War sal ayaa looga dhergaa, biyana sacab, salaanna xusul.T
War tiro ma leh ee miisaan buu leeyahay.Y
War tolow, reer rag leeyahay sidaan roob ma u galaa?T
War waxaa lagu xalaaleeyaa ballan, xoolana bir, badarna suus.T
War weel ma buuxsho.Y *eeg* Hadal haan...
War xumi dugsi ma fadhiyo.T
    War xumi dugsi ma fadhiisto.V
Waraabaha barta ma ahee buurta ma arko.42
Waraabe ama geed hay, ama geel hay.W
Waraabe ciilna ha u qabin, calalna ha u tuurin.V,W
    Waraabe ciilna ha u qabin, calalna ha uga tegin.101
Waraabe dhankii loo eryaaba waa u bannaan.M,T,W,Y,5
    Waraabe xaggii loo eryaaba waa u bannaan.V
    Waraabe dhankii loo eryaaba waa u toos.5
Waraabe god xun iyo rag gogol xunba geeri ayaa dhaanta.71
Waraabe halka raqi taal isaga ayaa kaa og.V
Waraabe hooyadiis qorrax u jiiday adiga hoos kuuma jiido.43
  eeg Nin ku dilay...
Waraabe iyo cawl heshiis dhex mari waa.Y
Waraabe naftiisa uma roona, laf guri taalna uma roona.V
Waraabe ul lala gaadhi waa, afna waxba lagaga guri waa.M,Y
    Waraabe ul lala gaadhi waa, afna wax lagaga guri waa.5
    Waraabe ulna lala gaari waa, erayna wax lagaga guri waa.9,49
    Waraabe ul lala gaadhi waa, eray xunna wax lagaga dhibi waa.K
    Waraabe habaarna wax lagaga tari waa, ulna lala gaari waa.T,99
    Waraabe cagana lagu gaadhi waa, cayna wax lagaga qaadi waa.95

Waraabe cagana lagu gaari waa, cayna wax looga tari waa.2

Waraabe cayna waxba lagaga qaadi waa, orodna lagu gaadhi waa.V

Dhurwaa orod lagu gaari waa, ulna wax lagaga qaadi waa.16

Libaax tuuryo lalama gaaro, cayina wax kama tarto.L

Waraabihii alif iyo ba' la baray wuxuu meereeyey waxar, wan iyo nayl.Y

Waraf iyo shimbiro war isuma hayaan.L,3

Waran kugu soo noqon doona lama rido.M,T,5

Warankii kugu soo noqon doona lama rido.N

Gantaal kugu soo noqon doona lama gano.K

Lama gamo fallaar kugu soo laaban doonto.Y

Waran nin kugu dhufta iyo kii kugu dhaqdhaqaajiya kee daran?T

Waranka ninka kugu dhiftiyo kan kugu dhaqdhaqaajiya kee baa daran?N

Ninka waranka igu dhuftay kan igu ligligay ayaan ka neceb ahay.2

Waran waab yaallo war ma keeno.101

Waran weyni intuu gooyo intuu guulaa ka badan.3

Waras iyo weyshiisa weerar baa kala geeya.T

War-badidu mar bay wedkaaga noqotaa.101

Wareer cawo waa loo waabberiistaa.87

Wareer habeen waa loo waabberiistaa.61

War-helaa talo hela.29

Warkii hore war soo dhaaf.101

Warla'aan baa col hodday.M,T,V,W,1,5

Warla'aan waa wareysila'aan.P

Warran badan Quraan ma noqdo.T

Warxumatashiil waano ma leh.T

Wax aad... *eeg* Waxaad...

Wax aan (Waxaan) calaf ahaynna lama cuno, waxaan had ahaynna looma dhinto.T

Waxaan hed ahaynna looma dhinto, waxaan calaf ahaynna lama cuno.W

Waxaan calaf ahayn lama cuno.1

Wax aan (Waxaan) daacad ahayni dib bay ka xumaadaan.T
Wax aan daacad ahayni dabaday ka soo xumaadaan.N
Wax aan (Waxaan) dhib loo marin dheyel laguma helo.P
Wax aan dooro istaahilin looma dacwoodo.Y
Wax aan gacantaada ku jirin iyo afkaagu waa kala
raagaan.M,Y,5
Waxaan gacantaada ku jirini afkaaga way ka raagaan.T
Wax aan (Waxaan) gar ahayn waa garas mayrax ka diir.6
Wax aan (Waxaan) hubo haddaan hayaa.101
Wax aan (Waxaan) kashaada qaboojinin yaanay korkaaga
dhaamin.N,Y
Waxaan kashaada gaadhini yaanay korkaaga dhaamin.N
Wax aan (Waxaan) ku cuninba waa la cunaa.N,P,T,Y
Jiilaal waxaan ku cuninba waa la cunaa.V
Wax aan la hayn iyo bahal hoose toona lama soo qaado.T
Wax aan (Waxaan) la helayn baa loo hunguriyaa.Y
Wax aan (Waxaan) lagu dhibtoon laguma dheefsado.T
Wax aan qalanno, mindiyahana aan qarsanno.T
Aan middiyaha qarsanno, waxna qalanno.L
"Xoolaha aan qalanno, middiyahana aan qarsanno" ma
dhici karto.2
Wax aan (Waxaan) taliyay aragtaye waxaan tarana dhawr.O
Wax aan (Waxaan) wanaag lagu gaarin xumaan laguma
gaaro.T
Wax aanad (Waxaanad) cunin lagama dhergo.101
Wax aanad (Waxaanad) falayn lama faalleeyo.N
Wax aanad filayn iyo fallaadhiba way kaa nixiyaan.M,Y   *eeg*
Hadal aadan filayn...
Wax aanad filayn iyo fallaadh baa naxdin leh.5
Wax aanad heli karayn wax aanad u baahnayn baa laga
dhigaa.M,Y
Wixii aadan heli karin wax aadan u baahnayn baa laga
dhigaa.T
Waxaad u baahan tahay ood weyday waxaanad u
baahnayn baa laga dhigaa.N
Wax aanad hurayn horaa loo yeelaa.M,5
Waxaanad hurayn hore ayaa loo yeelaa.V
Waxaadan huri doonin horay baa loo yeelaa.H,Y

Waxaanad huri doonin horaa loo yeelaa.T
Waxaadan hurayn habaar laguma darsado ee hore ayaa
laysugu tuuraa.2
Wax adiga kula silloon ayaa ruux kale la toosan oo la
qumman.N,Y *eeg* Wax qof la toosan...
Wax ay kun og tahay kow looguma daro.2 *eeg* Ceebtaadoo
kun og...
"Wax baan aqaannaa" waxaa bi'isay "kaa aqrisan maayo".G
"Wax baan garan" "wax kastaan garan" ma aha.Y
Wax badan baa warkoodu araggooda dhaamaa.T
Wax badan joog aad wax aragtide.P *eeg* Cimrigaaga
dheeraadaa...
Wax badso wax beel ayay leedahay.T,2,4,61
Wax badso waxla'aan bay leedahay.101
Wax badso wax beel baa jirta.P
Wax dhumay lagama dabo dhumo.T
Wax fudud oon fardo ahayn baan nacay.98
Wax gedgeddi, wax ha kula gaddoomaane.28
Wax gedgeddi, wax ha kula gaddoomeene.P
Wax gu' dhigay ayaa dayri ku faantaa.101
Wax hel iyo wax waa wax isku dey uun baa la qaatay.I
Wax indho arkaan baa ilko gooyaan.M,W
Wixii indho arkaan ayaa ilko gooyaan.V
Wax is weyddiini ma xuma ee wax is weydaarsi baa xun.5
Wax is weyddiini ma xuma ee wax isweydaaris baa
xun.M
Wax is weyddiin ma xumee wax is weydaarsi baa xun.T
Wax is weyddiini ma xuma ee wax is weydaarsi baa
daran.5
Wax is weyddiini ma xumee wax is weydaarin baa
daran.W
Is weyddiini ma xumee is weydaaris baa daran.N
Wax isa siin kalgacayl kama horreeyo, is aragna aqooni kama
horreyso.10
Wax jid laga helay jiid-jiid ma leh.28
Wax dhul laga helay jiid-jiid ma galaan.4
Wax ka qabasho ma ahee wax ka dhihid ma leh.U
Wax ka xun ma jiro kugu dhimay, kaana dhimay.T

180

Wax kasta waa xalmaan, af nijaasoobay mooyee.Y
Wax kastoo af yiraahdo laabta ma jiraan.Y
Wax ku hurin iyo habaar waalid lama badsado.43
Wax la arko carrab iyo ilkaa isugu dhow, iyaguna waa is
qaniinaan.3
 Wax la arko carrab iyo ilkaa isugu dhow, iyaguna waa is
 khilaafaan.3
 Carrab iyo ilko iyagaa inta kale isaga dhow, iyagana waa
 is qaniinaan.Y
 Adduunka carrab iyo ilko ayaa isugu dhow, ayaguna waa
 is qaniinaan.2
 Wax kastaba waxaa isugu dhow carrab iyo labo daan,
 ayaguna mar bay is qaniinaan.T
 Carrab iyo labadiisa daanba way is qaniinaan.V
 Ilig iyo carrabkaba marmar bay murmaan.Y
Wax la dhalay iyo dhul baa loo marti yahay.L,N,101
Wax la dhowdhowraba dhulkaa u leh.15
Wax la qariyo ama qurme, ama qubte.1
 Wax la qarsho ama qubte, ama qurme.P
 Waxa la qarshay ama qurme, ama qubte.3
Wax la qariyo qurun baa ku jira.2
 Wixii la qarshaba qudhun baa ku jira.T
Wax la raajiyey rag kuma sama.V
Wax la sheego wax la shahuudo ayaa ka roon.12
Wax la tiriyey ma badnee toddobo cisho i sugo.T
Wax lagu talo xumaysto guurka ayaa ugu wanaagsan.2
Wax lays faray fariid laguma noqdo.3
Wax qof dila ayaa qof kale daawo u ah.T
Wax qof la toosan baa qof kale tuur la leh.T *eeg* Wax adiga...
 Wixii nin la tuur laa nin la toosan.29
 Nin wax la tuur leh nin la toosan.P,1
 Arrin nin la toosan nin kale tuur la leh.N
 Arrin nin la toosani nin kale tuur la leh.Y
 Xaajo nin la toosan baa nin la tuur leh.3
 Xaajo nin la toosan ayaa ninna la tuur leh.30
Wax rag kaa galay rako kaa gale.M,N,P,T,1,14,28,99
 Wax rag kaa galay rako kaa gal.33
Wax rag ku kaco, Rabbina aqbalo waa rumoobaan.1

Wax rag ku tashaday nin ma oran waayo.3
Wax bahi ku tashato nin ma sheegi waayo.V
Wax waa la fiiriyaa, lagumase indho kuuro.Y
Wax walaal loo diiday wad baa leh.M,T,W,Y
Wax wanaagsan haddaad naftaada la jeceshahay, dadka kalena waa lala jeclaadaa.101
Wax waxaa jira afkaaga ku xun, afka walaalkaana ku wanaag-san.3
Wax xiilo lagu waayay xoog laguma helo.12
Waxa abeeso leedahay ilmaheedna leh.V
Waxa hambo dhallaan mooday waa nin weyn sedkii.51
Waxa nin rag ahi ceeb u haysto ayay doqoni ammaan' isku mooddaa.30
Waxa ummusha u dan ah ayaa ilmahana u dan ah.M,W,Y
    Waxa ummusha u dan ah ayaa ilmaha u dan ah.T
    Ummusha waxa u dan ah ayaa ilmahana u dan ah.V
Waxaa isu daran nin qab weyn iyo nin quursi badan.8   *eeg* (3)
Saddex ma heshiiyaan...
Waxaa jira "aabbahaa was" aan wax ku jirin iyo "fariid fariid dhalay" wax ku jiraan.T
Waxaa jira "adoogaa iyo awowgaa Alla cadaab" aan wax ku jirin iyo "adoogaa iyo awowgaa Alla jannee" wax ku jiraan.3
Waxaa jira nin soo gal rag leh oo sii bax dumar leh.T
    Waxaa jira nin soo socod rag leh oo sii bax dumar leh iyo soo socod dumar leh oo sii bax rag leh.3
Waxaa jirta meel haddaad joogtana aan ka-tegid lahayn, haddaad ka tagtana aan ku-soo-noqnoqosho lahayn.3
Waxaa waayeelka fadhiga ku arko dhallinyaro istaagga kuma arkaan.Y
Waxaad barataa waad u bahalyoodaa.Y
Waxaad barataaba waa baaskaa.N,Y
    Waxaad barataa waa baaskaa.P,3
    Waxaad barataa waa baaskaaga.12
    Nin waliba wuxuu bartaa waa baaskii.N
    Waxaad u baratay waa baaskaa.T
Waxaad haysataa wax kuulama sinna.N
Waxaad iimaansataaba waa wixii kale.N
Waxaad jeceshahay walaalkaana la jeclow.T

Waxaad ka naxdo baa kaa naxa.T
Waxaad keensataa waa kugu soo laabtaan.Y
Waxaad khayr mooddid oo khasaaro kuu ah baa jira.T
Waxaad miyir ku weydid miyirla'aan kuma hanatid.N
Waxaad moog tahay ku moog.T
Waxaad qabto ninkii qabaa lala degaa.P
Waxaad qarsataa waa ku qarsadaan.P   *eeg* Belaayadii aad
    qarsataa...
Waxaad quursataa kaa qooro weyn.28
Waxaad tahay hooskaaga lagama tixraaco.Y
Waxaad taqaan guurso, waxaad taqaan ayay dhalaane.28
        Waxaad taqaan guuri, waxaad taqaan ha dhashee.1
        Wax la yaqaan aroos, wax la yaqaanaa laguu dhalaa.101
Waxaad u baahato way kuu beermaan.N
Waxaad yaraan ku barato waad u aaydaa.N
Waxaadan helayn looma hammiyo.T
Waxaadan (Wax aadan) hubsan baa hog kaa rida.1
Waxaadan lahayn laguma baahi baxo.T   *eeg* Hanti aadan
    lahayn...
Waxaadan lahayn waxaaga ma aha.T
Waxaadan qaadan ha u qaadin walaalkaa.70
Waxaan...*eeg* Wax aan...
Waxaanad...*eeg* Wax aanad...
Waxay ili aragto yaa ilko gooyaan.N,Y
"Waxaygii i sii" iyo "waabtayda iiga soo bax" meel loo dhaafo
    ma leh.28
        "Waxayga i sii" iyo "waabtayda iiga soo bax" wax loo
        dhigo lama helo.6
Waxba dhowrsan maynee Allow, dhagaxyo soo daadi.88
Wax-ka-qabasho ma ahee wax-ka-dhihid ma leh.U
Waxlaawe wax looma dhiibto, wax-ma-kase wax looma
    sheegto.T
Wax-ma-hubsade beenaalaa dhaama.K,101
Wax-ma-kase ma wax baan u sheegaa, mise biyo maanyaan
    kurbin ku guraa?T
Waxmatare waxmatare dhalaa.Y
Wax-yari waxla'aan bay dhaantaa.T

"Way qurxoon tahay" nin kastaa oran karo, "gefse ma leh" ninkeedaa oran karo.Y

Way tol iyo wiiqdin jilib midna kaama hadho.W

Weel gun buu ka tolmaa, hadalna guurti.L,101   *eeg* Haani guntay...

Weel waliba wixii ku jiruu dhididaa.N,Y

Weerka waa dhogor dhacsadaa, mase dhaqan rogmo.Y

Wehel wanaagsan baa jid-mar ku habboon.Y

Weysha gowrac, dibigu ha ku quustee.P,T,U,V,W

  Weysha gowrac, dibigu ha ku quusto e.M

  Weysha gowrac, dibigu ha quustee.5,39

  Weysha gowrac, dibigu ha ku quus qaatee.1

  Weysha biree, dibigu ha ku quustee.Y

Weysha waxay nuugtaa wuxuu saca daaqay.Y

Weyshii waxaa haraatiya sicii saca kale ka cabsaday.Y

Wii sagaaro iyo way sokeeye midna lagama soo waaqsado.3 *eeg* (3) Way sokeeye...

Wiil is waalaba waabiyaa hela.I,T,V,14

  Wiil is waalaba wiil waabiyaa hela.20

Wiil iyo aabbihii looma gar naqo, haddii loo gar naqana wiilka garta lama siiyo.2

Wiil waa kaad dhashay, weelna waa kaad tolotay.2

Wiilka wanaagsan reerkoo idil baa leh, kan xunse waalidkoo keli ah.Y

Wiilkaaga iyo walaalkaaba hanti u yeelo.U

Wiilkaaga iyo wiilka gaaI garta waa loo simaa.20   *eeg* Gaal dil...

Wiilkaaga u dig intuusan weelka jebin.Y

Wiilkaaga walaal ka lahaw, walaalkaana wiilal ka lahaw.M

  Wiilkaaga walaal ka lahow, walaalkaadana wiilal ka lahow.Y

Wiilkaagu habeyn buu hiil kaaga baahan yahay, waa habeynkii aad habartii dooneysid.T

  Wiilkaagu wuxuu hiil kaaga baahan yahay markaad hooyadiis dooneysid.L

  Inankaagu mar buu hiil kaaga baahan yahay, waa marka aad hooyadii dooneyso inaad guursato.30

Wiilkana waa u geeraar, mulacana waa u geeri.101   *eeg* Mulaca waa ...

Wiilkana waa ku geeraar, mulacana waa ku geeri.T
Wiilkii aabbihiis u eg aabbuhu waa ku uursan yahay,
hooyaduna waa ku eed la'dahay.2
Wiilna muruq buu muujiyaa, waayeelna maskax.Y
Wixii aqalka yaal tiri.A,Y
Wixii araggiisu ku deeqo ayaa oontiisu ku deeqdaa.T   eeg
Soortaan ka dhergi...
Wixii araggoodu ku deeqo yaa oontooduna ku deeqdaa.N
Araggiis ku deekhaa oonkiis ku deekhaa.69
Wixii casarkii lagugu arkaa cishihii lagugu caayaa.T
Wixii casarkii laysku arkaa cishihii laysku caayaa.3
Wixii dheel-dheel lagu helay dheel-dheel bay ku dhumaan.Y
Wixii dooxa daad ha qaado, wixii daantana dabayli ha
qaaddo.M,T
Wixii daantaa yaal daad ha qaado.N
Wixii fudud baa dabayl qaaddaa.A,T
Wixii fudud dabeyshaa qaadeysa.C
Fudayd baa dabaysha raaca.Y
Wixii goda ee duurka lagu arkaa unfo ayaa u qoolan.2
Wixii horayna aragnay, waxaa inoo dambeeyana waa og nahay,
inta u dhexeysaa inoogu daran.Y
Wixii la arki jiray waxaa layskaga akhriyaa wixii layskaga
akhriyi jiray, wixii aan la arki jirinna waxaa laga cuskadaa
Subxaan Alla.18
Wixii la arki jiray wixiisii baa lagu akhriyaa, waxaan la
arki jirinna Subxaan Allaa la akhristaa.M
Wixii la sheegaba wax baa ka jira.T
Wixii la wada ammaano iska eeg, wixii la wada naco iska
eeg.Y
Wixii laysku og yahay layskuma eedo.40
Wixii maankaaga ka maqan madax walaalkaa ayay ku jiraan.2
Wixii malab lagu toosin waayo mindi baa lagu toosiyaa.Y
Wixii markii horaba dabeysha keentay qiiqay kaa raacaan.Y
Wixii markiiba ka fiigtid kuma dheereysid.N
Wixii muuqdaa muhimo gala.P
Wixii qaali kugu soo galaa sahal kaagama baxaan.T
Wixii dhib kugu soo galaa dhaqso kaagama baxaan.101
Wixii taataabasho laga badiyaa wasakhooba.Y

185

Wixii tegay Khadarna ma haleelo.T
Wixii tegay Nebi Khadar ma haleelo.Y
Wixii uurkaaga ku jira afkaa kaa xada.T
Wixii uurka ku jira ayaa afku xadaa.8
Wax uurka ku jira afkaa xada.1
Wax uurka ku jira oo afku kaa xado ayaa jira.P
Waxa uurkaaga ku jira faruuraha ayaa kaa xada.101
Wixii caloosha kaaga jiraa carrabkaa kaa xada.N,Y
Hadalkii uurka ku jira afkaa xada.1
Wixii waalan waa la xirxiraa.Y
Wixii waddada halis u ah socdaalkana halis u ah.Y
Wixii warkiisu ku deeqaa araggiisuna ku deeqaa.N,Y
Wixii xunba Xaawaa leh.T
Wiyishii qaskii meel ma geyn.3
Wiyishii qaska meel ma geyn.V
Wow Qur'aan iyo waa baryay kala badan.40   *eeg* Subax iyo...

X

Xaabo waxaa la doontaa qorraxda soo jeeddo.Y
Xaajadaadu waa ku sugtaa, xoolahaaguse kuma sugaan.3
Xaajo aan la rogrogin rag baan helin.N
Xaajo aan tol gaadhini ma turunturro bixin.10
Xaajo dhan waa ka xusul, dhanna waa ka taako.M,T
Xaajo dhan waa xusul, dhanna waa taako.W
Xaajo geed lihi yay geed walba kugu dilin.3
Xaajo haddaan sidii dabo ari loo feydin, ma fiyoobaato.6
Xaajo sidii dabo ari haddaan loo faydin, laguma
fayoobaado.29
Xaajo nimaan ogayni indhuhuu ka ridaa.N,T,W,15
Xaajo nin aan ogayn indhuhuu ka ridaa.P
Xaajo nin aan ogayn indhaha ayuu ka ridaa.V
Xaajo nin aan ogayn ishuu ka ridaa.1
Xaajo nimaan ogayn indhuhuu faraha ka geliyaa.3
Xaajo qalloocan xoolahaagaa lagu bixiyaa.3
Xaajo waa tii la soo gaabshaa.P
Xaajo war ku aadoo warmo looma doonto.54

Xaar haddaad cunayso, fandhaalladiisaa la sameystaa.W
Xaar weeso ma galo.94
   Xaashaa lillaahi ee xaar weeso ma galo.95
Xaaraan xero ma buuxsho.P
Xaasid kal naxdo ma lahan, laakiin kor naxo ayuu leeyahay.2
Xaasid ma bulaalo.P
Xaasid xaas loogama tago.T
Xaasid xan looma sheego.T
Xabaal iyo ninkeed loo kala teg.V
Xabaal waalid baa xoolo laga helaa.A,Y
   Xabaalo waalid baa xoolo lagala baxaa.M,W
Xabaali xigto kama tagto.V
Xabaalo-qode xabaashiisaa la qodaa.P
Xabiib nimaan kuu ahayn xaraf kasta ha u jeedin.N
Xade laga xado xaalkii waa shib.3
Xade lama xado.T
Xadhko geel ma wada xidhaan.M,V,W
   Xarko geel ma wada xiraan.Y
   Xarig keli ah geel ma wada xiro.T
Xagalo geel wax gunti la geliyo ka weyn.3
Xagashii maalintii dhididdaa habeenkii dhisata.29
Xaggay naagi kaa joogto dab baa kaa jira.T
   Xaggay naagi ka joogto dab baa ka jira.Y
Xaglo laaban xoolo kuma yimaaddaan.M,P,T,W,Y,1
   Xaglo laaban xoolo uma yimaaddaan.3
   Xaglo duuban xoolo kama yimaaddaan.33
   Xubno laaban xoolo kuma yimaaddaan.B,J
Xalaal iftiin baa la qashaa.M,T,V,W,Y
   Xalaal iftiinaa la qashaa.3
Xalaal-cune xoolihiisu ma booliyoobaan.V
Xamarna xeer baa lagu degay, Xarar-dheerena xoog baa lagu
  degay.P,7 *eeg* Xarar-dheere xoog...
Xaniinyo dherer ma doonaan.2
Xantaada xiinkeedaa kuu baxa.M,W
   Xantaada xiinkeedaad maqashaa.T
Xanuun looma dhinto ee xasuus-xumi baa loo go'aa.Y   *eeg*
  Xasuus-xumi...
Xanuun waxaa ugu daran kaan la sheegi karin.Y

Xaq aan xoog wadani soo ma xero galo.T
Xaqa lagama dhagar galo, loomana aabbayeelo.N
Xaqa lama duudsiyo.N
Xaqii afka laga daboolaa oofuhuu dillaacshaa.T
    Xaqa haddii afka lága awdo, feeruhuu ka dillaacaa.3
    Xaq feeruu ka dillaacaa.P
    Xaq feeraha ayuu dillaacaa.2
Xaq-ku-dhashe xaq ma diido.T
Xarar-dheere xoog, Xamarna xisaab.28,94   *eeg* Xamarna...
Xarbabasho ninkii faraha ku hayay ku burburtaa.3
Xarig carraabo ninkii xiray baa fura.3
    Xarig carraabo ninkii xiraa fura.44
    Xarig cawo ninkii xiray ayaa fura.8
    Xarig habeen ninkii xiraa fura.P
Xarig duug ah ceel waa ku gashaa, kaamase baxsho.101
    Xarig duug ah ceel waa ku gashaa, kaamase saaro.101
Xariifka iyo nacaska midna ma doorsamo.Y
Xasidow xoogga beel.Y
Xasuus-xumi waa cudur aan daawo lahayn.Y   *eeg* Xanuun
  looma...
Xaydha jecli, beerka jecli.T
    Xaydha jecli, beerka jecli kala daa.N
Xeer waa la galaa, lamase gudo.101
Xeer waa negaadi.M,W
Xeerla'aan waa la xooloobaa.V
Xeerla'aan waa xukun iyo xoolo la'aan.101
Xeradii Alle dhigo ayaa dhigan.T
Xeryo iyo xabaalaba maalin baa la xukumay.10
Xiddigo-sheeg cirka kaaga xeel dheer, xaryan-wadowna badda
  kaaga xeel dheer.T
Xidid buka xubin bukuu leeyahay.1
Xigmaddu waa baadi ruuxa muuminka ka maqan.N,Y
Xigmadi ruux waalanna kama maqna.N,Y
Xigmadla'aan caqligu wuu xaalufaa.N
    Xigmadla'aan caqligu wuu caabuqaa.N
Xiiro oo doqon ha u sheegin.3
    Xiiro, xaasidkaana ha u sheegin.2
Xil dhallaan gartay weynaa!101

Xil lama qaado oo xero shisheeye lama geeyo.V
Xilahaagoo xumaadaa waa maradaadoo kugu olosha.T
Xil-necbi xoolahaagay u daran tahay.T,Y
    Xil-necbaani waa xoolahaaga wedkood.30
Xiniinyo laysma dhibaadsho.V
Xiniinyo ma aha kuwa kugu jira ee waa kuwa lagula bar-bar
joogo.V
Xisaabi xil ma leh.T
    Xisaabi xil ma leh, haddii aan la xumayn.94
Xishood ka tag, ruuxu hunguri uu qaaday.Y
Xogmooge xaajo waa booliyaa.V
Xogwarran xil kaama feydo.T,3
Xoog haddaad weydo, xeelad ma weydid.33
    Xoog haddaad weydo, xeel ma weysid.P
    Xoog haddii la waayo, xeel lama waayo.T
    Haddaad xoog weyday, xirrib ma weyday?101
Xoog rag baa xoolo ku jiraan.T
Xoog waxaa u liita kii xarigga kaa gooya.P
Xoog xeel baa ka adag.101
Xoogga xaaska kaa dila iyo xoogga xarigga kaa gooya waa
xoog baas.16
Xooggaadu hadduu xor yahay, nin uu xooggiisa laba xor yahay
ayuu kuu geeyaa.2
Xoolaa lixaad leh, wax kale libin ma hoyiyaane.T
Xoolahaada oo riman waa kuu dhalaan, laakiin carrabkaada oo
riman kuuma dhalo.2
Xoolahaagaa ceebahaa qariya.Y
Xoolahaagu ama xero ha kuugu jireen, ama xeer ha kuugu
jireen.T
    Xoolahaagu amba xeradaada ha kuugu jireen, amba
    xeer.V
    Xoolahaagu ama xeer ha kuugu jireen, ama xero ha
    kuugu jireen.101
    Xoolahaagu ama xeer ha kuugu jiraan, ama xeradaada ha
    kuugu jiraan.W
    Xoolahaagu xeer iyo xero mid ha kuugu jireen.M
Xoolo kaa ordayaa la ceshan karaa ee dad kaa ordaya lama
ceshan karo.W

Xoolo nin dhaqay lagama dhowro.3

Xoolo quudheed waa la qaataa, soor quudheedse lama qaato.M,W

 Xoolo quudheed waa la qaataa, hadal quudheedse lama qaato.I

Xoolo waxaa dhaqa lixdan jir cayr ka baqaya iyo lix jir ul ka baqaya.3,56

 Xoolo waxaa ilaaliya lix jir ul ka baqa iyo lixdan jir cayr ka baqa.1

 Xoolaha waxaa dhaqa lix jir ul ka baqa iyo lixdan jir cayr ka baqa.8

Xoolo xatooyo gaajo ma asturaan.Y

Xoolo-yari sadaqo loogama haro, tiro-yarina dagaal.2   *eeg* Dad yaraan ...

Xooluhuba dareen bay wax ku gartaan.Y

Xubintii dhacdaba teeda kale waa u dheellidaa.T

Xumaan sheeg waa shidaalka colaadda.Y

Xumaani xumaan ma dhaqdo.V

Xuunsho ama rug joogtay, ama raq joogtay, ama rays joogtay.101

Y

Yaad awrkeeda ayaa ka ilmo dhala.2

Yaan bilcan lagu dhihin intii soor abaareed ka wadaajiso oo sarriigtaada iyo sabarkaaga loo arko.T

Yaan lagaa badin.P

Yaryarayste wiilkiisa ayaa la tuugaa.2

Yax lahaydaa!T

2. Maahmaahyo tix ka badan

2.1. Weero laba jile

— Daayeerow, qadhaab ka warran? — Tunkayga iyo tagoog-
gayga ka eeg.T
— Dadka inta naarta gasha iyo inta jannada gasha yaa
badan? — Inta naarta galaysa ayaa badan, haddii inta naag
hadalkeeda raacday lagu daro.101 *eeg* Nimanka iyo...
— Dharayga karka maxaa ka keenay? — Kulayl.2 *eeg* (1)
Dheriga karka...
— Dhulow weynidaa! — Ma weyniye nin dhagar qaba ayaan
qarin waayay.V
— Dhurwaayow, kabo ma laguu tolaa? — Haddii lay tolana
waa alxamdu lilla, haddii aan lay tolinna waa Rabbil
caalamiin.T
   Haddii kabo lay tolo alxamdu lilla, haddaan waayana
   waayey.P
— Duqdii maxaad ku ogayd? — Indhala'aan. — Dad-cunnima-
na waa ku darsatay!95
— Findhicil ma xalaal mise waa xaaraan? — Sheegsheeggiisaa
ka xun.T
   — Findhicil ma xalaal baa mise waa xaaraan? — Xus-
   kiisaaba ka xun.3
— Geeriyeey, maxaad tartaa? — Nin meel waayay ayaan meel
u banneeyaa.8
   — Geeriyeey, maxaad tartaa? — Nin meel waayey baan
   meel u banneeyaa.W
   — Geeriyeey, maxaad ka daawo tahay? — Nin meel
   waayay baan meel u banneeyaa.T
   — Belaayooy, maxaad tartaa? — Nin meel la'aa ayaan
   meel u banneeyaa.K

— Nimanka iyo naagaha yaa badan? — Naagaha ayaa badan, haddii lagu daro nimanka inta raacda ra'yiga naagaha. 101
— Nin seef kaa qaadday iyo nin soor kaa qaadday kee roon? — Waxaa roon ninka seefta qaadday.101 *eeg* (1) Nin soori...
— Oonka maxaa keenay? — Waa qorraxda. 2
— Raahow, biyo maxay taraan? — Dabadayda baa laga arki lahaa.T
"Sagaaro biyo waa cabtaa" iyo "Ma cabto".T
— Ummadda inta nool iyo inta dhimatay yaa badan? — Inta dhimatay ayaa badan, haddii lagu daro inta habeenkii seexata.101
— Waayeel waa ayo? — Waa aniga oo aan is yeelyeelayn.V
— Walaalkaa waa ayo? — Waa ninkii Ilaah kaaga dhigo.2
— Waraabow, goormaad ugu dheereysaa? — Marka raq layga sii wado, mid kalena laygu sii wado.V

2.2. Weero hal jile

Geedyohow, ma waxaan ku mooday, mise waxaad noqotay, mise waxaan loo noqon doonin? Libaax baan ku mooday, waxaadse noqotay kurtun, waxaanse loo noqon doonin guure habeennimo.94

2.3. Wellerismo[8]
(maahmaahyo ka kooban hadal hordhac
ah iyo weer toosan)

Abeeso waxay tiri:"Lix jir kaan ku cuno lixdan-jirkiisa ayuu u dhintaa."2 *eeg* (1) Abeesadii lix...
Abeeso waxay tiri:"Aadane abaal ma leh."2
Dacawadii reerka yeesha ka cuntay waxay tidhi: "Walle, reerkaan ogaa ma guuro!"V *eeg* (1) Wallee, reerkaan...
Dawaco waxay tidhi: "Reer aan og ahay, wallee, ma guuri doono!"101

---

[8] eeg Gogoldhigga.

192

Dawaco waxay tiri: "Waxaa sidaa ii galay hafriin aadane iyo hamuun arooryo."27

Doqonkii lumay ee la soo helay wuxuu yidhi: "Maxaa laygaga farxi? Berriba waan lumiye."W

Geed baa yidhi: "Gudinyahay, ima aad gooyseen ee badhkay ayaa kugu jira."V *eeg* (1) Godinyahay..., Masaar geed ....

Geel nimaan lahayn baa yiraahda: "Futo-cirro!".3

Goroyo waxay tiri: "Cayaarta lug baan gashanayaa. Haddii ay fiicnaatana waan la soo wada galayaa, haddii ay xumaatana waan kala wada baxayaa."2

Habar raaskeeda roob ugu da'ay waxay tiraahdaa: "Udub islaameed abaar kuma mudna".56 *eeg* (1) Habar roob...

Shabeel baa beri libaax ku yiri: "Libaaxow, bal ama boqol nin la xoog noqo, ama boqol nin la xirrib noqo."T

Tukulush timir gaari waayay "kharaara!" buu yiraahdaa.T *eeg* (1) Miro kaa fog...

Waayeel talo waayay wuxuu leeyahay: "Barbaar tabar waayay".8

Waxaa dawacadii laga sheegay inay tiri: "Wallee, libaaxow, habar dugaag baan dib wax kuula ugaarsan, iskaashina kuula yeelan".101

Waxaa ninkii safarka ahaa laga sheegay inuu yiri: "Inaan hubsado baa igu habboonayd".101

3. Tiroley

3.1. Labaley

Laba kaama haraan: gardarro garab og iyo bukto geeri og.46
eeg Saddex looma taag helo: bukto...(1) Bushi geerida...,
Gardarro...

Laba laba (Labo labo) laguma reebo: gar hagar laguma reebo,
faqrina faqri laguma reebo.101

Laba lalama dego: fule daandaansi badan iyo bakhayl damac
badan.V *eeg* Saddex lalama dego..., (1) Doqon fiiro...

Laba ma dhergaan: cilmidoon iyo hantidoon.Y

Laba (Labo) waa ku hor oroddaa: hawo iyo hunguri; labo waa
ku hareer oroddaa: nasiib iyo nasiibdarro; labo waa ku dabo
oroddaa: gabow iyo geeri.U

Laba waa la dhibaa, labana waa la dhowraa, labana waa la
dheefiyaa. Hadday lugaha wax kaa gaaraan waa la dhibaa,
labada gacmoodna hadday wax kaa gaaraan waa la dhowraa,
labada indhoodna hadday wax kaa gaaraan waa la dheefiyaa.2
eeg (1) Gacmaha...

Laba way is fadal taqaan, laba way is foodhi taqaan, labana way
is fiiro taqaan.V

Laba way isu oydaa, labana way is qaadaan, labana way isu
dhintaan.V

Naagaha laba ayaa ugu xun: casar-seexato iyo cirkeed-bogato.2
eeg (1) Naago waxaa u liita...

Rag waa labo: talo-keen iyo talo-raac.101 *eeg* (1) Ama talo-
keen..., Rag waa arrin-keen...

Rag wax lagu sameeyo labo (walxaato) ayaa ugu xun: waa
asaraar iyo abaal-ka-dhicid.2

Waxaa jira labo nolosha ku fiican iyo labo geerida ku fiican,
labo socodka ku fiican iyo labo fadhiga ku fiican. Labo
nolosha ku fiican waa saqay iyo sac madi ah; labo geerida ku

fiican waa baqay iyo baqayl; labo socodka ku fiican waa diin iyo daruur; labo fadhiga ku fiicanna waa dumar iyo dab.101

3.2. Saddexley

Dabbaal saddex baa loo haystaa: sed iiga dhaami, so' abaareed i wadaaji, war sarriigdarro ii dheh.94

Doqoni saddex bay la weyn tahay: wax cun, wax dil iyo wax dhac.11

Ilaahay saddex isma raacsho: qurux, ragannimo iyo geesin-nimo.95

Rag waa saddex: orod-maal, ayaan-maal iyo af-ku-maal.101

Rag waxaa ugu xun saddex nin: nin maqan oon la tebin, nin jooga oon la tirin iyo nin tegaya oon la celin.19   *eeg* (1) Rag waxaa u liita nin...

Reer saddex baa hoog u ah, saddex baase hoog labaad ah. Hoggaan-xumo ayaa hoog ah, odayga hadday gashaa hoog labaad ah; hawo-gaabi ayaa hoog ah, hordhigga hadday gashaase hoog labaad ah; hunguri-xumaa hoog ah, habarta hadduu galaase hoog labaad ah.52

Saddex Alle kulama kulmiyo; hadday kula kulmaanna, saddex Alle kaagama uu dhigo. Baqayl Alle kulama kulmiyo; hadduu kula kulmiyana, sheekaalow Alle kaagama dhigo. Raalliyo Alle kulama kulmiyo; hadduu kula kulmiyana, madhasho Alle kaagama dhigo. Maal Alle kulama kulmiyo; hadduu kula kulmiyana, mid ku fidneeya Alle kaagama dhigo.79

Saddex baa boqornimo kaa qaadda: gar weecsan, gacan gudhan iyo guddoon jilicsan.M,Y

Saddex (wax) baa boqortinnimo kaa qaadda: gacan gu-dhan, gar weecsan iyo guddoon jilicsan.I

Saddex baa boqornimo kaa qaadda: gar eexo, guddoon jilicsan iyo gacan laaban.3

Saddex boqornimo ayay kaa qaaddaa: guddoon jilicsan, gacan gurracan, gar weecsan.22

Saddex baa ila hadlay markii aan gaboobay: kaadida, naagtayda, naftayda.18

Saddex baa laysku bartaa: ardaa bulsho iyo agaago duullaan iyo oollimaad deris.B,G,Y *eeg* (1) Ardaa bulsho...

Saddex baa laysku bartaa: ardaa bulsho, abaabul duullaan iyo oollimaad deris.L

Saddex baa maskiin ah, saddex baase ka sii maskiinsan. Meyd baa maskiin ah, ninkii maro u waayo baa ka sii maskiinsan; tuugsadaa maskiin ah, ninkii taano u waayo baa ka sii maskiinsan; naag baa maskiin ah, ragannimo ninkii u waayo baa ka sii maskiinsan.52

Saddex baa rag ugu liita: ma-toshe, ma-tashade, ma-tashiishe.33

Rag saddex baa ugu liita: ma-toshe, ma-tashade iyo ma-tashiishe.Q,9

Saddex baa rag ugu liita: ma-tashade, ma-tashiishe iyo ma-toshe.31

Saddex baa rag u liita: ma-tashade iyo ma-tashiishe iyo ma-toshe.O

Saddex ayaa ugu xun: ma-tashade, ma-toshe iyo ma-tashiishe.2

Raggu waa saddex: ma-toshe, ma-tashiishe iyo ma-tashade.N

Ragga saddex ayaa ugu liita: kabto-ma-yeeshe, ma-tashiishe, ma-tashade.D

Saddex baa rag ugu liita: ma-toshe, ma-tashiishe iyo ma-tashade; saddex baase ka liita: ma-dhigte iyo ma-dhaqde iyo ma-dhegeyste.L

Saddex beesha laga waayo ma wanaagsanaato: wiil dirira, wadaad duceeya iyo waayeel taliya.V

Saddex birriga baa laga dayaa: beer iyo beled iyo baabuur; saddex baa badda laga dayaa: markab iyo doon iyo kalluun.O

Saddex cirroolaa jira ee saddexda cirroole wax weyddii: oogo-ku-cirroole, addin-ku-cirroole, uur-ku-cirroole.L

Saddex baa adduunyada laga waraystaa, waxna la weyddiiyaa: uur-ku-cirroole, addin-ku-cirroole iyo oogo-ku-cirroole.101

Saddex culays bay ku roon yihiin: geel culays buu ku roon yahay, haweenna culays bay ku roon yihiin, nabadina culays bay ku roon tahay.N

Saddex deriskaa kugu neceb: been badan iyo baryo badan iyo bugto badan.O *eeg* Saddex waa laysku nacaa..., (1) Baryo badan..., Bushi badan...

Saddex dibay kuu dhigaan: sirrow la saaxiib, sabool gabadhii guurso, sabad ceel deg.34

Saddex gartaada looma dhiibto: naas-jiid, lug-jiid iyo dhuun-jiid.94

Saddex Ilaah baa kugu naca: salaadla'aan, soonla'aan, sadaqola'aan.18

> Saddex Ilahay ayaa kugu naca: soonla'aan, salaadla'aan iyo sakola'aan.V

Saddex iska ogow: caajis, camalxumo, cirweynaan.18

Saddex jiilaalkaa kugu dila: biyo laba guul ah, gaadiidla'aan, guri xaaluf ah.18

Saddex kaama tagaan: nasiib, nabsi, nasab.18

Saddex kolkaan bartay baan ka gaboobay: dab ololintii, awr carraabinteed, carruur aammusinteed.L

Saddex kuuma tudhaan: cadowgaaga, qof xun, wedka.18

Saddex laguma galo: ban aan faras lahayn, barqo aan caano lahayn iyo bilaad aan boqor lahayn.M

Saddex lalama dego: fuley daandaansi yaqaan, bakhayl damac yaqaan, doqon fiiro taqaan.L *eeg* Laba lalama dego; (1) Doqon fiiro...

> Saddex lalama dego: bakhayl damac yaqaan, fuley daandaansi yaqaan, doqon fiiro taqaan.Y
> Saddex lalama dego: fuley daandaansi yaqaan, doqon fiiro dheer, baqayl damac yaqaan.22
> Saddex lalama dego: doqon iyo fuley iyo bakhayl.O,101

Saddex lalama saaxiibo: Rabbi-ma-yaqaane iyo rag-ma-yaqaane iyo run-ma-yaqaane.O

Saddex lama arag: balaayo laba qad ah, bakayle tillaabsanaya iyo bari ciyi ah.3 *eeg* (1) Belaayo habeen...

> Saddex lama arag: bakayle tallaabsanaya, badhi ciyi ah iyo belaayo laba qad ah.M

Saddex lama arag: daray ubax leh, dambar gorayo, dameerro af madow.L

Saddex lama raaco: ma-horreeye, ma-hambeeye iyo ma-haasaawshe.L

197

Saddex lama raaco: ma-horreeye, ma-hambeeye, ma-haasaawshe.Y

Saddex lama raaco: ma-horreeye, ma-haasaawshe iyo ma-hambeeye.101

Saddex lama raaco: ma-haasaawiye iyo ma-hambeeye iyo ma-horreeye.O

Saddex looma taag helo: bukto geeri og, gardarro garbo og, gaajo guri og.94 *eeg* Laba kaama...,

(1) Bushi geerida..., Gardarro...

Saddex ma baxaan intayba saddex og yihiin: bushi geeri og, gaajo guri og, gardarro garab og.52

Saddex lagama biskoodo: gaajo guri og, gardarro garbo og iyo gabow geeri og.3

Saddex looma taag helo: muddici marqaati leh, minyaro masayr galay iyo mici gamaar reer mulkiday.94

Saddex ma gaadhid: Nin maalin ma gaadhid, ninna sannad ma gaadhid, ninna waligaaba ma gaadhid. Ninka kaa faras wanaagsan maalinta ma gaadhid; ninka xoolihiisa meeshaada meel ka fiican daaqsadayna sannadka ma gaadhid; ninka kaa naag wanaagsanna waligaaba ma gaadhid.M,Y *eeg* (1) Nin maalin ma gaartid...

Saddex ma gaadhid: Nin maalin ma gaadhid, ninna sannad ma gaadhid, ninna weligaaba ma gaadhid.V,101

Saddex ma heshiiyaan: nin qosol badan iyo nin qoonsimaad badan, nin quud jecel iyo nimaan u quurin, nin qab weyn iyo nimaan u qabin.3 *eeg* (1) Nin qosol...; Waxaa isu daran...

Saddex xero kuma heshiiso: nin qab weyn iyo nimaan u qabin, nin quud jecel iyo nimaan u quurin, nin qosol badan iyo nin qoonsimaad badan U

Saddex naagtaada ayaa kugu nacda: hoyla'aan, hambola'aan, himilola'aan.18

Saddex naagtaada ayaa kugu nacda: hantila'aan, hambola'aan iyo hamola'aan.V

Saddex ninkii diida saddex baa leh: cilmi culimo ninkii diida cadaab baa leh; cilmi caamo ninkii diida coodla'aan baa leh; cilmi naagood ninkii diida carruurla'aan baa leh.3

Saddex Rasuulka ayaa kugu naca: runla'aan, rafiiqla'aan iyo rumayla'aan.V,18

198

Saddex saddex ayaa loola dersaa: doqonnimo, fulaynimo, foolxumo. Doqonnimo deeqaa loola dersaa, fulaynimo dhaar ayaa loola dersaa, foolxumo xarrago ayaa loola dersaa.34

Saddex saddex bay ku baraan: baahidu ducaday ku bartaa, beentuna faankay ku bartaa, baryaduna fadhi bay ku bartaa.101

Saddex saddex kama dheregto: ili daymo kama dheregto, dhulna biyo kama dheregto, dhegina war kama dheregto.101

Saddex saddex lagu waaniyey, midna aan naf laga sugin. Cirroole dantiisa lagu waaniyey, caalim Alla-ka-cabsi lagu waaniyey, cadrad xishood lagu waaniyey.L

Saddex sahay ma leh: buuri sahay ma leh, wasmo sahay ma leh, qosol sahay ma leh.A

Saddex taaha ma dayso: nin tiiraanyo qaba, nin gabow taabtay, nin taws qaba.101

Saddex tolkaa ayaa kugu naca: hooyla'aan, hiilla'aan iyo hal geedla'aan.V

Saddex tolkaa baa kugu naca: deeqla'aan, doodla'aan, dirirla'aan.18

Saddex urur baa leh: ciidan, caqli iyo calaf.R,101

Saddex waa ku hodaan: hadh arooryo, hogol xagaa iyo hillaac basari.R

Saddex waa laga tagaa: tigaad oommane ah, taliye eexday, taabid caasi garoobay.18

Saddex waa lagu jabaa: jaarkaaga oo kugu xumaada, jikaar waalid, jacayl aan laguu ogayn.18

Saddex waa lagu kacaa: kor-u-gaaris naagood, kal carrow leh, koran rariddii.18

Saddex waa lagu kufaa: kuudud laas, kurbac rariddii, kub yar naagood.18

Saddex waa lagu tarmaa: "hoo" waalid, faro-ku-hayn cibaado, hagarla'aan tol.18

Saddex waa laysku nacaa: baryo badan, bukto badan iyo baahi badan.3 *eeg* Saddex deriskaa...

    Saddex waa laysku nacaa: baahi badan, bukto badan iyo baryo badan.31

Saddex waa loo dhintaa: dareendarro, lexejeclo iyo is-cajabin.Y

Saddex waa wad-ka-koris: orod-dheeri iyo dabaal-aqoon iyo gabbasho-aqoon.101

Saddex (waxyaalood) waa wed-ka-koris: dabaal-aqoon, orod-dheeri, gabbasho-aqoon.H,Y

Saddex waa wad-ka-koris: dabaal-aqoon iyo gabbasho iyo orod-dheeri.G

Saddex waa xarrago: hanti haddii aad leedahay, qabiilo wanaagsan haddii aad ka dhalatay, cirrid madow haddii aad leedahay.H

Saddex waan aqaannaa oo ah oori sida loo edbiyo: eray xun ma idha, ulna kuma dhufto, inteedana uma dhaafo.V

Saddex wax moodday: tukube taag mooday, naago talo mooday, doqon tol mooday.18

Saddex (waxood) haddii aad Ilaah ka barido kugu dembi ma aha ee waase kugu doqonnimo: haddii aad tiraahdo "Ilaahow, janno i gee" adoon camal suubsan; "maal i sii, mana shaqeysanayo"; "wiil i sii, mana guursanayo".101

Ilaahay saddex waa karaa, mase yeelo: "Ilaahow, uma shaqeysanayo ee i jannee"; "Ilaahow, ma tabcanayo ee xoolo i sii"; "Ilaahow, ma guursanayo ee ubad i sii".95

Saddex way ku silciyaan: nin aad sugeysoon soo soconin, nin aad sagootisoon kaa soconin, nin aad soortoon kaa seexanin.52 *eeg* (1) Adduunyada waxaa...

Nin aad soortay oon kaa socon, nin aad sugeyso oon ku soo socon, nin aad sagootisay oo kuu soo noqday — saddexdan sarriig weeye.C

Saddexda ma qarsoomaan: uur, jacayl iyo qof rati saaran.Y

Saddexey, saddex baa timid ee iska tag: Colow, nabad baa timide iska tag; Abaaray, barwaaqo baa timide iska tag; Cudurow, caafimaad baa yimide iska tag.H

Waxla'aanta aabbe: kalgacaltooyoo aan lagu salaamin, koodkoo lagaa qarsado, kulankoo aan laguu soo wicin — sadddexdaas waxla'aanta aabbe.8

Way sokeeye iyo wii sagaaro iyo wararac damal — saddexdaba cawaaqibkooda dhaqsaa loo arkaa.F *eeg* (1) Wii sagaaro...

3.3. Afarley

Naago waa afar: waa dahab iyo lacag iyo abeeso iyo nin. Dahabku waa gabadha aan horta rag arag, lacagtu waa naag carmali ah oo suubban, abeesadu waa habarta ubadka leh, ninkuna waa naagta aad guursatid iyadoo xoolo badan.A Rag waa afar: waa nin iyo laba nin iyo nin barkii iyo nin-ku-sheeg. Ninka geesiga ahi waa nin, ninka ficilka badani waa laba nin, ninka bakhaylka ahi waa nin barkii, ninka fuleyga ahina waa nin-ku-sheeg.A Raggu waxay u kala baxaan afar: nin wax garad ah oo is mooda nimaan wax garad ahayn — kaasi waa caaqil ee gar siiya; nin jaahil ah oo is og in uu jaahil yahay — kaas wax bara; nimaan wax garad ahayn oo is mooda in uu wax garad yahay — kaasi waa badow madax adag ee ka dheeraada; nin wax garad ah oo is og in uu wax garad yahay — kaasi waa caaqil ee qaddariya.101

3.4. Shanley

Ilaahow, shan waad uuntay ee maxaad shan ugu sameyn? Geesi waad uuntay ee maxaad bir uga dhigin? Fulay waad uuntay ee maxaad baalal ugu yeelin? Deeqsi waad uuntay ee maxaad maalqab uga dhigin? Bakhayl waad uuntay ee maxaad summad ugu dhigin? Naag xun baad uuntay ee maxaad koor ugu xirin?G

Ilihii laga helay maahmaahyada ku qoran Qaamuuska

Qoraalladii

A. Reinisch, Leo. Die Somali-Sprache. Wien, 1900 .

B. Maino, Mario. La lingua Somala. Strumento d'isegnamento professionale. Alessandria, 1953.

C. Moreno, Martino Mario. Il Somalo della Somalia: grammatica e testi del Benadir, Darod e Dighil. Roma, 1955.

D. Muuse H.I.Galaal, B.W. Andrzejewski. Hikmad Soomaali. London-Capetown, 1956.

E. Cerulli, Enrico. Somalia. Scritti vari editi ed inediti. 2. Roma, 1959.

F. Andrzejewski B.W. The Declensions of Somali Nouns. London, 1964.

G. Shire Jaamac Axmed. Gabayo, Maahmaah iyo Sheekooyin yaryar. Mogadishu, 1965.

H. Shire Jaamac Axmed . Iftiinka-Aqoonta. 1-5. Muqdishow, 1966-7.

I. Mohamed Farah Abdillahi. Sheekooyin fogaan iyo dhowaanba leh. Muqdisho, 1967.

J. Abraham R.C. Somali-English Dictionary. London, 1967.

K. Andrzejewski B.W. Reflections on the Nature and Social Function of Somali Proverbs — "African Language Review", Vol. 7. London, 1968.

L. Xiddigta Oktoobar. Muqdisho, 1972-1981.

M. Yuusuf Meygaag Samatar. Madhaafaanka Murtida. Nairobi, 1973.

N. Maxamed Shire Maxamed. Maahmaahaa saddexshub. Muqdisho, 1974.

O. Xasan Yaaquub "Baabraqiis". Waari mayside war ha kaa haro. Xamar, 1974.

P. Xasan Yaaquub "Baabraqiis". Adduunyo waa sheeko iyo shaahid. Xamar, 1974.

Q. Ahmed F. Ali "Idaaja", Omar Au Nuh. English-Somali Phrase Book. Xamar, 1974

R. Buugga reerguuraaga. 1. Muqdisho, 1974.

S. Barbaarinta iyo cilmiga beesha. 2. Xamar, 1975.
T. Kapchits G.L. Maahmaahyo soomaaliyeed. Moosko, 1983.
U. Mohamed Said Samantar. Murti iyo suugaan. Soohdinta dhex taal murtida iyo suugaanta — "Antropologie Somalienne". Paris, 1993 *(waxaase la qoray 1990)*.
V. Axmed Yuusuf Saciid. Shan boqol oo maah-maahood. Sheffield, 1992.
W. Jaamac Maxamuud Cumar. Maah-maaho iyo maanso soomaaliyeed. Stockholm, 1992.
X. Hal-abuur. Vol.1. London, 1993/4
Y. Abdurahman H.H.Aden. Murtidu waa Hodantinnimo. Cologne-Paris, 1995.

Wargeeyeyaashii

1. Cumar Cabdi Sheekh
2. Cabdirashiid Axmed Sh.
3. Cabdiraxmaan Axmed Aadan
4. Xuseyn Cali Aadam
5. Yuusuf Cabdi Naser
6. Cabdiraxmaan Maxamed Xirsi
7. Cabdullaahi Abukar Sh.
8. Cabdi Xasan Cumar
9. Niimo Yuusuf
10. Axmed Nuur Suuleyman Yuusuf
11. Maxamed Axmed Cali
12. Zeynab Maxamed Busuri
13. Ershad Macallin Maxamed
14. Shariif Nuur Maxamuud
15. Maxamed Xaashi Rooble
16. Hamid Saciid Maxamuud
17. Maxamed Maxamuud Maxamed
18. Cabdillaahi Jaarse Axmed
19. Daahir Xuseyn Guure
20. Dacuud Sh. Cabdi
21. Muxyaddiin Bulxaan Warsame
22. Xasan Hilowle Cismaan
23. Suummaya Aadan Maxamed
24. Khadar Khaliif Sh. Aadan
25. Wiish Xabad
26. Saxardiid Cali Maxamed

27. Maxamuud Sayid Aadan
28. Xasan Axmed Raage
29. Bashiir Cali Nuur
30. Cabdullaahi Axmed Cartan
31. Yuusuf Maxamed Jaamac
32. Axmed Maxamed
33. Naasir Xashi Ismaaciil
34. Maxamed Xasan Maxamuud
35. Maxamed Cabdi Maxamed
36. Xaliimo Maxamed, Yuusuf Macallin, Xaliimo Sacdiiyo
37. Sheekh Cumar Koonfur
38. Cabdulqaadir Abubakar Maxamed
39. Bashiir Jaamac
40. Cusmaan Faarax Xasan
41. Maxamed Cabdi Cumar
42. Maxamuud Xaaji Cabdullaahi
43. Qaasim Cabdulle Cismaan
44. Cabdi Maxamed Cali
45. Cabdulcaziiz Xasan
46. Cabdiraxmaan Maxamed Axmed
47. Maxamed Xasan Maxamed
48. Cali Aadan Maxamed
49. Khadar Maxamed Yuusuf
50. Axmed Nuur Wardheere
51. Cabdiqaadir Cabdi Aadan
52. Cabdullaahi Yuusuf Xasan
53. Cabdi Nuur Rooble
54. Axmed Nuur Cabdille Cusmaan
55. Daahir Tuuryare
56. Cabdulqaadir Kadiye Jimcaale
57. Maxamed Ibraahim Xaaji
58. Cali Saacad Jimcaale
59. Maxamed Cabdi Cabdulle
60. Cabdulqaadir Sh. Cali
61. Maxamuud Aaden Maxamed
62. Mukhtar Muumin Cabdi
63. Cabdirashiid Daahir Gaas
64. Cabdi Ismaaciil Cabdi
65. Maxamed Cismaan Sheekh
66. Maxamed Xuseen Cali
67. Cabdalla Cumar
68. Maxamed Axmed Sheekh
69. Cilmi Maxamed Terso

70. Cali Cabdi Salaad
71. Shariif Ammaanow
72. Aamina Cali Maxamuud
73. Maxamed Xuseyn Waasuge
74. Xuseyn Cali Xaashi
75. Mowliid Maxamed Cismaan
76. Cabdinasiir Cabdilcaziiz Maalin
77. Aadan Salaad Cumar
78. Cabdifataax Cabdillaahi Maxamed, Cabdulqaadir Cabdullaahi Axmed
79. Bile Dhiblaawe Maalin
80. Cabdulqaadir Maxamed Kulane
81. Zahra Cabdi Cali
82. Axmed Xaaji Nuur
83. Mustafa Abshir Ismaaciil
84. Cabdirizaaq Abshir Cali
85. Maxamed Cali
86. Geedi Cabdullaahi Cusmaan
87. Axmed Xasan Warsame
88. Keenadiid Maxamed Axmed
89. Maxamed Aaden Nuur
90. Cabdillaahi Xasan Jaamac
91. Cabdi Muxumed Amiin
92. Sigaale Khaliif
93. Cali Ibraahim Xasan, Cabdiraxiim Caweys Nuur
94. Khaliif Nuur Cali
95. Ibraahim Jaamac Cali
96. Cabdiraxmaan Yuusuf Cartan
97. Zakariya M. Xaaji Cabdi
98. Cabdikariin Maxamed Cabdi
99. Faaduma Sheekh Cali
100. Nuur Axmed Weheliye
101. Wargeeyeyaal aan la aqoon

Maqaalladii iyo buugaggii
loo isticmaalay Gogoldhigga

Abdurahman H.H. Aden. Hordhac — "Murtidu waa Hodantinnimo...". Cologne-Paris, 1995.

Andrzejewski B.W. Reflections on the Nature and Social Function of Somali Proverbs — "African Language Review". Vol. 7. London, 1968.

Chlosta C., Grzybek P. Empirical and Folkloristic Paremiology: Two to Quarrel or to Tango? — "Proverbium".12. Burlington, 1995.

Kapchits G.L. Hordhac — "Maahmaahyo soomaaliyeed". Moscow, 1983.

Kapchits G.L. On Classification of Somali Proverbs (Types of Clichés) — Warbixin laga soo jeediyey Kongreeskii 4-aad ee cilmibaarista soomaaliyeed (Muqdisho, 1989).

Kapchits G.L. On Paremiological Classification of Somali Proverbs — Warbixin laga soo jeediyey Shirkii labaad ee cilmibaarista afafka kushiitigga iyo omootigga (Torino, 1989)

Kabjits (Kapchits) G.L. Hordhac — "Waxaa la yidhi... (Sheekooyin hidde ah)". Cologne, 1996.

Kapchits G.L. War and Peace in Somali Oral Traditions — "Pour une Culture de la Paix en Somalie". Paris, 1997.

Kapchits G.L. Gogoldhig — "Somaliyskiye Narodniye Skazki" ("Sheekooyin Soomaaliyeed"). Moscow, 1997.

Mohamed Mohamed-Abdi. Standards de la poesie somalie: quelques criteres de reconnaissance et d'appreciation des poemes somalis — "Proceedings of the Third International Symposium on Cushitic and Omotic Languages. Berlin, 1994". Koln, 1996.

Permyakov G.L. From Proverb to Folk-tale (Notes on the general theory of cliché). Moscow, 1979.

Permyakov G.L. Osnovi strukturnoy paremiologii (Fundamentals of Structural Paremiology). Moskva, 1988.

Proverbium (Yearbook of International Proverb Scholarship). Ed. Wolfgang Mieder. Vol. 1—12. Burlington, 1984—95.

Yaasiin C. Keenadiid. Qaamuuska Af-Soomaaliga. Muqdisho, 1976.

Tusmo

Научное издание

QAAMUUSKA MAAHMAAHYADA SOOMAALIYEED

Художник *Л.Л.Михалевский*
Художественный редактор *Э.Л.Эрман*
Технический редактор *О.В.Волкова*
Компьютерная верстка *М.П.Горшенкова*

ЛР № 020910 от 02.09.94
Подписано к печати 23.07.98
Формат 60×90$^1/_{16}$. Бумага офсетная № 1
Печать офсетная. Усл. п.л. 13,0. Усл. кр.-отт. 13,3
Уч.-изд. л. 11,7. Тираж 1000 экз. Изд. № 7821

Издательская фирма «Восточная литература» РАН
103051, Москва К-51, Цветной бульвар, 21

НИЦ «Инженер»
119034, Москва, Курсовой пер., 17